建筑业与房地产企业工商管理培训教材

建 设 法 律 概 论

建筑业与房地产企业工商管理
培训教材编审委员会

中 国 建 筑 工 业 出 版 社

图书在版编目（CIP）数据

建设法律概论/建筑业与房地产企业工商管理培训教材
编审委员会编. —北京：中国建筑工业出版社，1998
建筑业与房地产企业工商管理培训教材
ISBN 7-112-03606-2

Ⅰ. 建… Ⅱ. 建… Ⅲ. 基本建设-经济管理-经济法-中
国 Ⅳ.D922.297.1

中国版本图书馆 CIP 数据核字（98）第 17420 号

　　本教材以市场经济法律为基础，根据《中华人民共和国城市规划法》、《中华人民共和国建筑法》和《中华人民共和国城市房地产管理法》，阐述城市规划法律制度、建筑法律制度、建设工程合同法律制度、市政建设法律制度和房地产法律制度等，并对建筑企业权利的保护方式和违反建设行业法律规范应承担的法律责任也作了必要阐述。每章的最后列举了有关的案例及其案例分析。

　　本书是建设部指定的建筑业与房地产企业工商管理培训教材，亦可供本行业企业领导干部、管理人员学习参考。

建筑业与房地产企业工商管理培训教材

建 设 法 律 概 论

建筑业与房地产企业工商管理
培训教材编审委员会

*

中国建筑工业出版社出版、发行（北京西郊百万庄）
新 华 书 店 经 销
北京建筑工业印刷厂印刷

*

开本：787×1092 毫米　1/16　印张：14½　字数：350 千字
1998 年 7 月第一版　2005 年 1 月第九次印刷
印数：33,501—35,000 册　定价：**19.00** 元
ISBN 7-112-03606-2
F·276(8865)

建筑业与房地产企业工商管理
培训教材编审委员会

出 版 说 明

党的十四届四中全会《决定》要求，"全面提高现有企业领导干部素质"和"抓紧培养和选拔优秀年轻干部，努力造就大批跨世纪担当领导重任的领导人才"是实现今后 15 年宏伟战略目标和两个根本性转变的重要基础。为此，国家经贸委和中央组织部根据中央《1996～2000 年全国干部教育培训规划》提出的要求，制订了《"九五"期间全国企业管理人员培训纲要》。《培训纲要》明确规定，"九五"期间对企业管理人员要普遍进行一次工商管理培训，这是企业转机建制，适应"两个转变"的迫切需要，也是企业领导人员驾驭企业走向市场的基础性培训。

为了搞好建筑业与房地产企业管理人员工商管理培训，建设部于 1997 年 10 月 31 日下发了《关于开展建筑业与房地产企业管理人员工商管理培训的实施意见》(建教 [1997] 293号)，对建筑业与房地产工商管理培训工作做出了具体部署。同时，我司会同建筑业司、建设监理司、房地产业司邀请部分高等院校管理系的教授和企业经理召开了两次研讨会，并成立了"建筑业与房地产企业工商管理培训教材编审委员会"，仔细研究了国家经贸委培训司统一组织编写的《工商管理培训课程教学大纲》，分析了建筑业与房地产企业与一般工业企业和商业企业在生产过程、生产方式、生产手段及产品的营销形式等诸方面的差别。根据国家经贸委提出的"各地区、各行业根据自己的实际情况和需要，可增设和调整若干课程和专题讲座"的要求，结合行业特点，对国家经贸委发布的《工商管理培训课程教学大纲》(包括 1 个专题讲座，12 门课程) 做了适当调整，其中 6 门课程的大纲完全是重新制定，并新编了相应的教材。它们是《工程项目管理》、《建筑业与房地产企业财务报告分析》、《建筑与房地产公司理财》、《建筑市场与房地产营销》、《建设法律概论》、《国际工程管理》，分别替换经贸委组织编写的以下 6 本教材：《现代生产管理》、《财务报告分析》、《公司理财》、《市场营销》、《经济法律概论》、《国际贸易与国际金融》。其余 6 门课程的教材仍须选用国家经贸委的统编教材。

以上 6 本教材经"建筑业与房地产企业工商管理培训教材编审委员会"审定，现交中国建筑工业出版社出版、发行。

由于工商管理培训是一项新的培训任务，各院校教师还不太熟悉，加之时间仓促，目前拿出的教材，肯定有不尽完善之处。为此，我们建议：一是对本套教材作为试用，通过一段时间的使用和教学实践，再进行修订，使之更加完善，更加符合实际。二是在试用过程中，各培训院校一定要根据教学大纲的要求紧密结合本地区、本行业和培训对象的需要，联系实际，因材施教，精心安排好各门课程的教学内容，努力探索，不断提高培训质量。

在教材的编写过程中，我们得到了部里有关领导和很多专家教授的指导和帮助，得到了有关业务司局和高等院校、企业的大力支持和合作，在此，我们一并表示感谢。

建设部人事教育劳动司
1998 年 6 月 18 日

前　言

　　《建设法律概论》是根据国家建设部贯彻实施中共中央组织部、国家经济贸易委员会《"九五"期间全国企业管理人员培训纲要》和《企业领导人员工商管理培训实施意见》的精神，结合建设行业的特点进行编写的，是建设行业工商管理培训教材之一。

　　从一定意义而言，市场经济是法制经济。各国发展市场经济的历史表明，在完善市场的过程中，必然加强和完善法制建设。当我国建筑业、房地产业、市政公用事业转入市场机制后，涉及建设行业的法律法规不断的出台和完善，依法管理建设行业已成为必然。作为建筑企业、房地产企业、市政企业的管理人员必须从法律入手，在实施具体管理行为并使之符合社会主义市场经济要求的同时，更应学会依靠法律来维护企业利益，实现企业目的，以求得企业生存与发展。

　　本教材以市场经济法律为基础，以规范建设行业的《中华人民共和国城市规划法》、《中华人民共和国建筑法》、《中华人民共和国城市房地产管理法》为主线，结合相应行政法规、规章、条例、司法解释阐述城市规划法律制度、建筑法律制度、建设工程合同法律制度、市政建设法律制度、房地产法律制度等，并对建设企业权利的保护方式，违反建设行业法律规范应承担的法律责任也作了必要的阐述。

　　本教材在使用时，视培训对象不同，讲授内容可有所侧重，并结合国家经贸委培训司组织编写的工商管理培训系列教材之一《经济法概论》进行讲授。《建设法律概论》是《经济法概论》的补充教材。学习过程中应将两本教材合并使用，在熟悉市场经济基本法律的同时，更应掌握本行业的法律规范。

　　在教学过程中应将经济法基本原理讲解清楚，在此基础上，重点突出建设行业基本法律，坚持理论分析与案例教学结合，做到以案说法，并运用现代化教学手段灵活教学，调动学员自学的积极性。同时广泛开展教学研讨活动，促进教与学，做到教学相长。

　　本书由何伯洲任主编，邹玉萍、贾德斌任副主编。参加本书编写工作的还有：何红锋、张连生、孟凡中、鲁俊峰、兰峻文、许建民、张吉玉。本书由天津大学曲修山主审。

目　录

第一章　市场经济法律基础

第一节　法　律　概　述

一、法律的性质

（一）法律概念

法是一种规范，它确定了人的行为的自由程度，即，在法律界限之内，人可以自由地行走；超越了界限，不论是"左"或是"右"，必然要被矫正。

古往今来，随着人类时代的进步和认识的发展，对法的认识也由朦胧走向科学。在原始社会没有国家，也没有科学意义的法，当时制约行为的是原始部族中长期形成的习惯，我们称之为"习惯法"。在奴隶社会，出现了以阶级为核心内容的国家，真正的法也随之诞生。但由于当时生产力水平和认识能力的限制，法被看作是神的意志。在封建社会，由于神学占领了上层建筑，法便成了上帝的旨意。资本主义社会彻底否定了神而肯定了人，在"人权""平等"的口号下，法成了管理社会的规范，成为了大家共同订立而又必须共同遵守的"契约"。

法的本质是上升为国家意志的统治阶级意志，是统治阶级意志的集中反映。首先，法是上层建筑的组成部分，受经济基础的制约，具有什么样的经济模式就必然会形成什么样的法；其次，法是人们的行为规范，它调整的是人们的行为而不是思想或其他的非行为的东西；第三，法的内容不是所有人的想法，只能是掌握政权的阶级的意志，而且它还不是掌握政权阶级的意志的简单相加，而是集中的、高度的概括；第四，法的作用是统治阶级确立、维护和发展统治秩序的工具。这个工具的使用，是以军队、法庭、监狱等国家强制力为后盾的。

从广义上讲，法和法律是有区别的。法律强调的是具体的，明确的规范，法则是这些具体规范的总和。所以，法是抽象的、伦理性的事；法律是具体的、应用性的事。从应用性的角度看，我们更应该侧重于了解法律。

（二）法律形式

法律形式就是法律的具体表现形式或客观存在方式。在历史的发展过程中，法律存在有三种形式：

（1）习惯法。也称不成文法，是指法律是以传统习惯的方式而不是以国家公布的文件方式存在；

（2）成文法。也称制定法，是指法律通过国家权力机关制定，并公布实施；

（3）判例法。即法律以法官判例方式存在，这主要是英美等国家的法律形式。

（三）法律体系

社会生活的纷繁复杂，决定了法律需要规范的行为的种类，需要调整的社会关系的类型也是复杂多样的。这样，把调整不同类型的法律内容集合在一起便形成了法律部门。在一个国家中，不同法律部门纵横交错，组成了这个国家的法律整体，它们是相互联系，相互补充，相互协调，多层次的完整统一的有机体，我们称之为法律体系。

从横向看，法律体系是由不同的法律部门组成的。在我国，组成法律体系的法律部门有：宪法、刑法、民法、行政法、经济法、国家赔偿法、诉讼法等。

从纵向看，法律体系又是由级别不同、效力不一的法律组成。如我国宪法为我国的根本大法，效力最高；刑法、民法通则、劳动法等法律属于基本法，效力仅次于宪法；行政法规、地方法规的效力则更低一些，其内容不得与宪法和基本法律相违背。实践中曾发生行政法规与基本法律相冲突，导致法规无效的现象。因此在实践中首先要注意，自己使用的法律其级别如何，是否与其他法律相抵触。

在我国，企业内部的管理制度不属于法律。但是企业内部管理规范在一定程度上具有法律的性质，所以在制定企业管理制度时，必须注意不能与国家法律相冲突，否则将会导致无效，甚至会起相反的作用。企业内部管理制度在我国一般作为证据使用。

（四）法系

法系是资本主义国家按照法的历史传统和形式上的某些特点对各国法律所作的分类。由于对法系的含义和划分标准不同，世界上对法系的种类划分不一。但是随着近现代资本主义的发展，大陆法系和英美法系成为世界上具有代表性的两大法系。

（1）大陆法系。是指以法国民法典为代表建立起来的成文法体制。最早欧洲的大陆国家效仿了法国的成文法模式普遍建立了自己的法律体制。随着殖民扩张，这种体制又发展到了北非、南美和日本。大陆法系又称民法法系。

（2）英美法系。是指以英国判例法为代表建立起来的判例法体制。随着英国的海上扩张，这种体制首先在美国确立了下来。目前英国的前殖民地国家普遍属于英美法系。英美法系又称普通法系。

（五）法制

法制有狭义和广义两种含义。狭义的法制是指"法律制度"的简称；广义的法制是指民主政治的制度化、法律化，并严格依照法律进行国家管理的一种原则。通常意义的法制是就广义而言的。

现代意义的法制是与民主紧密联系的，因为民主是法制的前提和基础，法制是民主的保障，所以只有采取民主制度的国家才有可能成为法制国家。

法制的实现是通过三个方面来完成的：首先是立法，即通过民主程序制定出适合国情、符合需要的法律规范，把社会生活纳入法律轨道；其次是司法，即国家司法机关在社会生活中严格执法，切实地使法律在社会生活中发挥出效能；第三是守法，即国家机关、公民、法人都能主动地积极地依照法律的规定行使权利、承担义务，或者履行职责、行使权力，把法律内容真正落实在实处，贯彻到位。所以，我国的法制原则是"有法可依、有法必依、执法必严、违法必究"。

二、法律的作用

（一）法律在政治上的作用

法律在政治上的作用反映出法律的核心目的，就是为了维护掌握政权的阶级的统治地位。在这方面的作用首先表现在法律要确立掌握政权阶级的统治地位，使其地位合法化；其次表现在法律要协调统治者内部之间关系，确认内部各成员间的平等地位和民主权利，调整成员之间以及个别成员与整体之间的矛盾,求得内部团结,共同维护自身的统治地位;第三表现在调整统治者与其同盟者之间的关系,尽量反映同盟者的利益,争取他们的支持,求得统治地位的巩固。

(二) 法律在社会管理中的作用

法律的直接职能是管理社会,维护政治秩序、经济秩序和社会秩序,所以管理社会是法律的直接目的。因此,法律在进行政治统治的同时,更多的要执行具有全社会意义的公共事物的职能,把某种属于人们共同生存的必要条件加以法律规定。这种法律多数属于技术性规范,调整的也多是人与自然或人与人在征服自然过程中形成的关系。诸如交通法规、环境保护法规、城市规划法等。

(三) 法律的规范作用

规范人的行为是法律最直接的作用,也是实现其他作用的手段。法律规范人的行为主要通过:

(1) 是引导人们实施行为。当法律确定了应当怎样做或禁止怎样做以后,它便能够指引人们抑制作出违反法律的行为,积极作出符合法律的行为。

(2) 是评价或预测人们的行为。法律一经产生就成为了客观存在,由于它要求全社会一体遵行,因而能起到尺度和准绳的作用。于是对一个人的行为,他就可以依靠法律来判断是对的还是错的。同样,凭借法律,也可以预测他人将如何实施行为,以及国家司法机关对这种行为将采取的相应措施。

(3) 是对一般人的教育作用。这种作用即表现在某人的违法行为受到制裁时,对一般人所起到的警戒作用;又表现在人们的合法行为受法律的保护和鼓励时;对他人所起到的示范作用

(4) 是对违法者的强制矫正作用。这主要是通过国家司法机关,以暴力为后盾,对违法犯罪人员强制制裁,使其放弃违法行为,或弥补违法造成的损失。

(四) 法律在建筑企业管理中的作用

企业既要与社会相融合,又属于特定范畴的小社会。在社会主义市场经济条件下,法律对企业管理有着极其重要的作用。

(1) 法律思想产生于社会管理,对企业的宏观管理具有指导意义。如法律的政治作用,具有高度的思想性,它在企业管理中,明确管理者的地位,协调管理层内部矛盾,加强企业的团结合作等方面都具有积极的指导意义;法制原则,对企业实施民主管理,依法管理,无疑有着重要的价值。

(2) 法制原则能够引导企业确立管理模式,形成有益的管理原则,依法管理企业首先要求企业要根据自身的实际情况制定出完善的科学的管理制度,以实现管理目的。

(3) 法律原则能够指引企业管理运行。企业管理必须在国家法制规定内进行,违反国家法律的管理活动,虽然在一时能给企业带来效益,但从长远看必将使之陷于死地。所以在企业内部管理活动中,必须把劳动法、合同法、产品质量法、计量法、会计法、知识产权法等内容贯彻始终,这样企业内部管理不仅具有法律依据,更能获得法律的保护。

(4) 促进企业加强成本核算,提高市场竞争能力。市场秩序控制法律规定了企业在市场中的运行方式,要求企业一方面要严格在法律规定内运作,另一方面又要在法律允许的范围内灵活运转、科学管理,提高企业效率,不断地增强市场竞争能力,以求得生存和发

展。

(5) 加强企业的自我保护意识，提高权利保护能力。企业权利能否实现是企业生存和发展的关键。依法保护企业的自身权利是企业管理的一个重点。依靠法律企业可以对内实施有效的管理，防止职工侵犯企业的权利；对外可以防止国家机关、其他企事业单位对企业侵权，以使企业应得的利益能够得以实现。

三、法律规范

（一）法律规范的概念

简言之，法律规范是掌握政权的阶级依照自己的意志，由国家机关制定或认可并由国家强制力保证其实施的具体行为规范。

法律规范与法律的关系是个体与整体的关系。规范是法律的具体化，调整某类行为的不同法律规范组成了法律。如调整经济合同行为的不同法律规范便组成了经济合同法。

法律规范的表现形式是法律文件。法律文件必须公布实施后，法律规范方能生效，具有法律效力。

（二）法律规范的构成要素

法律规范规定的是具体的行为，因而其表达方式必须有一个严谨的逻辑结构，任何一个法律规范都必须由假定、处理、制裁三部分组成，法学上称之为法律规范三要素。

(1) 假定。是指在法律规范中，确定适用该规范的条件和环境的部分。如《中华人民共和国经济合同法》中规定的"由于当事人一方的过错，造成经济合同不能履行或不能完全履行的，由过错的一方承担违约责任"中，"由于当事人一方的过错"就是这一规范的假定部分。

(2) 处理。是指行为规则的本身，是法律规范确定的允许做什么，禁止做什么，要求做什么的部分。如上例中的"不能履行或不能完全履行的"就是这一规范的处理部分。

(3) 制裁。是法律规范的后果部分。它说明的是违反法律规范时，国家将给予怎样的处置，即法律规范的强制措施。如前例中的"由有过错的一方承担违约责任"就是这一规范的制裁部分。

之所以要把法律规范分解成三要素，是为了能够正确理解法律的准确内容，并科学地使用法律。如，在一项建设工程承包合同中，工程未能按合同要求如期交工时，应当由谁来承担违约的责任呢？显然应当由负责施工的乙方；但是，如果乙方有证据证明工程的延期交付系因发包方甲方未能按期拨付工程款，或施工中更改设计图纸等因素造成的，那么根据上面提到的《中华人民共和国经济合同法》的条款，甲方即成了违约方，他才应当承担违约责任。许多时候，之所以出现案件的争议，就在于案件中的事实是否符合法律规范中的假定和处理内容，也就是法律行业中常讲的"事实不清、证据不足"。

（三）法律规范的种类

从法理学角度看，按不同的标准，法律规范可以分出不同的种类。从应用性角度讲，我们按法律规范所确定的行为规则的性质，把法律规范分为禁止性规范、义务性规范和授权性规范。

(1) 禁止性规范。是指规定人们不得作出某种行为的法律规范。它要求人们不得作出某种行为。如《建设工程勘察合同条例》第十一条规定的"委托方（对承包方的勘察成果和设计文件）不得擅自修改，不得转让给第三方重复使用"，即属于这类规范。

（2）义务性规范。是指人们必须作出某种行为的法律规范。如"订立经济合同必须遵守法律和行政法规"就属于义务性规范。

（3）授权性规范。是指规定人们有权作出某种行为的规范。它既不禁止人们作出这种行为，也不要求人们必须作出这种行为，而是赋予了一个权利，做与不做都不违反法律，一切由当事人自己决定。法律之所以确立这种规范，就是要防止他人干涉当事人的行为自由。《中华人民共和国城市房地产管理法》第12条规定的"土地使用权出让，可以采取拍卖、招标或双方协议的方式"就属于授权性规范。

需要进一步阐明的是，禁止性规范和义务性规范又统称为强制性规范，在法律条文中这类规范普遍使用"应当"、"必须"、"不得"、"禁止"等关联词；授权性规范则往往使用"可以"做关联词。因此，当我们在法律条文看到有关的关联词时，就应该知道是哪一种规范了。

（四）法律规范的解释

由于表现法律规范的法律条文经常使用专门名词和术语，且其产生的政治、历史背景不同，因而必须对其做以必要的说明。这种对法律内容和含义所作的分析和说明，称之为法律规范的解释。法律规范的解释从效力上可以分为有权解释和无权解释。

（1）有权解释。也称正式解释，是指有权的国家机关和公职人员基于法律赋予的职权，对法律规范所作的解释。它包括立法机关在立法时，对法律所作的立法解释；最高人民法院和最高人民检察院在司法工作中，对如何具体应用法律等问题所作的司法解释；国家行政机关（指国务院及其各部委）对特定方面的事务，具体如何应用所作的行政解释。

（2）无权解释。也称非正式解释，是不具有法律约束力的解释，即这种解释具有任意性，不论解释的内容是否符合法律实质，均不得作法律使用。无权解释包括：公民、法人和诉讼当事人对法律的理解和解释，即任意解释；专家、学者在研究、著作和教学过程中对法律规范的解释，即学理解释。

有权解释和无权解释最本质的区别在于，有权解释具有法律效力，它相对于法律，是法律规范的进一步展开，也是实际生活中必须遵守的规则；无权解释不具有法律效力，只是个人对法律的理解，只具有参考作用。因此在实践中，不仅要注意法律规范，也要注意法律规范的解释。对无权解释则要多听一些意见和建议，并确认这些解释是否具有法律依据。许多法律，特别是经济法，都在法律条文中注明，该法由哪个机关负责解释。这些被法律赋予解释权的机关或公职人员，对该法所作的解释都属于有权解释。

（五）法律规范的效力

法律规范的效力是指法律规范的有效范围，即法律在什么时间、地点、对哪些人有效等等。法律规范的效力包括时间效力、空间效力和对人的效力。

（1）时间效力。时间效力是指法律开始生效或已经失效的时间，以及法律或法规对它颁布前的事项和行为有无溯及力的问题。一般地，法律生效以公布时间或公布的特定时间生效；终止则以决议或命令宣布废止，或者随着新法律的公布，旧法律自然失效。在有无溯及力的问题上，我国采取的是无溯及力或从轻溯及的原则。

（2）空间效力。空间效力是指法律生效的地域范围，即法律在哪些地方生效。

（3）对人的效力。对人的效力是指法律对什么样的人生效。

了解法律的效力内容有助于哪些法律对自己有作用，哪些法律法规没有作用，这样在管理中就可以有针对性的选择一些重点法律来学习和应用。当前，我国经济建设的发展速度较快，决定了法律变化情况较大，新法不断产生，旧法不断淘汰；经济发展的地域不平衡，又造成了各地法律状况有所差异，特别是沿海经济区与内陆地区法律差异明显；行业管理的普及化使得法律对不同的行业、不同的人又有所不同，这些都是在实践中应当注意的问题。从建筑企业管理角度看，应当依以下的原则来掌握法律效力：对基本法律，如《中华人民共和国经济合同法》、《中华人民共和国反不正当竞争法》等属全国具有普遍效力的法律，不论地域差异或人的差异都生效；税法则存在不同的地域效力和时间效力，因此应注意财政部门和行为实施地公布的法规；建设部或地方建委公布的条例、规定对建筑行业所涉及的企业和人都有效，但本地的规定在外地不具有效力，而且法规的时间效力变动较大。

四、法律关系和法律事实

（一）法律关系

法律关系就是由法律规范所确定和调整的人与人或人与社会之间的权利义务关系。法律的直接内容就是规定人的权利和义务，不同的法律规范规定了人的不同的权利和义务，这些不同的权利和义务就形成了不同的法律关系。

需要指出的是，从法律意义讲，"人"包括两种含义：一是指自然人，就是指普通的公民；另一是指法人，即法律承认其具有相应法律能力的组织。

（二）权利和义务

权利和义务是法律规范的直接内容，了解法律最大的价值就在于明确自己享有哪些权利，应承担哪些义务，以及应如何行使权利和履行义务。

（1）权利。是指法律规范所确定的，权利主体可以作出一定的行为或要求他人作出一定的行为。对于法定的权利，任何人都不得干涉，当事人可以根据自己的意志，在法定范围内自由地行使权利。

（2）义务。是指根据法律规范的规定，义务主体必须作出或不作出某种行为。对义务，除非权利人有法律的允许，否则当事人不得放弃履行，他人也不得阻止当事人履行义务。

权利和义务是对应的，一方面，一方当事人享有的权利，必须靠另一方当事人或社会应承担的义务来保证；另一方面，对于一个人，他在享有权利的同时，也必须对他人或社会承担相应的义务。比如企业在市场中享有公平竞争权，企业的这项权利，必须靠其他企业积极履行公平竞争义务才能实现；反过来，企业自己享有公平竞争权，也必须承担"不得实施非公平竞争行为"的义务。如果企业不能去公平竞争，公平竞争法律关系也就被破坏了，市场秩序乃至社会秩序将出现混乱的局面，此时法律必然要予以制止。

在许多情况下，某一个具体的行为，既是一个人的权利，又是一个人的义务，此时这个行为就成了责任。在组织性、管理性规范中，普遍存在这种现象。如《中华人民共和国公司法》要求经理执行董事会的决议，此时经理执行董事会决议的行为，即是经理的法定权利，又是经理必须承担的义务。之所以要提及这一点，就在于，在一般的情况下，当事人是可以放弃自己的权利的，而对于责任，由于有义务的含义，因而当事人不能放弃。否则将要承担违反职责的法律制裁。

（三）法律事实

从理论上讲，法律事实是由法律规范所确定的，能够引起法律关系产生、变更或解除的客观事实。从实践上讲，法律事实就是法律规范所规定的，适用该法律规范的客观事实。也就是法律规范的假定和处理部分所要求的事实。

（1）法律事实必须要由法律来确定，或者说法律事实要符合法律规范规定的内容。没有由法律规定的事实不是法律事实，或者该项事实不符合法律规定，都不能成为改变权利义务关系的依据。比如前面例子所讲的，在建设工程承包中，乙方没有按期完成施工任务，那么"没有按期完成施工任务"便成为了《建设安装施工合同条例》中的一项法律事实，乙方因此就要向甲方承担违约赔偿的义务，甲方也享有了向乙方索赔的权利。如果乙方"没有按期完成施工任务"的事实是因为甲方迟延拨付工程款造成的，那么根据《建设安装施工合同条例》的规定"甲方迟延拨付工程款"变成为了根本的法律事实，此时乙方不仅不应向甲方赔偿，反而还有权向甲方索赔。如此可以看出，不同的法律事实引起适用不同的法律规范，进而形成了不同的法律后果。

（2）法律事实是客观事实的一种，但又不绝对等于客观事实。只有那些被充分的证据证明了的事实才是法律事实。不能被证据证明的事实，不能被认作法律事实。比如，某人欠债不还，如果债务人不承认自己欠债，而债权人又没有证据证明债务人欠债时，那么即便真的有欠债事实，债权人也无法追讨回债款。实践中，经常出现案件审理的反复，许多是由于对证据和事实认识不一造成的。

（四）法律事实的种类

法律事实有事件和行为两种。

（1）事件。是指法律规范所规定的不依当事人的意志为转移的客观事件。事件可分为自然事件：如出生或死亡，地震、海啸、台风等；社会事件：如战争、政府禁令、暴乱等；意外事件：如爆炸事故、触礁、失火等。

（2）行为。是指能够引起权利义务关系产生、变更或解除的，人的有意识的行为。一是法律行为必须是有行为能力的人实施的行为，只有法律特别规定时，才能产生法律后果。反映在企业管理上。那就是法律行为，应由法人实施，不具有法人资格的企业所实施的行为一般是无效的。所以在处理具体事务时，特别是需要签订合同时，要充分注意对方是否具有法人资格，以防止上当受骗。二是法律行为必须是有意识的行为，人的意识状态的不同，决定了适用不同的法律。如，企业因统计报表的失误，而少交了税款，则只能按漏税处理，而不能按偷税处理。在许多时候，法律也要求"无意识的行为"承担法律责任，此时称之为无过错责任。对无过错责任，必须要有法律的规定，否则当事人不承担责任。

行为依照行为方式的不同分为积极行为和消极行为。积极行为是指当事人积极地实施了某种行为，故而称作为；消极行为是指当事人消极地不去实施某种行为，故而称不作为。不论是作为还是不作为都具有法律行为的性质，可以产生重复或解除法律关系。法律行为按照合法程序还可划分出合法行为和违法行为。合法行为是指实施了法律所要求或允许作的行为，或者没有实施法律所禁止作的行为；违法行为实施了法律所禁止的行为，或者没有实施法律所要求作的行为。合法行为要受到法律的肯定和保护，产生积极的法律后果；违法行为要受到法律的矫正和制裁，产生消极的法律后果。

第二节　规范企业的基本法律制度

一、法律制度的含义

法律制度有多种含义，从广义上讲，法律制度是指一个国家法律规范的总和；从狭义上讲，法律制度是指调整某一类特定关系，规范某一类特定行为的法律规范的总和。在本书中我们所要了解的是狭义的法律制度。

法律制度按照划分方式不同，可以作出不同的分类，但多数都以法律部门为依据来建立法律制度，如企业法律制度、民事法律制度、诉讼法律制度等等。在一个部门法中，还有许许多多不同的具体法律制度，如在宪法制度中包含有政党制度、议会制度、经济制度等；在诉讼法律制度中有回避制度、两审终审制度等；在建设法律制度中有市政建设制度、招标投标制度、许可证制度等等。

由于本书把建筑与房地产企业管理作为重点，所以我们在此只阐述了建筑与房地产企业所涉及的相关法律制度。本节中，我们重点要介绍与建筑与房地产企业有关的基本民事法律制度。

二、法人制度

（一）法人概述

1. 法人的概念

依照《中华人民共和国民法通则》（以下简称《民法通则》）第36条规定，"法人是具有民事权利能力和民事行为能力，依法独立享有民事权利和承担民事义务的组织"。

法人是与自然人相对应的一个法律概念，是指在法律上与自然人（或称公民）相对应的"人"。

2. 法人成立的条件

（1）依法成立。这里要求：一是法人的设立目的和方式必须符合法律法规的具体规定和要求；二是设立法人必须经过有关国家机关的批准；三是设立法人必须经过主管机关的批准或核准登记。

（2）有必要的财产或经费。这是法人进行民事活动的物质基础，它要求法人的财产或经费必须与法人的经营范围和设立目的相适应，否则不能被批准设立或核准登记。

（3）有自己的名称、组织机构和经营场所。法人的名称或字号是法人之间相互区别的标志和法人进行民事活动时使用的名称；法人的组织机构是指对内管理法人事务、对外代表法人进行民事活动的常设机构或机关，包括法人的决策机构、执行机构和监督机构以及内部业务活动机构；法人的经营场所是法人进行业务活动的所在地。

（4）能够独立承担民事责任。即法人能够以自己所拥有的财产或经费承担它在民事活动中的债务，以及法人在民事活动中给他人造成损失时的赔偿责任。

（二）法定代表人

法人的法定代表人是指能够代表法人行使民事权利、承担民事义务的主要负责人。法人作为一个组织是不能直接实施行为的，而必须通过法定代表人的行为，或其依照职权和法律要求而授权他人的行为才能完成。所以，法定代表人是法人实施行为的第一载体。

在了解法定代表人时需要注意以下几个问题：

1. 法定代表人不一定是法人的最高领导人

一方面，成为法定代表人往往要受到一定条件的限制，如法定代表人的户籍所在地应当与法人的注册地相一致；另一方面，法定代表人是代表法人实施行为的载体，其作用是对外代表本单位，与内部管理往往没有直接关系。所以，作为法定代表人首先要注意的是在代表法人实施有关民事法律行为时，必须贯彻法人的决策意志，不可一意孤行。

2. 法定代表人享有的权利和承担的义务具有特殊性

由于法定代表人对外代表着法人整体，所以，他具有特殊的权利义务范围。在权利方面，法定代表人享有授权代理权、诉讼权、签约权、指令职工实施法人权限之内行为的权利等；在义务方面，法定代表人相应地也要承担一些特殊的法律责任。

3. 法定代表人的变更并非意味着法人的变更

尽管法人的行为都是通过法定代表人或其法定代理人实施的，但归根结底还应当是法人的行为。因此，法人更换法定代表人不影响法人所实施行为的法律效力。

三、代理制度

（一）代理的概念

代理是代理人在代理权限内，以被代理人的名义实施民事法律行为。被代理人对代理人的代理行为，承担民事责任。由此可见，在代理关系中，通常涉及三个人，即被代理人、代理人和第三人。如某甲委托某乙去某丙处为自己购买机床一台，在这个代理关系中，某甲为被代理人，某乙为代理人，某丙为第三人。

（二）代理的种类

代理有委托代理、法定代理和指定代理三种形式。

1. 委托代理

委托代理是指根据被代理人的委托而产生的代理。如公民委托律师代理诉讼即属于委托代理。

委托代理可采用口头形式委托，也可采用书面形式委托，如果法律明确规定必须采用书面形式委托的，必须采用书面形式，如代签经济合同的行为，就必须采用书面形式。

在实际生活中，委托代理应注意下列问题：

（1）被代理人应慎重选择代理人。因为代理活动要由代理人来实施，且实施结果要由被代理人承受，因此，如果代理人不能胜任工作，将会给被代理人带来不利的后果，甚至还会损害被代理人的利益。

（2）委托授权的范围要明确。由于委托代理是基于被代理人的委托授权而产生的，所以，被代理人的授权范围一定要明确。如果由于授权不明而给第三人造成损失的，则被代理人要向第三人承担责任，代理人承担连带责任。

（3）委托代理的事项必须合法。被代理人自己不能亲自进行违法活动，也不能委托他人进行违法活动；同时，代理人也不能接受此类的委托，否则，被代理人、代理人要承担连带责任。

2. 法定代理

法定代理是基于法律的直接规定而产生的代理。如父母代理未成年人进行民事活动就是属于法定代理。法定代理是为了保护无行为能力的人或限制行为能力的人的合法权益而设立的一种代理形式，适用范围比较窄。

3. 指定代理

指定代理是指根据主管机关或人民法院的指定而产生的代理。这种代理也主要是为无行为能力的人和限制行为能力的人而设立的。如人民法院指定一名律师作为离婚诉讼中丧失行为能力而又无其他法定代理人的一方当事人作为代理人，就属于指定代理。

（三）代理人在代理活动中应注意的几个问题

1. 代理人应在代理权限范围内进行代理活动

如果代理人没有代理权、超越代理权限范围或代理权终止后进行活动，即属于无权代理，倘若被代理人不予以追认的话，则由行为人承担法律责任。

2. 代理人应亲自进行代理活动

代理关系中的委托授权，是基于对代理人的信任，委托代理就是建立在这种人身信任的基础上的，因此，代理人必须亲自进行代理活动，完成代理任务。

3. 代理人应认真履行职责

代理人接受了委托，就有义务尽职尽责地完成代理工作。如果不履行或不认真履行代理职责而给被代理造成损害的，代理人则应承担赔偿责任。

4. 不得滥用代理权

滥用代理权表现为：

（1）以被代理人的名义同自己实施法律行为。如果以被代理人的名义同自己订立合同，就属于此种情形。

（2）代理双方当事人实施同一个法律行为。例如，在同一诉讼中，律师既代理原告，又代理被告，这就很可能损害合同一方当事人的利益，因此，此种情形为法律所禁止。

（3）代理人与第三人恶意串通损害被代理人的利益。例如，代理人与第三人相互勾结，在订立合同时给第三人以种种优惠，而损害了被代理人的利益，对此，代理人、第三人要承担连带责任。

（四）代理权的终止

由于代理的种类不同，代理关系终止的原因也不尽相同。

1. 委托代理的终止

（1）代理期限界满或代理事务完成。

（2）被代理人取消委托或代理人辞去委托。

（3）代理人死亡或丧失民事行为能力。

（4）作为被代理人或代理人的法人组织终止。

2. 法定代理或指定代理的终止

（1）被代理人或代理人死亡。

（2）代理人丧失行为能力。

（3）被代理人取得或恢复民事行为能力。

（4）指定代理的人民法院或指定单位取消指定。

（5）由于其他原因引起的被代理人和代理人之间的监护关系消灭。

四、时效制度

（一）时效的概念

时效是指一定事实状态在法律规定期间内的持续存在，从而产生与该事实状态相适应的法律效力。时效一般可分为取得时效和消灭时效。

关于时效，《中华人民共和国民法通则》作了专章规定。在我国只承认消灭时效制度，不承认取得时效制度。消灭时效就是我们所说的诉讼时效。

（二）诉讼时效

1. 诉讼时效的概念

诉讼时效是指权利人在法定期间内，未向人民法院提起诉讼请求保护其权利时，法律规定消灭其胜诉权的制度。

2. 诉讼时效的种类

（1）普通诉讼时效。我国《民法通则》135 条规定，向人民法院请求保护民事权利的诉讼时效为两年，法律另有规定的除外。由此可见，普通诉讼时效期间通常为 2 年。

（2）短期诉讼时效。我国《民法通则》136 条规定，下列诉讼时效期间为 1 年：

①身体受到伤害要求赔偿的；

②延付或拒付租金的；

③出售质量不合格的商品未声明的；

④寄存财物被丢失或损毁的。

（3）特殊诉讼时效。《民法通则》141 条规定，法律对诉讼时效另有规定的，依照法律规定。如《中华人民共和国涉外经济合同法》139 条规定，货物买卖合同争议提起诉讼或仲裁的期限为 4 年。我国《技术合同法》52 条规定，技术合同争议的诉讼时效和申请仲裁的期限为 1 年。

（4）权利的最长保护期限。《民法通则》137 条规定，诉讼时效期间从知道或应当知道权利被侵害时起计算。但是，从权利被侵害之日起超过 20 年的，人民法院不予保护。这就是说，权利人不知道或不能知道权利已被侵害，自权利被侵害之日起经过 20 年的，其权利也失去法律的强制性保护。

3. 诉讼时效的起算

诉讼时效的起算，也即诉讼时效期间的开始，它是从权利人知道或应当知道其权利受到侵害之日起开始计算，即从权利人能行使请求权之日开始算起。但是，从权利被侵害之日起超过 20 年的，人民法院不予保护。

4. 诉讼时效的中止

诉讼时效的中止是指在时效进行中，因一定法定事由的出现，阻碍权利人提起诉讼，法律规定暂时中止诉讼时效期间的计算，待阻碍诉讼时效的法定事由消失后，诉讼时效继续进行，累计计算。我国《民法通则》139 条规定，在诉讼时效期间的最后六个月，因不可抗力或者其他障碍不能行使请求权的，诉讼时效中止。从中止诉讼时效的原因消除之日起，诉讼时效期间继续计算。

5. 诉讼时效的中断

诉讼时效的中断是指在时效进行中，因一定法定事由的发生，阻碍时效的进行，致使以前经过的诉讼时效期间统归无效，待中断事由消除后，其诉讼时效期间重新计算。我国《民法通则》140 条规定，诉讼时效因提起诉讼、当事人一方提出要求或者同意履行义务而中断，从中断时起，诉讼时效期间重新计算。

五、物权制度

（一）物权的概念

物权是民事主体依法对特定的物进行管领支配，享有利益并排除他人干涉的权利。

（二）物权的种类

传统民法规定的物权有所有权、地上权、永佃权、地役权、抵押权、质权和留置权。我国《民法通则》规定的使用权、经营权，也属于物权。物权可按如下划分：

1. 根据物权的权利主体是否为财产的所有人划分

（1）自物权。又称所有权，是指权利人对自己的所有物享有的物权。

（2）他物权。是指在他人的所有物上设定的权利。

2. 依据设立目的的不同划分

（1）用益物权。是指对他人所有物使用和收益的权利。外国民法规定的地上权、地役权、永佃权等，都是用益物权。我国《民法通则》规定的全民所有制企业经营权、国有土地使用权、采矿权等也属用益物权。

（2）担保物权。是指为了担保债的履行而在债务人或第三人特定的物或权利上所设定的权利。如抵押权、质权、留置权等都是担保物权。

3. 按物权的客体是动产还是不动产划分

（1）动产物权。是指以能够移动的财产为客体的物权。如中国担保法中规定的质权和我国《民法通则》中规定的留置权。

（2）不动产物权。是指以土地、房屋等不动产为客体的物权。如外国民法规定的地上权、永佃权、地役权和我国《民法通则》中规定的土地使用权。

（三）物权的保护方法

物权的保护方法有刑法、民法、行政法之分，这里仅介绍民法的保护方法。

1. 请求确认物权

当物权归属不明或是发生争执时，当事人可以向法院提起诉讼，请求确认物权。请求确认物权包括请求确认所有权和请求确认他物权。

2. 请求排除妨碍

当他人的行为非法妨碍物权人行使物权时，物权人可以请求妨碍人排除妨碍，也可请求法院责令妨碍人排除妨碍。排除妨碍的请求所有人、用益物权人都可行使。

3. 请求恢复原状

当物权的标的物因他人的侵权行为而遭受损坏时，如果能够修复，物权人可以请求侵权行为人加以修理以恢复物之原状。恢复原状的请求所有人、合法使用人都可以行使。

4. 请求返还原物

当所有人的财产被他人非法占有时，财产所有人或合法占有人，可以依照有关规定请求不法占有人返还原物，或请求法院责令不法占有人返还原物。

在请求返还原物时，应注意以下问题：

（1）只能向非法占有者要求返还。凡没有合法根据的占有都属于非法占有，不管主观上是否有过错，均可要求返还。

（2）原物必须存在。如原物不存在，则只能请求赔偿。

（3）如物权已被转让，则情况较为复杂。一般认为原则上要保护所有人的合法权益，也要顾及善意占有的第三人的正当利益。即以第三人在取得物权时有无过错，或是否有偿取得来确定。如果第三人在取得物权时并无过错，并支付了合理的价金，所有人则无法向第三人主张权利，只能向非法转让人要求赔偿。如第三人在取得物权时有过错，则所有人有权请求返还占有。如第三人是无偿取得物权，则不论第三人主观上是否有过错，均应返还物权。

5. 请求损失赔偿

当他人侵害物权的行为造成物权人的经济损失时，物权人可以直接请求侵害人赔偿损失，也可请求法院责令侵害人赔偿损失。

六、债权制度

（一）债的概念

债是按照合同约定或依照法律规定，在当事人之间产生的特定的权利和义务关系。

（二）债与物权的区别

债与物权都是与财产有密切联系的法律关系，但它们却有着明显的不同。

1. 债与物权的主体不同

债权的权利主体和义务主体都是特定的，是对人权；物权的权利主体是特定的，义务主体则为不特定的，是对世权。

2. 债与物权的内容不同

债权的实现需要义务主体的积极行为的协助，是相对权；物权的实现则不需要他人的协助，是绝对权。

3. 债与物权的客体不同

债权的客体可以是物、行为和智力成果；物权的客体则只能是物。

（三）债的发生根据

根据我国《民法通则》以及相关的法律规范的规定，能够引起债的发生的法律事实，即债的发生根据，主要有：

1. 合同

合同是指民事主体之间关于设立、变更和终止民事关系的协议。合同是引起债权债务关系发生的最主要、最普遍的根据。

2. 侵权行为

侵权行为是指行为人不法侵害他人的财产权或人身权的行为。因侵权行为而产生的债，在我国习惯上也称之为"致人损害之债"。

3. 不当得利

不当得利是指没有法律或合同根据，有损于他人而取得的利益。它可能表现为得利人财产的增加，致使他人不应减少的财产减少了；也可能表现为得利人应支付的费用没有支付，致使他人应当增加的财产没有增加。不当得利一旦发生，不当得利人负有返还的义务。因而，这是一种债权债务关系。

4. 无因管理

无因管理是指既未受人之托，也不负有法律规定的义务，而是自觉为他人管理事务的行为。无因管理行为一经发生，便会在管理人和其事务被管理人之间产生债权债务关系，其事务被管理者负有赔偿管理者在管理过程中所支付的合理的费用及直接损失的义务。

5. 债的其他发生根据

债的发生根据除前述几种外，遗赠、扶养、发现埋藏物等，也是债的发生根据。

（四）债的消灭

债因一定的法律事实的出现而使既存的债权债务关系在客观上不复存在，叫做债的消灭。债因以下事实而消灭：

1. 债因履行而消灭

债务人履行了债务，债权人的利益得到了实现，当事人间设立债的目的已达到，债的关系也就自然消灭了。

2. 债因抵销而消灭

抵销是指同类已到履行期限的对等债务，因当事人相互抵充其债务而同时消灭。用抵销方法消灭债务应符合下列的条件：

（1）必须是对等债务；

（2）必须是同一种类的给付之债；

（3）同类的对等之债都已到履行期限。

3. 债因提存而消灭

提存是指债权人无正当理由拒绝接受履行或其下落不明,或数人就同一债权主张权利，债权人一时无法确定，致使债务人一时难以履行债务，经公证机关证明或人民法院的裁决，债务人可以将履行的标的物提交有关部门保存的行为。

提存是债务履行的一种方式。如果超过法律规定的期限，债权人仍不领取提存标的物的，应收归国库所有。

4. 债因混同而消灭

混同是指某一具体之债的债权人和债务人合为一体。如两个相互订有合同的企业合并，则产生混同的法律效果。

5. 债因免除而消灭

免除是指债权人放弃债权，从而解除债务人所承担的义务。债务人的债务一经债权人解除，债的关系自行解除。

6. 债因当事人死亡而解除

债因当事人死亡而解除仅指具有人身性质的合同之债，因为人身关系是不可继承和转让的，所以，凡属委托合同的受托人、出版合同的约稿人等死亡时，其所签订的合同也随之终止。

七、企业法律顾问制度

（一）企业法律顾问的概念

建筑企业为维护其自身的合法权益，可以采取聘任律师或取得法律顾问资格的专业人员担任本企业法律顾问的方式，来处理企业的日常工作中所涉及的法律问题。国家已正式开展企业法律顾问资格认证制度。

所谓律师担任企业法律顾问，是指律师接受律师事务所的委托，根据本所与企业（聘请方）签订的聘请法律顾问的合同的约定，以自己的法律知识和技能为企业（聘请方）提供全面法律服务，维护企业（聘请方）合法权益的特定身份和专业性活动。

（二）法律顾问的种类

1. 常年法律顾问和临时法律顾问

这是依据聘请法律顾问的期限不同所做的分类。

（1）常年法律顾问。是指聘、应双方在签订聘请法律顾问合同时即约定聘请的期限（通常在1年以上）的法律顾问。

（2）临时法律顾问。是指聘请单位为了完成某一特定事项或处理某一重大法律事务，而临时聘请律师或取得法律顾问资格的人员担任法律顾问，当法律顾问代为完成或处理完毕该项特定事务后，受聘关系即告终结。

2. 专项法律顾问和综合法律顾问

这是依据法律顾问的工作范围不同所做的分类。

（1）专项法律顾问。是指按照聘请合同的约定，法律顾问只就聘方在业务上的某一项或某几项工作提供法律服务。如只就经济合同的起草、审查工作提供法律服务。

（2）综合法律顾问。是指按照聘请合同，对受聘的法律顾问的工作范围没有限定在某一特定事项或特定方面，而是要求法律顾问就聘方业务上的问题提供全方位的多种法律服务。

（三）法律顾问的主要工作范围

作为企业的法律顾问，为企业提供法律服务的工作范围主要包括：

1. 解答企业的法律询问

解答法律询问主要有两个方面的内容：一是提供法律解释，阐明其法律关系、法律后果以及相应的法律责任；二是提出依法处理的意见，并拟定出可供企业选择的几种方案，同时提供有关的信息资料，以便使企业的活动在国家法律许可的范围内进行，从而受到法律的保护。

2. 为企业的经营决策提供法律依据和法律建议

法律顾问参与企业的经营决策，是指法律顾问要在对企业进行实际调查的基础上，从法律政策的角度提出法律意见和建议，以保证企业经营决策的合法性和可行性。其主要内容有：

（1）对企业经营决策的项目，法律顾问要提供准确的法律依据，并就该法律条文的含义予以说明。

（2）对企业经营决策的项目，要进行可行性分析，要根据法律、有关资料和该企业的实际情况，对项目的必要性和可行性进行论证。

（3）对企业经营决策的项目的风险性进行预测，并针对不同的风险提出相应的对策。对发生风险的可能性较大而又非人力可以避免的，则可以采用保险的方法；对其他风险，则可以采用债的担保方法，如担保、抵押等。

3. 草拟、审查和修改企业的合同及其他法律文书

对于一般性的法律文书，法律顾问可以指导企业进行起草，然后对此加以审查和修改；对于比较重要的合同、法律文书，如企业章程、中外合资经营企业合同、企业内部各项规章制度、企业提起诉讼的诉状等，则由法律顾问亲自起草，以确保有关法律文书的质量。

4. 参加谈判工作

法律顾问参加谈判工作分三个阶段，即谈判的准备阶段、正式谈判阶段和谈判最后阶段。

（1）谈判的准备阶段。在谈判前，应收集、掌握与谈判项目有关的法律、政策，从法律的角度分析谈判项目的可行性；起草、准备或审查修订谈判所需要文件、文书，协助企业制定谈判策略与方案等，作好谈判的各项准备工作。

（2）正式谈判阶段。在正式谈判阶段，法律顾问要与企业密切配合，根据谈判的进展情况，及时、准确地为企业提供法律意见，协助企业通过谈判实现其目的，争取获得法律允许范围内的最大利益。

（3）在谈判的最后阶段，法律顾问要综合各方面的意见，草拟合同、章程等有关法律文书，并协助作好合同的审批、公证等手续。

5. 代理参加调解、仲裁和诉讼活动

法律顾问代理企业参加调解、仲裁和诉讼活动，其主要义务是：

（1）根据实际情况，为企业在调解、仲裁、诉讼等几种方式中选择最适当的方式来解决争议。

（2）在非诉讼调解、仲裁或诉讼活动中，维护企业的合法权益。

6. 受托办理非诉讼法律事务

法律顾问应根据聘请合同的规定，按照企业的需要和要求，代为办理有关非诉讼法律事务，如办理公司注册登记、商标注册等。

除此之外，为企业提供法律法规信息，宣传和普及法律常识，也是企业法律顾问的工作范围之一。

（四）法律顾问合同

律师担任企业法律顾问，应当签订书面的聘请法律顾问合同。该合同应包括如下主要条款：

（1）合同双方的法定名称及受聘律师的资格。

（2）法律顾问的工作范围和职责。

（3）法律顾问的工作方式、联系办法。

（4）聘方的义务。主要有：应当向律师提供与业务有关的真实文件、资料和必要的工作调解、支付酬金等。

（5）法律顾问酬金数额、支付办法。

（6）违约责任和争议处理办法。

（7）合同的变更、解除和中止的条款。

（8）合同的生效和有效期。

（9）双方约定的其他必要事项。

第三节 建设法律概述

一、建设法

建设法是经济法的重要组成部分，它直接体现国家组织、管理、协调城市建设、乡村建设、工程建设、建筑业、房地产业、市政公用事业等各项建设活动的方针、政策和基本原则。

建设法在我国是一个新兴的法律部门。法律体系还没有形成，建设法的概念很难统一。

我们按照通常的法律规范逻辑结构给建设法定义为：建设法是调整国家管理机关、企业、事业单位、经济组织、社会团体，以及公民在建设活动中所发生的社会关系的法律规范的总称。建设法的调整范围主要体现在三个方面：一是建设管理关系，即国家机关正式授权的有关机构对建设业的组织、监督、协调等职能活动；二是建设协作关系，即从事建设活动的平等主体之间发生的往来、协作关系，如订立工程建设合同等；三是从事建设活动的主体内部劳动关系。如订立劳动合同、规范劳动纪律等。

二、建设法的特征及作用

（一）建设法的特征

建设法作为调整建设业管理和建设协作所发生的社会关系的法律规范，除具备一般法律基本特征外，还具有不同于其他法律的特征。

1. 行政隶属性

这是建设法的主要特征，也是区别于其他法律的主要特征。这一特征决定了建设法必然要采用直接体现行政权力活动的调整方法，即以行政指令为主的方法调整建设业法律关系。调整方式包括：

（1）授权。国家通过建设法律规范，授予国家建设管理机关某种管理权限，或具体的权利，对建设业进行监督管理。如规定设计文件的审批权限、建筑质量监督、建筑工程承包合同的鉴证等。

（2）命令。国家通过建设法律规范赋予建设法律关系主体某种作为的义务。如限期拆迁房屋，控制楼堂馆所建设，进行建设企业资质等级鉴定，征纳固定资产投资税，房屋产权登记等。

（3）禁止。国家通过建设法律规范赋予建设法律关系主体某种不作为的义务，即禁止主体某种行为。如严禁利用建设工程发包权索贿受贿，严禁无证设计、无证施工，严禁建设工程倒手转包或居间介绍工程、非法牟利等。

（4）许可。国家通过建设法律规范，允许特别的主体在法律允许范围内有某种作为的权利。如一级建筑企业可承包各种通用工业与民用建设项目的建筑施工。二级建筑企业可承包 30 层以下、30m 跨度以下的房屋建筑，高度 100m 以下的构筑物的建筑施工。三级建筑企业可承包 12 层以下、21m 跨度以下的民用房屋建筑施工。

（5）免除。国家通过建设法律规范，对主体依法应履行的义务在特定情况下予以免除。如用侨汇建设住宅应列入各地基本建设计划，不受自筹资金计划指标的限制，用炉渣、粉煤灰等废渣作为主要原料生产建筑材料的可享有减、免税的优惠等。

（6）确认。国家通过建设法律规范，授权建设管理机关依法对争议的法律事实和法律关系进行认定，并确定其是否存在，是否有效。如各级建设工程质量监督站检查受监工程的勘察、设计、施工单位和建设构件厂的资质等级和营业范围，监督勘察、设计、施工单位和建筑构件厂严格执行技术标准，检查其工程（产品）质量等。

（7）计划。国家通过建设法律规范，对建设业进行计划调节。计划可分为两种：一种是指令性计划，一种是指导性计划。指令性计划具有法律约束力，具有强制性。当事人必须严格执行，违反指令性计划的行为，将要承担法律责任。指令性计划本身就是行政管理。指导性计划一般不具有约束力，是可以变动的，但是在条件可能的情况下也是应该遵守的。基本建设必须执行国家的固定资产投资计划。

（8）撤消。国家通过建设法律规范，授予建设行政管理机关，运用行政权力对某些权利能力或法律资格予以撤消或消灭。如没有落实建设投资计划的项目必须停建、缓建。无证设计、无证施工坚决取缔等。

2. 经济性

建设法是经济法的重要组成部分。经济性是建设法的又一重要特征。建设业的活动直接为社会创造财富，为国家增加积累。建设法的经济性既包含财产性，也包括其与生产、分配、交换、消费的联系性。如房地产开发、住宅商品化、建设工程勘察设计、施工安装等都直接为社会创造财富，随着建设业的发展，其在国民经济中的地位日益突出。邓小平同志在 1980 年 4 月曾明确指出：建筑业是可以为国家增加积累的一个重要产业部门。许多国家把建筑业看作是国民经济的强大支柱之一，不是没有道理的。可见，作为调整建筑等行业的建设法的经济性是非常强的。

3. 政策性

建设法律规范体现着国家的建设政策。它一方面是实现国家建设政策的工具，另一方面也把国家建设政策规范化。国家建设形势总是处于不断发展变化之中，建设法要随着建设政策的变化而变化，灵活而机敏地适应变化了的建设形势的客观需要。如国家人力、财力、物力紧张时，基建投资就要压缩，通过法律规范加以限制。国力储备充足时，就可以适当增加基建投资，同时，以法律规范予以扶植，鼓励。可见建设法的政策性比较强，相对比较灵活。

4. 技术性

技术性是建设法律规范一个十分重要的特征。建设业的发展与人类的生存、进步息息相关。建设产品的质量与人民的生命财产紧紧连在一起。为保证建设产品的质量和人民生命财产的安全，大量的建设法规是以技术规范形式出现的，直接、具体、严密、系统，便于广大工程技术人员及管理机构遵守和执行。如各种设计规范、施工规范、验收规范、产品质量监测规范等。有些非技术规范的建设法律规范中也带有技术性的规定。如城市规划法就含有计量、质量、规划技术、规划编制内容等技术性规范。

（二）建设法的作用

建设业是与社会进步、国家强盛、民族兴衰紧密相连的一个行业。它所从事的生产活动，不仅为人类自身的生存发展提供一个最基本的物质环境。而且反映各个历史时期的社会面貌，反映各个地区、各个民族科学技术、社会经济和文化艺术的综合发展水平。建设产品是人类精神文明发展史的一个重要标志。建设业是跨越自然科学与社会科学之间的一个特殊产业部门。

在国民经济中，建设业是一个重要的物质生产部门，建设法的作用就是保护、巩固和发展社会主义的经济基础，最大限度地满足人们日益增长的物质和文化生活的需要。

国家要发展，人类要生存，国家建设必不可少。建设业要最大限度地满足各行各业最基本的环境，为人们创造良好的工作环境、生活环境、教学研究环境和生产环境。为此，建设法通过各种法律规范规定建设业的基本任务、基本原则、基本方针。加强建设业的管理，充分发挥其效能，为国民经济各部门提供必需的物质基础，为国家增加积累，为社会创造财富，推动社会主义各项事业的发展，促进社会主义现代化建设。

三、建设法律关系

（一）建设法律关系的概念

1. 建设法律关系的概念

法律关系是指由法律规范调整一定社会关系而形成的权利与义务关系。一定的法律关系是以一定的法律规范为前提的，是一定法律规范调整一定社会关系的结果。

建设法律关系则是指由建设法律规范所确认的，在建设业管理和建设协作过程中所产生的权利、义务关系。

建设法律关系是建设法律规范在社会主义国家经济建设与生活中实施的结果，只有当社会组织按照建设法律规范进行建设活动，形成具体的权利和义务关系时，才构成建设法律关系。

2. 建设法律关系的特征

不同的法律关系有着不同的特征，构成其特征的条件是不同的法律关系的主体及其所依据的法律规范。建设业活动面广，内容繁杂，法律关系主体广泛，所依据的法律规范多样，由此决定建设法律关系具有如下特征：

（1）和建设法律规范相应，建设法律关系不是单一的，而带有明显的综合性。建设法律规范是由建设行政法律、建设民事法律和建设技术法规构成的。这三种法律规范在调整建设业活动中是相互作用、综合运用的。如国家建设主管部门行使组织、管理、监督的职权。依据基本建设程序、基本建设计划、组织、指导、协调、检查建设单位和勘察、设计、施工、安装等企业基本建设活动，就一定要导致某种法律关系的发生。这种法律关系是以指令服从、组织管理为特征的建设行政法律关系。与建设行政法律关系平行地交叉相互作用的则是民事法律关系。这主要是建设单位和建设银行、勘察、设计、施工、安装等企业之间产生的权利义务关系。如资金借贷关系、工程承包关系、设备和材料承包供应关系等等。这些关系往往表现为平等、等价、有偿的合同关系。而建设单位与勘察、设计、施工、安装等企业完成国家建设任务的标准及评价依据是设计规范、施工规范和验收规范。

可见，调整国家建设业活动是建设行政法律、建设民事法律和建设技术法规的综合运用。由此而产生了建设法律关系。

（2）建设法律关系是一种涉及面广，内容复杂的权利义务关系。建设业的活动，关系到国民经济和人民生活的方方面面。如建设单位要进行建设，则必须使自己的建设项目获得批准，列入国家计划，由此而产生了它与业务主管机关、计划批准机关的关系。建设计划被批准后，又需进行筹备资金、购置材料、招投标、进一步组织设计、施工、安装，以便将建设计划付诸实施，这样又产生建筑单位与银行、物资，供应部门、勘察、设计、施工、安装等企业的关系、项目管理关系等。这些关系中有纵向的关系，有横向的关系，也有纵横交错的关系。

（3）建设法律关系是以受国家计划制约的建设管理、建设协作过程中形成的权利和义务为内容的。国家制定的建设项目计划是指令性的，是各级机构进行工程建设的基础。主管部门、各省市、自治区在国家计划的基础上制定本地区本部门的计划，下达给下属单位，各建设单位及承建单位必须严格遵守国家建设计划。建设单位与承建单位签订的勘察、设计、施工、安装、购货等合同必须依据国家下达的计划。国家对一个建设项目从资金落实到勘察设计、施工、安装等都进行严格管理。

（4）建设行政法律关系决定、制约、影响着有计划因素的建设协作关系。建设业的法律调整是以行政管理法律规范为主的。建设民事法律规范调整建设业活动是由建设行政法律关系决定的，并受其制约。如建设单位与设计单位签订的勘察设计合同，在执行过程中，因国家法律认可的国家建设计划变更或解除，则建设单位的合同也要变更或解除。

（二）建设法律关系的构成要素

建设法律关系的构成要素是指建设法律关系不可缺少的组成部分。任何法律关系都是由法律关系主体、法律关系客体和法律关系内容三个要素构成，缺少其中一个要素就不能构成法律关系。由于三要素的内涵不同，则组成不同的法律关系，诸如民事法律关系、行政法律关系、劳动法律关系、经济法律关系等等。同样，变更其中一个要素就不再是原来的法律关系。

建设法律关系则是由建设法律关系主体、建设法律关系客体和建设法律关系内容构成的。

1. 建设法律关系主体

建设法律关系主体是指参加建设业活动，受建设法律规范调整，在法律上享有权利、承担义务的人。

（1）国家机关：

①国家权力机关。国家权力机关是指全国人民代表大会及其常务委员会和地方各级人民代表大会及其常务委员会。

国家权力机关参加建设法律关系的职能是审查批准国家建设计划和国家预决算，制定和颁布建设法律，监督检查国家各项建设法律的执行。

②行政机关。行政机关是依照国家宪法和法律设立的依法行使国家行政职权，组织管理国家行政事务的机关。它包括国务院及其所属各部、各委、地方各级人民政府及其职能部门。参加建设法律关系的行政机关主要有：

1）国家计划机关。主要是中央和省、市自治区（包括计划单列市）两级的计划委员会。其职权是负责编制长、中期和年度建设计划，组织计划的实施，督促各部门严格执行工程建设程序等。

2）国家建设主管机关。主要指建设部。其职权是制定建设法规，对城市建设、村镇建设、工程建设、建筑业、房地产产业、市政公用事业进行组织管理和监督。如管理基本建设勘察设计部门和施工队伍；进行城市规划；制定工程建设的各种标准、规范和定额；监督勘察、设计、施工安装的质量；规范房产开发；市政建设等。

3）国家建设监督机关。它主要包括国家财政机关、中国人民银行、国家审计机关、国家统计机关等。

4）国家建设各业务主管机关。如交通部、航天部、铁道部等机关，负责本部门、本行业的建筑管理工作。

国家机关还有审判机关和检察机关。但作为国家机关组成部分的审判机关和检察机关不以管理者身份成为建设法律关系的主体，而是建设法律关系监督与保护的重要机关。

（2）社会组织。作为建设法律关系主体的社会组织一般应为法人。法人是指具有权力能力和行为能力，依法享有权利和承担义务的组织。依据《民法通则》第21条的规定："法人必须依法成立；有必要的财产或者经费；有自己的名称、组织机构和场所；能够独立承担民事责任。"

①建设单位。建设单位是指进行工程建设的企业或事业单位。由于建设项目的多样化，作为建设单位的社会组织也是种类繁多的。有工交企业、农牧企业、商业企业、文化教育部门、医疗卫生单位、国家各机关等等。

建设单位作为建设活动权利主体，是从设计任务书批准开始的。任何一个社会组织，当它的建设项目的设计任务书没有批准之前，建设项目尚未被正式确认，它是不能以权利主体的资格参加工程建设的。当建设项目编有独立的总体设计并单独列入建设计划，获得国家批准时，这个社会组织方能成为建设单位，以已经取得的法人资格，及自己的名义对外进行经济活动和法律行为。

建设单位作为工程的需要方，是建设投资的支配者，也是工程建设的组织者和监督者。

②中国建设银行。中国建设银行是我国专门办理工程建设贷款和拨款、管理国家固定资产投资的专业银行。其主要业务范围是：管理国家工程建设支出预决算；制定工程建设财务管理制度；审批各地区、各部门的工程建设财务计划和清算；经办工业、交通、运输、农垦、畜牧、水产、商业、旅游等企业的工程建设贷款及行政事业单位和国家指定的基本建设项目的拨款；办理工程建设单位、地质勘探单位、建设安装企业、工程建设物资供销企业的收支结算；经办有关固定资产的各项存款、发放技术改造贷款；管理和监督企业的挖潜、革新、改造资金的使用等。

③勘察设计单位。勘察设计单位是指从事工程勘察设计工作的各类设计院、所等。我国有勘察设计合一的机构，也有分立的勘察和设计机构。

1) 建筑工程设计单位。建筑工程设计单位可以是综合的，也可以是专业性的。综合性单位可以成套承包建筑工程设计，专业性单位只能承包本专业工程范围内的设计，配有建筑专业的单位可以总包工程设计，其他专业工程可分包。

国家根据建设工程设计单位的技术条件，将其分为甲、乙、丙、丁四级，授予等级证书，并规定取得不同等级证书的设计单位的业务范围，建筑工程设计单位必须严格执行。

2) 市政工程设计单位。市政工程设计单位主要从事城市给水、排水、燃气、热力、道路、桥梁、隧道、防洪及公共交通、园林绿化、环境卫生等工程设计。有综合性的，也有专业性的。

国家根据市政工程设计单位的技术条件，将其划分为甲、乙、丙、丁四级，授予等级证书，并规定取得不同等级证书的设计单位的业务范围，市政工程设计单位必须严格遵照执行。

3) 城市规划设计单位。城市规划设计单位的任务是进行城镇建设总体规划、具体单项规划及建设项目选址、可行性研究等。国家根据城市规划设计单位的技术条件和资历将其分为甲、乙、丙、丁四级，授予等级证书，并规定取得不同等级证书的设计单位的业务范围，城市规划设计单位必须严格遵照执行。

4) 城乡建设勘察单位。城乡建设勘察单位的业务是为城乡建设规划和工业与民用建筑任务而从事的工程地质、岩土工程、水文地质及工程测量等工作。国家根据勘察单位的技术条件授予甲、乙、丙、丁不同等级的证书，并规定取得不同等级证书的勘察单位的业务范围，城乡建设勘察单位必须严格遵照执行。

④施工企业。施工企业是指由主管部门批准并在国家工商行政管理机关登记注册的从

事建设工程施工安装活动的组织。

1）建筑施工企业。从事通用工业与民用建筑施工的企业分为建筑、设备安装、机械施工三类。

a. 建筑企业。国家根据建筑企业具备的资质条件，将其划分为四个等级，并明确不同等级企业相应的业务范围，建筑企业必须严格遵照执行。

b. 设备安装企业。国家根据设备安装企业具备的资质条件，将其分为三个等级，并明确不同等级企业相应的业务范围，设备安装企业必须严格遵照执行。

c. 机械施工企业。国家根据机械施工企业所具备的资质条件，将其划分为三个等级，并明确不同等级企业相应的业务范围，机械施工企业必须严格遵照执行。

2）市政工程建设施工企业。市政工程建设施工企业主要承担市政建设工程施工任务。国家根据市政工程建设施工企业的资质条件，将其划分为四个等级，并明确不同等级企业的业务范围，市政工程建设施工企业必须严格遵照执行。

3）建筑装饰施工企业。建筑装饰施工企业主要从事各种建筑装饰工程的设计和施工。国家根据其具备的资质条件，将其划分为三个等级，并明确不同等级企业的业务范围，建筑装饰施工企业必须严格遵照执行。

⑤城市综合开发公司。城市综合开发公司是指专营城市综合开发建设、经营商品房屋的公司，包括房地产开发公司。开发公司按资质条件划分为四个等级。国家严格规定了不同等级开发公司（企业）的业务范围，开发公司必须严格遵照执行。

（3）公民个人。公民个人在建设业活动中也可以成为建设法律关系的主体。如建设企业职工同企业单位签订劳动合同时，即成为建设法律关系主体。

2. 建设法律关系客体

建设法律关系客体是指参加建设法律关系的主体享有的权利和承担的义务所共同指向的事物。在通常情况下，建设主体都是为了某一客体，彼此才设立一定的权利、义务，从而产生建设法律关系，这里的权利、义务所指向的事物，便是建设法律关系的客体。

法学理论上，一般客体分为财、物、行为和非物质财富。建设法律关系客体也不外乎四类。

（1）表现为财的客体。财一般指资金及各种有价证券。在建设法律关系中表现为财的客体主要是建设资金，如基本建设贷款合同的标的，即一定数量的货币。

（2）表现为物的客体。法律意义上的物是指可为人们控制的并具有经济价值的生产资料和消费资料。在建设法律关系中表现为物的客体主要是建筑材料，如钢材、木材、水泥等，及其构成的建筑物，还有建筑机械等设备。某个具体基本建设项目即是建设法律关系中的客体。

（3）表现为行为的客体。法律意义上的行为是指人的有意识的活动。在建设法律关系中，行为多表现为完成一定的工作，如勘察设计、施工安装、检查验收等活动。勘察设计合同的标的，即完成一定的勘察设计任务。建筑工程承包合同的标的，即按期完成一定质量要求的施工行为。

（4）表现为非物质财富的客体。法律意义上的非物质财富是指人们脑力劳动的成果或智力方面的创作。也称智力成果。在建设法律关系中，如设计单位提供的具有创造性的设计图纸，该设计单位依法可以享有专有权，使用单位未经允许不能无偿使用。

3. 建设法律关系的内容

建设法律关系的内容即建设权利和建设义务。建设法律关系的内容是建设主体的具体要求，决定着建设法律关系的性质，它是联结主体的纽带。

(1) 建设权利。建设权利是指建设法律关系主体在法定范围内，根据国家建设管理要求和自己业务活动的需要有权进行各种建设活动。权利主体可要求其他主体作出一定的行为或抑制一定行为，以实现自己的建设权利，因其他主体的行为而使建设权利不能实现时，有权要求国家机关加以保护并予以制裁。

(2) 建设义务。建设义务是指建设法律关系主体必须按法律规定或约定承担应负的责任。建设义务和建设权利是相互对应的，相应主体应自觉履行建设义务，义务主体如果不履行或不适当履行，就要受到法律制裁。

(三) 建设法律关系的产生、变更和消灭

1. 建设法律关系的产生、变更和消灭的概念

(1) 建设法律关系的产生。建设法律关系的产生是指建设法律关系的主体之间形成了一定的权利和义务关系。某建设单位与施工单位签订了建筑工程承包合同，主体双方产生了相应的权利和义务。此时，受建设法律规范调整的建设法律关系即告产生。

(2) 建设法律关系的变更。建设法律关系的变更是指建设法律关系的三个要素发生变化。

①主体变更。主体变更是指建设法律关系主体数目增多或减少，也可以是主体改变。在建设合同中，客体不变，相应权利义务也不变，此时主体改变也称为合同转让。

②客体变更。客体变更是指建设法律关系中权利义务所指向的事物发生变化。客体变更可以是其范围变更，也可以是其性质变更。

建设法律关系主体与客体的变更，必须导致相应的权利和义务，即内容的变更。

(3) 建设法律关系的消灭。建设法律关系的消灭是指建设法律关系主体之间的权利义务不复存在，彼此丧失了约束力。

①自然消灭。建设法律关系自然消灭是指某类建设法律关系所规范的权利义务顺利得到履行，取得了各自的利益，从而使该法律关系达到完结。

②协议消灭。建设法律关系协议消灭是指建设法律关系主体之间协商解除某类建设法律关系规范的权利义务，致使该法律关系归于消灭。

③违约消灭。建设法律关系违约消灭是指建设法律关系主体一方违约，或发生不可抗力，致使某类建设法律关系规范的权利不能实现。

2. 建设法律关系产生、变更和消灭的原因

建设法律关系并不是由建设法律规范本身产生的，建设法律规范并不直接产生法律关系。建设法律关系只有在一定的情况下才能产生，而这种法律关系的变更和消灭也是由一定的情况决定的。这种引起建设法律关系产生、变更和消灭的情况，即是人们通常称之为的法律事实。法律事实即是建设法律关系产生、变更和消灭的原因。

(1) 法律事实的概念。法律事实是指能够引起建设法律关系产生变更和消灭的客观现象和事实。

建设法律关系不会自然而然的产生，不是任何客观现象都可以作为法律事实，也不能仅凭建设法律规范规定，就可在当事人之间发生具体的建设法律关系。只有通过一定的法

律事实，才能在当事人之间产生一定的法律关系，或者使原来的法律关系变更或消灭。不是任何事实都可成为建设法律事实，只有当建设法规把某种客观情况同一定的法律后果联系起来时，这种事实才被认为是建设法律事实，成为产生建设法律关系的原因，从而和法律后果形成因果关系。

（2）建设法律事实的分类。建设法律事实按是否包含当事人的意志分为两类。

①事件。事件是指不以当事人意志为转移而产生的自然现象。

当建设法律规范规定把某种自然现象和建设权利义务关系联系在一起的时候，这种现象就成为法律事实的一种，即事件。这就是建设法律关系的产生、变更或消灭的原因之一。如洪水灾害导致工程施工延期，致使建筑安装合同不能履行。

事件产生大致有两种情况：

1）自然现象引起的。如地震，台风、水灾、火灾等自然灾害等。

2）社会现象引起的。如战争、暴乱、政府禁令等。

②行为。行为是指人的有意识的活动。包括积极的作为或消极的不作为，都能引起建设法律关系的产生、变更或消灭。

行为通常表现为以下几种：

1）民事法律行为。民事法律行为是指基于法律规定或有法律依据，受法律保护的行为。如根据设计任务书进行的初步设计的行为、依法签订建设工程承包合同的行为。

2）违法行为。违法行为是指受法律禁止的侵犯其他主体的建设权利和建设义务的行为。如违反法律规定或因过错不履行建设工程合同；没有国家批准的建设计划，擅自动工建设等行为。

3）行政行为。行政行为是指国家授权机关依法行使对建设业管理权而发生法律后果的行为。如国家建设管理机关下达基本建设计划，监督执行工程项目建设程序的行为。

4）立法行为。立法行为是指国家机关在法定权限内通过规定的程序，制定、修改、废止建设法律规范性文件的活动。如国家制定、颁布建设法律、法规、条例、标准定额等行为。

5）司法行为。司法行为是指国家司法机关的法定职能活动。它包括各级检察机构所实施的法律监督，各级审判机构的审判、调解活动等。如人民法院对建设工程纠纷案件作出判决的行为。

第四节　建设法构成

一、建设法的表现形式

（一）宪法

宪法是国家的根本大法，具有最高的法律效力，任何其他法律、法规都必须符合宪法的规定，而不得与之相抵触。宪法是建设业的立法依据，同时又明确规定国家基本建设方针、原则，直接规范与调整建设业的活动。

（二）法律

作为建设法表现形式的法律，是指行使国家立法权的全国人民代表大会及其常务委员会制定的规范性文件。其效力仅次于宪法，在全国范围内具有普遍的约束力。如《中华人民共和国经济合同法》、《中华人民共和国城市规划法》、《中华人民共和国城市房地产管理法》和《中华人民共和国建筑法》等。还有国家正在积极制定的法律，诸如市政管理法、住宅法、建筑师法、风景名胜区保护法等。

（三）行政法规

行政法规指国务院以及建设部制定颁布，或建设部与其他部、委联合颁布的规范性文件，其效力低于宪法和法律，在全国范围内有效。行政法规的名称可谓"条例"、"办法"、"行政措施"、"决定"、"命令"、"指示"、"规章"等。我国现行有效的建设行政法规有500余件。如《建设工程勘察设计合同条例》、《建设工程质量监督管理规定》、《城市房屋拆迁管理条例》、《城市燃气安全管理规定》等。

（四）地方性法规与规章

地方性法规是指地方人大常委会制定的规范性文件。地方规章是指地方政府制定颁布的规范性文件，地方性法规与规章的效力低于宪法、法律、行政法规，只能在本区域有效。近年来各省、市、自治区依据宪法、法律、行政法规的规定与授权，结合本地区实际情况制定颁布了大量地方性建设法规与规章，推动和促进了本地区建设业的发展，同时也为国家建设立法提供成功的经验。

（五）技术法规

技术法规是国家制定或认可的，在全国范围内有效的技术规程、规范、标准、定额、方法等技术文件。它是建设业工程技术人员从事经济技术作业、建设管理监测的依据。如预算定额、设计规范、施工规范、验收规范等。

（六）国际公约、国际惯例、国际标准

我国参加或与外国签订的调整经济关系的国际公约和双边条约，还有国际惯例、国际上通用的建设技术规程都是建设法，应当遵守与实施的。如涉外建设工程承包合同非常复杂，它涉及有形贸易、无形贸易、信贷、委托、技术规范、保险等诸多法律关系。这些法律关系的调整必须遵守我国承认的国际公约、国际惯例和国际通用的技术规程和标准。当然，我国声明保留的条款除外。

二、建设法构成

（一）建设行政法律

建设行政法律是国家制定或认可，体现人民意志，由国家强制力保证实施的，国家建设管理机关从宏观上、全局上管理建设业的法律规范。它在建设法中居主要地位。

1. 计划法

计划法主要通过规定指令性计划制度、指导性计划制度，使社会主义市场经济建设有序的发展。贯彻国家计划法调整建设业十分重要。从我国建国以来的几次建设项目规模膨胀的原因来看，很大程度上是没有很好实施国家计划，盲目建设、重复建设，超过了国力所能承担的限度，没能取得很好的投资效果，给国家财产造成了巨大的浪费。为此国家加强了建设项目的计划管理，明确规定没有国家批准的固定资产建设项目投资计划不准设计，不准施工，要严格执行国家的投资计划。目前颁布的大量建设法规中都相应体现着国家计划的要求。

2. 税法

税法主要规定税种、税率。它稳定国家与企业间的分配关系，调节社会供应总量和需求总量，积累和消费关系，促进或限制一定产业的发展。贯彻国家税法是建设法的重要内容之一。建国以来国家颁布直接调整建设业的税收法律规范有房产税、建筑税、土地使用税、固定资产投资方向调解税等，此外现行的税收几乎都与建设业相关。这些税收法律的实施，对保证国家财政收入稳定增长，促进国家各项建设事业的发展是非常重要的。

3. 城市规划法

城市规划法主要确定城市性质、规模和发展方向，合理利用城市土地、协调城市空间布局和各项建设的综合布署和具体安排，以实现一定时期内城市的经济和社会发展目标。

4. 建筑法

建筑法通过对建筑市场主体的资质管理、经营管理、工程承包管理和建筑市场管理等规定，保证工程施工质量，维护建筑市场秩序，促进建筑业健康发展。

5. 工程设计法

工程设计法通过对工程设计单位的资质管理、设计管理、技术管理，以及制定设计文件的审批等管理的规定，促进工程设计水平的进一步提高，保证设计质量，以适应我国社会主义现代化建设的需要。

6. 市政公用事业法

市政公用事业法通过对城市的供水、供气、供热、公共交通、排水、防洪、道路、桥涵、园林绿化、市容和环境卫生等规划、建设、管理的规定，保证城市建设和管理工作的顺利进行，发挥城市的中心和多功能作用，适应城市发展和社会主义现代化建设的需要。

7. 村镇建设法

村镇建设法通过对村庄和集镇在规划、建设、设计、施工、公用基础设施、住宅和环境管理等活动的规定，进一步加强村庄和集镇的规划、建设、管理，改善村庄和集镇环境，促进城乡经济与社会协调发展，推动社会主义村镇的建设与发展。

8. 城市房地产管理法

城市房地产管理法通过对房屋产权产籍、房地产市场、城市房屋拆迁、土地使用等活动的规定，保障城市房地产所有人、经营人、使用人的合法权益，促进房地产业的健康发展，适应社会主义现代化建设和人民居住生活的需要。

9. 风景名胜区法

风景名胜区法通过对风景名胜区资源的保护、开发、利用和管理等活动的规定，维护我国生态环境、国土风貌，促进旅游业的发展，满足人民日益增长的物质、文化生活的需要。

10. 限制垄断、制止不正当竞争法

限制垄断、制止不正当竞争法通过对保护合法竞争，防止垄断，反对以假冒、欺骗等不正当手段进行竞争，牟取暴利的规定，维护建筑市场的秩序，增强建设业的活力，促进社会主义建设事业的发展。

11. 各行各业监督管理法

各行各业监督管理法，通过对市场、物价、金融、保险、审计、会计、运输、能源、物资、外汇、进出口、环境保护、工商会计、土地利用等各行各业与建设业相关的行政管理的规定，推动、促进、保护社会主义建设业的健康发展。

以上11个方面的建设行政法律，是从国家加强建设业宏观管理的客观条件出发，规定对促进建设业发展的鼓励和限制措施，维护宏观整体利益，克服阻碍建设业发展的消极因素，制裁建设业行政违法行为，保证社会主义建设业健康发展。

建设行政法律具有以下特征：

（1）指令性。建设行政法律调整的法律关系主体地位不平等，一方下达指令，另一方只能服从并予以执行。

（2）非对等性。主体一方面作为国家建设主管机构或间接管理机构只享有权利，而另一方作为接受管理的企事业单位及公民只承担义务，权利与义务不对等。

（3）强制性。建设行政法律规范多以禁止、命令形式表现出来，没有选择、考虑和讨价还价的余地。

（4）灵活性。建设行政法律一般政策性强，立法程序简便，表现形式多样。可根据建设业形势变化，随时制定、修改、制止。

（二）建设民事法律

建设民事法律是国家制定或认可的，体现人民意志的，为国家强制力保证其实施的调整平等主体的公民之间、法人之间、公民与法人之间的建设关系的行为准则。

1. 民法通则总则

民法通则总则规定法人制度、自然人制度、法律行为制度、代理制度、时效制度等，解决建设业法律关系的主体问题、法律行为有效性问题、代他人为法律行为问题、迅速及时问题，维护建设活动参与者的合法权益。

2. 物权法

物权法规定所有权制度、经营权制度、使用权制度、采矿权制度、抵押权制度，使建设业经营活动建立在可靠的物权基础上。

3. 建设合同法

建设合同法规定各类建设公司的订立，双方的权利义务、违约责任等，解决工程设计、建筑施工与安装、房地产开发、土地使用等流转过程中的债权债务问题。

4. 建设企业法

建设企业法规定各类建设企业的设立、变更、终止的条件，企业的权利与义务，为建设业的现代化经济管理提供充分方便和有效监督，增强建设企业的活力，促进建设产业的发展。

5. 住宅法

住宅法通过对城乡住宅所有权、住宅建设、资金融通、买卖、租赁、管理、维修等活动的规定，保障公民享有住房的权利，保证住宅所有者和使用者的合法权益，促进住宅建设发展，不断改善公民的住房条件，提高居住水平。

建设民事法律除以上 5 个方面外，还有与建设业相关的知识产权法律制度、金融法律制度、票据法律制度、保险法律制度、企业破产法律制度等。

建设民事法律是发展社会主义商品生产，利用价值规律和竞争机制自觉调整经济往来关系，提高经济效益，促进建设企业现代化经营管理的基本法律。

建设民事法律具有以下特征：

（1）平等性。受建设民事法律调整的建设法律关系主体的地位是平等的，没有隶属性。

（2）有偿性。主体间权利与义务对等，一方面取得利益的同时，要承担相应的义务。

（3）任意性。即有些建设民事法律赋于当事人在法律规定的范围内有选择的自由。

（4）相对稳定性。建设民事法律是建设业商业生产与交换的最一般行为准则，灵活多变的政策约束少，与政策性较强的建设行政法律相比，具有相对稳定性。

（三）建设技术法规

建设技术法规是国家制定或认可的，由国家强制力保证其实施的工程建设勘察、规划、建设、施工、安装、检测、验收等的技术规程、规则、规范、条例、办法、定额、指标等规范性文件。

建设技术法规是建设法常用的标准表达形式。它以建筑科学，技术和实践经验的综合成果为基础，经有关方面专家、学者、工程技术人员综合评价、科学论证而制定，由国务院及有关部委批准颁发，作为全国建设业共同遵守的准则和依据。

建设技术法规可分为国家、专业（部）、地方和企业四级。下级的规范、标准不得与上级的规范标准相抵触。

国家建设技术法规具有法律性、权威性、强制性。参加建筑设计、结构设计、工程施工、设备安装、定额概预算、机械调试检测、施工验收等人员必须贯彻执行。贯彻执行建设技术法规，对于统一建设技术经济要求，组织现代化工程建设，提高建设业科学水平，保证工程质量，加快工程建设速度，都已经起到和正在起到不可估量的作用。

1. 设计规范

设计规范是指从事工程设计所依据的技术文件。设计规范一般可分为：

（1）建筑设计规范。建筑设计规范包括建筑设计、建筑物理、建筑暖通与空调等方面的技术标准与规程。

（2）结构设计规范。结构设计规范包括建筑结构、工程抗震、勘察及地基与基础等方面的技术标准和规程。

（3）防火设计规范。防火设计规范包括建筑物的耐火性能、建筑物防火防爆措施、消防给水与排水、通风与采暖、疏散通道等技术标准和规程。

2. 施工规范

施工规范是指施工操作程序及其技术要求的标准。施工规范一般分为建筑工程施工规范和安装工程施工规范两大类。

3. 验收规范

验收规范是指检验、接收竣工工程项目的规程、办法与标准。

4. 建设定额

建设定额是指国家规定的消耗在单位建筑产品上活劳动和物化劳动的数量标准，以及用货币表现的某些必要费用的额度。

5. 工程建设标准

工程建设标准是指建设工程设计、施工方法和安全保护的统一的技术要求及有关工程建设的技术术语、符号、代号、制图方法的一般原则。

建设技术法规是建设业发展的可靠的技术保证规范。早在 1979 年，邓小平同志就明确指出，科学技术是生产力，而且是第一生产力。在建设业活动中，设计、施工、验收的标准、质量如何，直接关系到人民生命财产的安全和国家的兴衰。建设技术法规作为直接规范人们工程技术活动的依据尤为重要。可见，建设技术法规是从事建设业活动的基础法律。

建设技术法规具有以下特征：

（1）科学性。建设技术规范的制定来自大量的科学论证与工程实践检验，是建设业职工普遍遵守的科学技术规范。

（2）标准性。建设技术规范所规定的内容是人们普遍接受的技术标准，包括国家标准、国际标准、专业标准和地方标准及企业标准。所采用的术语、符号、代号、方法是规范统一的。

（3）系统性。建筑技术法规形成一个完整的体系。作为一个工程项目，从项目论证到设计、施工、验收等各个环节的技术法规相互衔接、相互制约。

（4）稳定性。建设技术法规作为法律，一方面，体现国家统治阶级的意志；另一方面建设技术法规作为人们认识自然，改造自然的科学总结，又是人们普遍接受和认可的统一规范。因此建设技术法规稳定性的特征十分突出。

【案例】

莒县酒厂诉文登酿酒厂
不正当竞争纠纷案

原告：山东省莒县酒厂。

法定代表人：冯永森，厂长。

委托代理人：王竹青，莒县酒厂副厂长。

委托代理人：李玉勤，莒县法律顾问处律师。

被告：山东省文登酿酒厂。

法定代表人：孙敬富，厂长。

委托代理人：孙学建，文登酿酒厂副厂长。

委托代理人：吕善荣，文登市法律顾问处律师。

原告山东省莒县酒厂以被告山东省文酿酒厂侵害了该厂商标专用权为由，向山东省临沂地区中级人民法院提起诉讼。

原告诉称：被告采用与原告生产的"喜凰"牌白酒注册商标相近似的文字、图形，作为被告生产的白酒的特定名称及装璜，造成消费者误认误购，使"喜凰"牌白酒销量下降，原告蒙受重大经济损失。请求被告立即停止对原告商标专用权的侵害，并赔偿由此而造成的经济损失100万元。

被告辩称：被告产品的注册商标是"天福山"牌，原告产品的注册商标是"喜凰"牌。被告生产的白酒名称是"喜凤"酒，原告生产的白酒名称是"喜凰"酒。双方白酒的商标既不相同也不近似，不存在侵害商标专用权的事实。

临沂地区中级人民法院依法组成合议庭，经进行公开审理查明：

原告山东省莒县酒厂于1987年1月30日，在国家商标局核准注册了圆圈图形喜凰牌商标一枚，用于本厂生产的白酒。此酒的瓶贴装璜上，除印有圆圈图形喜凰牌的注册商标外，还印有"喜凰酒"这一特定名称。被告山东省文登酿酒厂生产的白酒，注册商标为圆圈图形天福山牌。被告为与原告争夺市场，拿着带有原告商标标识"喜凰"酒的瓶贴装璜到莱州市彩印厂，让其除把喜凰牌注册商标更换为天福山牌注册商标，喜凤酒的"凰"字更换为"凤"字外，其余均仿照印制。被告将印好的天福册牌喜凤酒瓶贴装璜用于本厂生产的白酒。从1987年2月至1988年8月，共生产4509320瓶，销售4321308瓶，销售金额达2443284.34元。

被告的瓶贴装璜由于在设计构图、字型、颜色等方面与原告的近似，因此造成消费者误认误购。被告同时还在同一市场中，采用压价的手段与原告竞争，致使原告的"喜凰"酒滞销，客户与原告订的合同不能履行或不能完全履行，给原告造成重大经济损失。原告为此曾通过山东《大众日报》刊登过不得侵害其商标专用权的声明。山东省工商行政管理局商标广告管理处也通知被告立即停止使用"喜凤"酒瓶贴装璜，但被告置之不理。

临沂地区中级人民法院审理认为：原告生产的喜凰牌"喜凰"酒已由国家商标局核准注册，发给注册证，依照《中华人民共和国商标法》第3条的规定，其注册商标专用权受法律保护。被告违反国家工商行政管理局、轻工业部、商业部1980年10月11日《关于改进酒类商品商标的联合通知》中关于"商标应当同其特定名称统一起来"的规定，在同一种商品上，使用与自己的注册商标不同、却与原告的注册商标相近似的文字做酒的特定名称，从而使消费者极易把被告的"喜凤"酒误认为原告的"喜凰"酒购买。《中华人民共和国商标法实施细则》第41条第二项规定，"在同一种或者类似商品上，将与他人注册商标相同或者近似的文字、图形作为商品名称或者商品装璜使用，并足以造成误认的"，属于商标法第38条第（三）项所指的侵害注册商标专用权的行为。依照《中华人民共和国民法通则》第118条的规定，原告要求被告停止侵害，赔偿损失，是正当的，应予支持。根据被告的侵权行为，依照商标法实施国则第43条的规定，应处以罚款。

据此，临沂地区中级人民法院于1989年8月5日判决如下：

一、被告立即停止侵权行为；二、收缴被告未使用的喜凤酒瓶贴，并消除现存喜凤酒和包装上的商标标识；三、被告赔偿原告实际损失263139元。另对被告处以罚款3万元，判决生效后10日内上缴国库。

第一审宣判后，被告山东省文登酿酒厂不服，以"原审判决离开被上诉人的注册商标，依其没有注册的装璜和酒的特定名称与上诉人的近似，认定上述人侵害了被上诉人的注册商标专用权于法不符"为由，向山东省高级人民法院提出上诉。

山东省高级人民法院第二审认为：商标法第37条规定："注册商标的专用权，以核准注册的商标和核定使用的商品为限。"依此规定，被上诉人山东处莒县酒厂在本厂生产的白酒上使用的圆圈图形喜凰牌注册商标，属商标专用权的保护范围。除此之外，被上诉人瓶贴装璜上的图案、文字、颜色等，不属注册商标专用权保护之列。上诉人山东省文登酿酒厂仿照被上诉人的瓶贴璜，制作了与被上诉人相近似的瓶贴装璜，使用在自己生产的白酒上，原审判决把这行为认定为侵害商标专用权，是适用法律不当。

但是，上诉人为与被上诉人竞争，违反国家工商行政管理局、轻工业部、商业部关于酒的商标应当同其特定名称统一起来的规定，使用与自己的注册商标完全不同的"喜凤酒"三个字作为自己的酒的特定名称，从而制作出与被上诉人相近似的瓶贴装璜，造成消费者误认误购。同时，上诉人还在同一市场上采用压价的手段与被上诉人竞争，致使其在经济上遭受一定损失。上诉人的上述行为，不仅违反了民法通则第4条规定的公民、法人在民事活动中，应当遵循诚实、信用的原则，而且违反了第5条的规定，侵害了被上诉人合法的民事权益。依照民法通则第 7 条的规定，上诉人的这种行为，还损害了社会公共利益，扰乱了社会经济秩序，是不正当的竞争行为，必须予以制止。被上诉人由此遭受的经济损失，必须由上诉人赔偿。

山东省高级人民法院依照《中华人民共和国民事诉讼法（试行）》第 151 条第 1 款第二项的规定，于 1990 年 1 月 2 日判决如下：

一、撤销临沂地区中级人民法院（1988）临中法经字第 5 号民事判决。

二、上诉人文登酿酒厂必须立即停止对被上诉人莒县酒厂合法民事权益的侵害；销毁现存的喜凤酒瓶贴；已出厂的喜凤酒应更换瓶贴后出售。

三、上诉人赔偿被上诉人实际经济损失 27838 元，判决生效后 10 日内付清。

第二章 城市规划法律制度

第一节 城市规划法概述

一、城市规划

城市规划是指为了实现一定时期内城市的经济和社会发展目标，确定城市性质、规模和发展方向，合理利用城市土地，协调城市空间布局和各项建设的综合部署和具体安排等法定活动。

城市规划是建设城市和管理城市的基本依据，是保证城市土地合理利用和开发的基础，是综合发挥城市经济效益、社会效益和环境效益的前提，是实现城市经济和社会发展目标的重要手段。国内外的实践经验证明，要把城市建设好、管理好，首先必须规划好，以城市规划为依据指导建设和管理；要使城市得以合理发展，首先必须通过科学地预测和规划，明确城市的发展方向和发展格局，在规划的引导和控制下，逐步实现发展目标。在城市建设和发展进程中，城市规划处于重要的"龙头"地位。

二、城市规划法

（一）城市规划法的概念

城市规划法是指调整城市规划制定、实施和管理过程中各种社会关系的法律规范的总称。狭义的城市规划法是指 1989 年 12 月 26 日，第七届全国人民代表大会常务委员会第一次会议通过的《中华人民共和国城市规划法》（以下简称《城市规划法》）；广义的城市规划法除包括《城市规划法》外，还应包括与之配套的《建设项目选址规划管理办法》、《城市规划编制办法》、《城市国有土地使用权出让和转让规划管理办法》、《城市规划设计单位资格管理办法》、《中华人民共和国城市规划法实施条例》等法规和规章。

（二）城市规划法的适用范围

《城市规划法》的适用范围包括两个方面：

1. 地域适用范围

地域范围，即城市规划区，包括这个地域内的陆地、水面和空间。

城市规划区是指城市市区、近郊区以及城市行政区域内因城市建设和发展需要实行规划控制的区域.

2. 人的适用范围

人的适用范围，即凡与城市规划编制、审批、管理活动有关的单位和个人，包括负责编制、审批、管理的各级人民政府及其城市规划行政主管部门和其他有关主管部门，同规划编制工作有关的各生产、科研、教学、设计单位，进行建设活动的建设单位、设计单位、施工单位及其他单位。

三、城市规划的方针和原则

（一）城市规划的方针

1. 城市规划必须坚持控制大城市规模、合理发展中等城市和小城市的方针

《城市规划法》第 4 条规定："国家实行严格控制大城市规模，合理发展中等城市和小城市的方针"。这一方针对于促进我国城市化的进程，形成我国城市比较合理的发展格局有着重要的作用。

2. 城市规划必须符合我国国情，正确处理近期建设和远景发展的关系

城市规划是百年大计，编制和实施城市规划要符合我国基本国情，必须正确处理好近期建设与远景发展的关系，要使规划具有一定弹性，留有一定的余地，避免不顾全局，不顾长远发展的短期行为。

3. 城市规划区内的建设要坚持适用、经济的原则和勤俭建国的方针

城市建设要坚持适用、经济和勤俭建国的方针，各项建设的标准和定额指标应当与国家和地方生产力的发展水平相适应，防止脱离国情的高指标、高标准。

（二）城市规划的原则

1. 国家控制城市规模的原则

《城市规划法》第 4 条约规定："国家实行严格控制大城市规模、合理发展中等城市和小城市的方针，促进生产力和人口的合理布局。"严格控制大城市规模，主要是控制市区人口与用地规模，一般不要在大城市市区新建和扩建大中型工业项目，尤其是占地大、用水多、能耗大、污染环境的项目更要严加控制。大城市市区应当主要依靠技术进步，优化产业结构，调整用地布局，加强城市基础设施建设，提高社会、经济、环境综合效益。

2. 城市规划与计划相结合的原则

这个原则是城市规划的有效保证。城市规划法从三个方面作出规定：

（1）城市的国民经济、社会发展计划要与城市规划互相衔接，互相协调。

（2）与城市有关的建设项目或建成后即将形成新城镇的项目，其立项、选址和布局，必须符合城市规划要求。项目建设书、设计任务书和报批，必须附有城市规划部门的选址意见书。

（3）城市近期规划确定的建设项目，应当分期分批纳入城市年度建设计划。为促进规划与计划相结合，保证规划的实施，国家要采取有效措施。

3. 勤俭建设的原则

城市规划的制定和实施必须从实际出发，勤俭建设。我国是一个发展中的国家，生产力水平还不太高，确定城市规划各项建设标准、定额指标、建设规模、开发程序，首先应当考虑我们的财力、物力，考虑国家的经济承受能力。要量力而行，不能追求奢侈，贪大求洋。城市规划的制定应当与国家和地方的经济技术发展水平以及人民生活水平相适应，在此基础上兼顾城市长远发展的需要。

4. 环境保护的原则

城市规划的制定和实施必须注意改善城市生活环境，防止污染和其他公害，加强绿化建设，保护优秀的历史文化遗产和自然风貌，创造优美、协调的城市景观，促进社会主义物质文明和精神文明建设的发展。

5. 方便市民生产、生活的原则

城市规划的制定和实施必须有利生产、方便生活，要满足城市防火、防洪、抗震、治安、交通管理和人防建设的要求，合理确定环境容量，保证城市的卫生与安全。

6. 合理利用土地的原则

城市规划的制定和实施必须珍惜、节约、合理利用城市的每一寸土地，应当尽量利用荒地、劣地，少占菜地、良田。城市的土地面积是固定不变的，土地不会自行增长，只能越用越少。城市要不断发展，但城市规模不能任意扩大，中、小城市都要发展成大城市是不可能的，也是不允许的。

第二节　城市规划的制定

一、城市规划的编制和审批

为了保证城市的合理发展和协调运转，实现城市的经济和社会发展目标，把我国的城市建设成为高度文明、各具特色的现代化城市，必须科学、合理地编制城市规划。

编制城市规划是一项很复杂的工作，城市规划编制得好坏，直接涉及和影响城市建设和发展的全局。因此，需要通盘考虑城市的土地、人口、环境、工业、科技、文教、商业、金融、交通、市政、能源、通讯、防火等方面的内容，进行统筹安排，综合部署。

（一）城市规划编制的权限

编制城市规划是一项十分复杂，系统性、综合性、法制性很强的重要工作。在工作过程中需要向许多有关部门收集多方面的基础资料，进行多方面的发展预测，协调多方面的关系。因此，这项工作不是一个职能部门所能胜任的。《城市规划法》规定："城市人民政府负责组织编制城市规划。县级人民政府所在地镇的城市规划，由县级人民政府负责组织编制。"这便确定了市、县级政府的职责与权限，要求其具体组织领导编制城市规划，并以城市规划行政主管部门为主，或委托具有相应规划设计资格的规划设计单位，会同其他有关部门共同完成。

《城市规划编制办法》中规定："城市分区规划、详细规划可以由城市人民政府授权其城市规划行政主管部门编制"。

（二）城市规划编制的内容

1. 城市体系规划的内容

城市体系规划是指在全国或一定地区内，确定城市的数量、性质、规模和布局的综合部署，是社会经济发展的空间表现形式，是政府对全国或者一定地区经济社会发展实行宏观调控和引导的重要手段。《城市体系规划编制审批办法》第13条规定了城镇体系规划应当包括的内容：

（1）综合评价区域与城市的发展和开发建设条件；

（2）预测区域人口增长，确定城市化目标；

（3）确定本区域的城镇发展战略，划分城市经济区；

（4）提出城镇体系的功能结构和城镇分工；

（5）确定城镇体系的等级和规模结构；

（6）确定城镇体系的空间布局；

（7）统筹安排区域基础设施、社会设施；

（8）确定保护区域生态环境、自然和人文景观以及历史文化遗产的原则和措施；

（9）确定各时期重点发展的城镇，提出近期重点发展城镇的规划建议；

（10）提出实施规划的政策和措施。

2. 城市总体规划纲要的内容

城市总体规划纲要是研究总体规划的重大原则和城市地域发展的战略布署。《城市规划编制办法》第 12 条规定了城市总体规划纲要应当包括的主要内容：

（1）论证城市国民经济和社会发展条件、原则确定规划期内城市发展目标；

（2）论证城市在区域发展中的地位，原则确定市（县）域城镇体系的结构与布局；

（3）原则确定城市性质、规模、总体布局，选择城市发展用地，提出城市规划区范围的初步意见；

（4）研究确定城市能源、交通、供水等城市基础设施开发建设的重大原则问题，以及实施城市规划的重要措施。

3. 城市总体规划的内容

城市总体规划是综合研究和确定城市的性质、规模和空间发展形态，统筹安排城市各项建设用地；合理配置城市各项基础设施，处理好远期和近期建设的关系，指导城市合理发展的依据。《城市规划法》第 19 条规定："城市总体规划应当包括：城市的性质、发展目标和发展规模，城市主要建设标准和定额指标，城市建设用地布局、功能分区和各项建设的总体部署，城市综合交通体系和河湖、绿地系统，各项专业规划，近期建设规划。"《城市规划编制办法》第 16 条具体规定了城市总体规划应当包括的内容。

4. 分区规划的内容

城市分区规划是根据总体规划的要求，对城市土地利用、人口分布和公共设施、基础设施的配制作出进一步的规划安排。《城市规划编制办法》第 19 条规定了分区规划应当包括的内容：

（1）原则规定分区内土地使用性质、居住人口分布、建筑及用地的容量控制指标；

（2）确定市、区、居住区级公共设施的分布及其用地范围；

（3）确定城市主、次干道的红线位置、断面，控制点坐标和标高，确定支路的走向、宽度以及主要交叉口，广场、停车场位置和控制范围；

（4）确定绿地系统、河湖水面、供电高压线走廊、对外交通设施、风景名胜的用地界线和文物古迹、传统街区的保护范围，提出空间形态的保护要求；

（5）确定工程干管的位置、走向、管径、服务范围以及主要工程设施的位置和用地范围。

5. 详细规划的内容

详细规划是以总体规划或分区规划为依据，详细规定建设用地的各项控制指标和规划管理要求，或直接对建设项目作出具体的安排和规划设计。《城市规划法》第 20 条规定："城市详细规划应当包括：规划地段各项建设的具体用地范围、建筑密度和高度等控制指标、总平面布置、工程管线综合规划和竖向规划"。《城市规划编制办法》第 23 条进一步规定了详细规划应当包括的内容。

（三）城市规划的审批

1. 城市规划的审批权限

《城市规划法》第 21 条规定："城市规划实行分级审批制度。直辖市的城市总体规划，由直辖市人民政府报国务院审批。省和自治区人民政府所在地城市、城市人口在 100 万以上的城市及国务院指定的其他城市的总体规划，由省自治区人民政府审查同意后，报国务院审批。"同时规定：其他设市城市的总体规划，报省、自治区人民政府审批；其人民政府所在地镇的总体规划，报市人民政府审批；其他建制镇的总体规划，报县级人民政府审批。在向上级政府报请审批城市总体规划前，需经同级人民代表大会或者其常务委员会审查同意。城市分区规划经当地城市规划主管部门审核后，报城市人民政府审批。城市详细规划由地市人民政府审批，已编制并批准分区规划的城市的详细规划，除重要的详细规划由城市人民政府审批外，由城市人民政府授权城市规划行政主管部门审批。

单独编制的国家级历史文化名城的保护规划，由国务院审批其总体规划的城市，其历史文化名城的保护规划，应当首先经国务院规划行政主管部门审查后，报国务院审批；其他历史文化名城，由省、自治区人民政府审批，报国务院城市规划行政主管部门和文物行政主管部门备案；省、自治区、直辖市级历史文化名城的保护规划，由省、自治区、直辖市人民政府审批；单独编制的其他专业规划，经城市规划行政主管部门综合后，报城市人民政府审批。

2. 城市总体规划的局部调整与重大变更

城市规划一经批准，即具有法律效力，必须严格执行，不得擅自改变。若由于城市的发展变化，城市总体规划确需调整或修改，则对城市总体规划进行局部性的变更，其决定由城市人民政府作出，报同级人民代表大会常务委员会和原批准机关备案；若是对总体规划的某些基本原则和框架做出重大变更、修改，涉及城市性质、规模、发展方向和总体布局的调整，则经同级人民代表大会或其常务委员会审查同意后，报原批准机关审批。

市总体规划的局部调整，是指城市人口和用地规模需要少量增长，或者根据城市建设和发展需要，对城市用地功能、道路系统、工程设施配置等进行局部的变更。城市总体规划的局部调整由城市人民政府城市规划行政主管部门负责进行，报城市人民政府审批，并报同级人民代表大会常务委员会和原总体规划批准部门备案。

城市总体规划的重大变更，是指由于产业结构的调整造成城市性质的重大变化，城市机场、港口、铁路枢纽、大型工业项目等重要设施布局的调整，或者由于城市人口大幅度增长，造成城市空间发展方向和总体布局的重大变化，需要对已经批准的城市总体规划进行的重大调整。城市总体规划的重大变更，由城市人民政府组织进行，报同级人民代表大会或者其常务委员会审查同意后，报原总体规划批准机关审查批准后实施。

二、新区开发与旧区改造

（一）新区开发与旧区改造的总体要求

《城市规划法》第23条规定："城市新区开发与旧区改建必须坚持统一规划、合理布局、因地制宜、综合开发、配套建设的原则。"这是组织城市新区开发和旧区改造的基本方针。统一规划、合理布局是科学部署旧区改建和新区开发建设的基础和前提，因地制宜就是要根据各个城市自身的特点和条件，确定开发和改建的方法、规模、速度和步骤，综合开发、配套建设，以取得经济、社会、环境综合效益。

（二）新区开发

1. 新区开发的概念

城市的新区开发是指按照城市总体规划的部署，在城市建成区以外的一定区域，进行集中成片、综合配套的开发建设活动。新区开发的主要类型有新市区的开发建设、经济技术开发区的建设、卫星城镇的开发建设、新工矿区的开发建设。新市区的开发建设主要是为了解决城市建城区由于人口密度和建筑密度过高，基础设施负荷过重造成的种种弊端或为了完整地保存古城的传统风貌，在建成区外围进行集中成片的开发建设，以达到疏解旧区人口，调整旧区用地结构，完善旧区环境的目的；经济技术开发区的建设是随着我国经济体制改革和对外开放形势的发展而出现的一种开发建设形式，其目的是为了提供优惠政策，创造良好的投资环境，以吸引外资，引进先进技术和进行横向经济联合。经济技术开发区的建设主要集中在沿海城市及一些对外开放条件较好的城市；卫星城镇的开发建设主要是为了有效地控制大城市市区的人口和用地规模，按照总体规划要求，将市区需要搬迁的项目或新建的大、中型项目安排到周围的小城镇去，有计划、有重点地开发建设这些小城镇，以逐步形成以大城市为中心的、比较完善的城镇体系。新工矿区的开发建设是指国家或地方政府下文根据矿产资源开发和加工的需要，在城市郊区或郊县建设大、中型工矿企业，并对形成相对独立的工矿区，在统一规划的指导下，进行配套建设。

1995 年 6 月 1 日建设部发布第 43 号令，公布了《开发区管理办法》，这是新区开发的主要法律依据。

2. 新区开发的原则

（1）量力而行的原则。城市新区开发是一项浩大的系统工程，城市人民政府应当根据本地区经济发展水平和经济实力，确定适当的开发规划；并应尽量依托现有市区，合理利用现有设施，达到投资少、效益高的目的。

（2）统一规划、统一组织的原则。城市新区开发涉及到城市的各个方面。城市人民政府应当统一组织制定新区开发规划，统一部署建设项目，合理配置城市的基础设施、公共设施；并应当按照合理的程序和社会化的要求进行建设，不应自成体系、各行其是，以避免重复建设、相互干扰，影响城市功能的协调。

（3）方便宜行的原则。城市新区无论是经济技术开发区，还是卫星城镇，必须根据当地的自然条件，选择在方便宜行的地方，既要保证与所依托的城市市区有方便的通讯和交通联系，又要注意其相对独立性，以保证达到旧区带动新区，新区缓解老区的目的。

3. 新区开发的主要内容

城市新区的开发，必须预先编制城市规划，在统一规划的指导下，按照合理的程序和社会化原则，由城市建设主管部门统一组织基础设施和公共服务设施的建设。任何建设单位需要建设配套的外部市政、公共设施，都必须纳入城市的系统，不得自成体系，各行其道，以免重复建设，相互干扰，影响城市功能的协调和造成浪费。

城市新区开发和各项建设的选址、定点是合理布局关键，必须不得妨碍城市的发展，危害城市的安全、污染和破坏城市环境，影响城市各项功能的协调。这就要求，首先，应当保证有可靠的水源、能源、交通、防灾等建设条件，并避开有开采价值的地下矿藏、有保护价值的地下文物古迹以及工程地质条件不宜修建的地段；其次，居住区应当优先安排在自然环境良好的地段，其相邻地段的土地利用不得妨碍居住区的安全、卫生与安宁；第三，工业项目应考虑专业化和协作的要求，合理、统筹安排，防止产生有毒、有害废弃物的工业和其他建筑项目对城市大气和水体的污染，并避开文物古迹和风景名胜保护区；第四，生产和储存易燃、易爆、剧毒物的工厂和仓库，产生放射危害的设施以及严重影响环境卫生的建设项目，应当避开居民密集的地区，以免损害居民健康，影响城市安全；第五，城市对外交通货运设施、供电高压走廊及重要军事设施等应避开居民密集地区，以妨碍城市的发展，造成城市有关功能的相互干扰。

经济技术开发区，应当尽量依托现有市区。充分考虑利用城市现有设施的可能性，从实际出发确定适度开发规模和程序，有计划、分期分批进行建设，形成良好的投资环境，提高开发效益。大城市的规模应当得到必要的控制，要防止市区人口和用地的过度膨胀，要有计划、有重点地开发建设卫星城镇，安排新建大、中型工业项目，并适当提高卫星城镇的建设标准和设施水平，采取优惠政策，吸引市区的工业和人口向外疏解。

国家和地方应当尽量依托现有中、小城市安排建设大、中型工业项目，由城市人民政府统一组织制定城市规划，协调发展目标，统一建设部署，兼顾生产和生活的需求，使城市建设和工业生产的发展相适应。

独立开发建设新工矿区，应当按照逐步形成工矿城镇的要求制定城市规划，注意产业结构的合理配置，力求男女人口平衡，形成比较完善的经济结构和社会结构。

（三）旧区改造

1. 城市旧区

城市旧区是城市在长期发展的演变过程中逐步形成的居民集聚区。城市旧区的形成显示了各个不同历史阶段发展的轨迹，也积累了历史遗留下来的种种矛盾和弊端。我国不少城市的旧区也都或多或少地存在布局混乱、房屋破旧、居住拥挤、交通阻塞、环境污染、市政和公用设施短缺等问题，不能适应城市经济、社会发展和改革、开放的需要。这就要求按照统一的规划，保护好优秀的历史文化遗产和传统风貌，充分考虑现有各城市的实际情况和存在的主要矛盾，有计划、有步骤、有重点地进行充实和改造。

2. 城市旧区改造的原则

（1）加强维护、逐步改善的原则

城市旧区改造应当遵循加强维护、合理利用、调整布局、逐步改善的原则，统一规划，分期实施。城市旧区改造的重点是对危房、棚户区、市政公用设施简陋、交通阻塞、环境污染严重的地区进行综合整治，有条件的地方应当集中成片改建。

（2）旧区改造与城市产业结构调整和工业企业技术改造相结合的原则

城市旧区的改造应当同产业结构的调整及工业企业的技术改造相结合，调整用地结构，改善、优化城市布局，按规划迁出严重危害、污染环境的项目，利用调整出来的用地扩展公用服务设施，增加居住用地、城市绿化和文化体育活动场地，改善市容环境。

（3）旧区改造与历史文物、名胜古迹保护相结合

旧区改造要充分注意保持和体现传统风貌、民族特点和地方特色，保护具有重要历史意义、革命纪念意义、文化艺术价值和科学价值的文物古迹和风景各胜，有选择地保持一定数量代表城市传统风貌的街区、建筑物和构筑物，划出保护区和建设控制区。城市人民政府要采取有效措施，对这些区域进行严格管理。

第三节　城市规划的实施

城市规划的实施，也就是经过法律程序批准的城市具体规划设计方案的实施过程。在这一过程中，需要城市规划管理部门实行严格的规划管理，以保证和促进城市的各种物质

建设，按照规划付诸实施。

一、城市规划公布制度

（一）城市规划公布的概念

城市规划公布是指城市人民政府应当将经批准的城市规划采用适当的方式向全社会公布。《城市规划法》第 28 条规定："城市规划经批准后，城市人民政府应当公布"。公布城市规划其目的有两个方面：一是使城市中的单位和个人了解城市规划，以便自觉遵守，并服从城市规划管理；二是有利于对擅自改变规划、违反规划行为的检举和控告。在公布规划过程中，涉及某些保密单位或地区，或者影响到对拆迁当事人的补偿、安置等方面问题时，可以通过采取相应的行政措施加以解决。

（二）城市规划公布制度的意义

1. 便于群众了解

将批准后的城市规划分布施行，城市中各行各业和广大人民群众就可以了解城市性质、发展规模和发展方向，各项用地的布局，各项建设的具体安排等，有利于把城市整体的利益和自身局部的利益结合起来，以城市规划作为进行建设活动的准则，并自觉维护城市规划的权威。

2. 便于群众参与

将批准后的城市规划公布施行，使城市各行各业各个部门和广大人民群众真正了解到城市规划所确定的城市发展目标与建设部署，与自身长远的和当前的利益都是息息相关的，从而提高参与城市规划实施的积极性和主动性。使广大人民群众自觉配合城市规划行政主管部门，按照城市规划的要求进行建设活动，并且配合城市规划行政主管部门，及时发现和制止各类违背城市规划要求的违法行为。

3. 便于群众监督

把行政机关及其工作人员的执法行为置于群众监督之下，是发扬民主，有效地防止和反对管僚主义，同一切不良现象作斗争的重要手段。将批准后的城市规划公布，群众就可对城市规划区内的建设活动进行监督，发现问题及时举报，以便城市规划行政主管部门能够及时制止和处理各种违法占地和违法建设行为。

二、选址意见书制度

（一）选址意见书的概念

选址意见书是指建设工程（主要指新建大、中型工业与民用项目）在立项过程中，上报的设计任务书必须附有由城市规划行政主管部门提出的关于建设项目选在哪个城市或者选在哪个方位的意见等具有法律效力的文件。

《城市规划法》第 30 条规定："城市规划区内的建设工程的选址和布局必须符合城市规划。设计任务书报请批准时，必须附有城市规划行政主管部门的选址意见书"。

（二）选址意见书的内容

1. 建设项目的基本情况

建设项目的基本情况主要是指建设项目的名称、性质、用地与建设规模，供水与能源的需求量，采取的运输方式与运输量，以及废水、废气、废渣的排放方式和排放量。

2. 建设项目规划选址的依据

建设项目规划选址的依据主要有：经批准的项目建议书；建设项目与城市规划布局是

否协调；建设项目与城市交通、通讯、能源、市政、防灾规划是否衔接与协调；建设项目配套的生活设施与城市生活居住及公共设施规划是否衔接与协调；建设项目对于城市环境可能造成的污染影响，以及与城市环境保护规划和风景名胜、文物古迹保护规划是否协调。

3. 建设项目选址、用地范围和具体规划要求

建设项目选址意见书的审批实行分级规划管理：县人民政府计划行政主管部门审批的建设项目，由县人民政府城市规划行政主管部门核发选址意见书；地级、县级市人民政府计划行政主管部门审批的建设项目，由该市人民政府城市规划行政主管部门核发选址意见书；直辖市和计划单列市人民政府计划行政主管部门审批的建设项目，由直辖市、计划单列市人民政府城市规划行政主管部门核发选址意见书；省、自治区人民政府计划行政主管部门审批的建设项目，由项目所在地县、市人民政府城市规划行政主管部门提出审查意见，报省、自治区人民政府城市规划行政主管部门核发选址意见书；中央各部门、公司审批的小型和限额以下的建设项目，由项目所在地县、市人民政府城市规划行政主管部门核发选址意见书；国家审批的大中型和限额以上的建设项目，由项目所在地县、市人民政府城市规划行政主管部门提出审查意见，报省、自治区、直辖区、计划单列市人民政府城市规划行政主管部门核发选址意见书，并报国务院城市规划行政主管部门备案。

（三）规定选址意见书的意义

国家对建设项目，特别是大、中型项目的宏观管理，在可行性研究阶段，主要是通过计划管理和规划管理来实现的，将计划管理和规划管理有机结合起来，规定选址书制度，就能保证各项工程有计划并按照规划的内容进行建设，以取得良好的经济效益、社会效益和环境效益。

三、建设用地规划许可证制度

（一）建设用地规划许可证

建设用地规划许可证是由建设单位和个人提出建设用地申请，城市规划行政主管部门根据规划和建设项目的用地需要，确定建设用地位置、面积、界限的法定凭证。《城市规划法》第 31 条规定："在城市规划区内进行建设需要申请用地的，必须持国家批准建设项目的有关文件，向城市规划行政主管部门申请定点，由城市规划行政主管部门核定其用地位置和界限，提供规划设计条件，核发建设用地规划许可证。建设单位或者个人在取得建设用地规划许可证后，方可向县级以上地方人民政府土地管理部门申请用地，经县级以上人民政府审查批准后，由土地管理部门划拨土地"。

（二）建设用地规划许可证制度的内容

1. 建设用地的审批

建设用地的审批程序分为以下六个步骤：

（1）现场踏勘。城市规划行政主管部门受理了建设单位建设用地申请后，应当与建设单位会同有关部门到选址地点进行现场调查和踏勘。这是一项直观的感性的审查工作，可以及时发现问题，提出问题，避免纸上谈兵可能带来的弊端。

（2）征求意见。在城市规划区安排建设项目，占用城市土地，涉及许多部门。为了使建设项目的安排更趋于合理，城市规划行政主管部门应当在审批建设用地前，征求环境保护、消防安全、文物保护、土地管理等部门的意见。

（3）提供设计条件。城市规划行政主管部门初审通过后，可向建设单位提供建设用地

地址与范围的红线图，在红线图上应当标明现状和规划道路，并提出用地规划设计条件和要求。建设单位可以依据城市规划行政主管部门下达的红线图委托方案设计，同时委托征地部门与被征地单位预联系。

（4）审查总平面图。主要审查用地性质、规模和布局方式、运输方式等是否符合城市规划的要求，建筑与工程设施是否符合合理用地、节约用地的原则。

（5）用地面积。主要根据城市规划设计用地定额指标和该地块具体情况，核审用地面积，防止浪费土地。

（6）核发建设用地规划许可证。经城市规划行政主管部门按照建设用地审批程序批准后，由城市规划行政主管部门核发建设用地规划许可证。建设用地规划许可证是建设单位在向土地管理行政主管部门申请征用、划拨土地前，经城市规划行政主管部门确认建设项目位置和范围是否符合城市规划的法定凭证。核发建设用地规划许可证的目的在于确保土地利用符合城市规划，维护建设单位按照规划使用土地的合法权益，为土地管理部门在城市规划区内行使权属管理职能提供必要的法律依据。土地管理部门在办理征用、划拨土地过程中，若确需改变建设用地规划许可证核定的位置和界限，必须与城市规划行政主管部门协商并取得一致意见，以保证修改后的位置和范围符合城市规划的要求。

2. 建设用地审批后的管理

建设用地审核批准后，城市规划行政主管部门应当加强监督、检查工作。监督检查的内容包括：建设项目征用土地的复核和用地情况监督检查。

（1）用地复核。主要是指城市规划行政主管部门对征用划拨的土地进行验核。

（2）用地检查。主要是指城市规划行政主管部门根据城市规划的要求，对建设用地的使用进行监督检查，便于随时发现问题、解决问题，杜绝违章占地情况的发生。

3. 临时用地的管理

临时用地是指由于建设工程施工、堆料或者其他原因，需要临时使用的土地。建设单位必须持上级主管部门批准的申请临时用地文件，向城市规划行政主管部门申请临时用地，经审核批准后，发给临时建设用地许可证。临时用地的使用期限一般不得超过两年。《城市规划法》第33条规定"禁止在批准临时使用的土地上建设永久性的建筑物、构筑物和其他设施。"

4. 建设用地调整

为了适应国民经济和社会发展的需要，城市人民政府可以根据城市规划对建设用地进行调整。用地调整主要包括：

（1）在土地所有权和使用权不变的情况下，改变土地的性质；

（2）在土地所有权不变的情况下，改变土地使用权或者土地使用性质；

（3）对早征晚用、多征少用、征而不用的土地或者现状不合理，存在大量浪费的土地，进行局部调整。

用地调整是城市人民政府从国民经济和城市发展的大局出发，保证城市规划实施所采取的必要措施。因此，《城市规划法》第34条规定："任何单位和个人必须服从城市人民政府根据规划作出的调整用地决定。"

四、建设工程规划许可证制度

（一）建设工程规划许可证的概念

建设工程规划许可证是由城市规划行政主管部门核发的，用于确认建设工程是否符合城市规划要求的法律凭证。《城市规划法》第 32 条规定："在城市规划区内新建、扩建和改建建筑物、构筑物、道路、管线和其他工程设施，必须持有关批准文件向城市规划行政主管部门提出申请，由城市规划行政主管部门根据城市规划提出的规划设计要求，核发建设工程规划许可证件。建设单位或者个人在取得建设工程规划许可证件和其他有关批准文件后，方可申请办理开工手续"。

（二）建设工程规划许可证制度的内容

建设工程规划许可证制度主要包括以下几个方面的内容：

1. 建设工程审批

城市各项建设工程安排得当与否，关系着城市经济和社会的发展、城市风貌、城市环境的好坏，因此，各项建设工程必须严格按照城市规划进行。凡在城市规划区内的各项建设活动，无论是永久性的，还是临时性的，都必须由城市规划行政主管部门审查批准，方可进行。

建设单位或者个人在取得建设用地规划许可证后，需要建设用地的，应当按照有关法规向土地管理部门办理有关手续，领取土地使用权证等有关批准文件，然后，向城市规划行政主管部门提出建设申请。

城市规划行政主管部门受理建设申请后，便进入了建设工程审批阶段。建设工程的审批程序分为以下五个步骤：

（1）认定建设工程申请。建设单位应当持设计任务书、建设用地规划许可证和土地使用证等有关批准文件向城市规划行政主管部门申请建设。城市规划行政主管部门对于建设申请进行审查，确定建设工程的性质、规模等是否符合城市规划的布局和发展要求；对于建设工程涉及相关行政主管部门的，则应根据实际情况和需要，征求有关行政主管部门的意见，进行综合协调。

（2）征求有关部门意见。一个工程项目往往要涉及许多部门，如：环保、环卫、交通、通讯等等。因此，在建设工程审批时，一定要征求有关部门的意见，以便使规划更合理，更完善。

（3）提供规划设计要求。城市规划行政主管部门对建设申请进行审查后，根据建设工程所在地段详细规划的要求，提供规划设计要求，核发规划设计要点通知书。建设单位按照规划设计要点通知书的要求，委托设计部门进行方案设计工作。

（4）方案审查。建设单位提出设计方案（报审设计方案应不少于 2 个）、文件、图纸后，城市规划行政主管部门对各个方案的总平面布置、交通组织情况、工程周围环境关系和个体设计体量、层次、造型等进行审查比较，确定规划设计方案，提出规划修改意见，核发设计方案通知书。建设单位据此委托设计单位进行施工图设计。

（5）核发建设工程规划许可证。建设单位持注明勘察设计证号的总平面图，个体建筑设计的平面、立面、剖面图，基础图，地下室平面、剖面图等施工图纸，交城市规划行政主管部门进行审查，经审查批准后，发给建筑工程规划许可证。

2. 建设工程规划许可证的作用

建设工程许可证的作用主要表现在三个方面：

（1）确认有关建设活动的合法地位，保证建设单位和个人的合法权益；

（2）作为建设活动进行过程中接受监督检查时的法定依据；

（3）作为城市规划行政主管部门有关城市建设活动的重要历史资料和城市建设档案的重要内容。

3. 建设工程审批后的管理

建设工程审核批准后，城市规划行政主管部门要加强监督检查工作。主要包括验线、现场检查和竣工验收。

（1）验线。建筑单位应当按照建设工程规划许可证的要求放线，并经城市规划行政主管部门验线后方可施工。

（2）现场检查。它是指城市规划管理工作人员进入有关单位或施工现场，了解建设工程的位置、施工等情况是否符合规划设计条件。在检查中，任何单位和个人都不得阻挠城市规划管理人员进入现场或者拒绝提供与规划管理有关的情况。城市规划行政管理人员有为被检查者保守技术秘密或者业务秘密的义务。

（3）竣工验收。《城市规划法》第38条规定："城市规划行政主管部门可以参加城市规划区内重要建设工程的竣工验收"。

竣工验收是工程项目建设程序中的最后一个阶段。规划部门参加竣工验收，是对建设工程是否符合规划设计条件的要求进行最后把关，以保证城市规划区内各项建设符合城市规划。本条的规定，赋予了规划行政主管部门参加竣工验收的权利，可以参加，也可以不参加，执行中可根据情况灵活掌握。

城市规划区内的建设工程竣工验收后，建设单位应当在六个月内将竣工资料报送城市规划行政主管部门。

4. 临时建设的管理

临时建设是指企事业单位或者个人因生产、生活的需要临时搭建的结构简易并在规定期限内必须拆除的建设工程或者设施。临时建设应当办理临时建设工程许可证。临时建设期限由各地规划行政主管部门根据实际情况确定，一般不得超过二年。《城市规划法》第33条规定："在城市规划区内进行临时建设，必须在批准的使用期限内拆除"。

5. 关于不得占用道路、绿地进行建设的规定

《城市规划法》第35条规定："任何单位和个人不得占用道路、绿地、高压供电走廊和压占地下管线进行建设"。

城市规划确定的城市道路、广场、园林绿地、高压供电走廊及各种地下管线是保持城市功能正常运转，为城市人民提供生产、生活的方便条件和适宜环境必不可少的重要公共设施、高压供电线路、地下管线，还有特殊的安全运行和正常维护要求。为了维护城市的整体利益和人民群众的公众利益，对于这些设施必须严加保护。

6. 关于改变地形地貌的规定

《城市规划法》第36条规定："在城市规划区内进行挖取砂土、土方等活动，须经有关部门批准，不得破坏城市环境，影响城市规划的实施"。

在城市建设发展中，一些建设工程需要大量的填土、弃土，建材生产需要大量挖取砂石、土方，城市还有大量的基建碴土、工业废渣、生活垃圾等需要堆弃。在城市规划区内擅自改变地形、地貌的活动，有可能堵塞行洪河道，破坏园林绿化、文物古迹、市政工程设施、地下管线设施及人防设施等，影响城市环境和城市居民的生产、生活，影响城市规

划的实施"。

五、城市国有土地使用权出让转让规划管理制度

为了加强城市国有土地使用权出让、转让的规划管理，保证城市规划的实施，科学、合理地利用城市土地，1992 年 1 月 4 日建设部以部长令第 22 号发布了《城市国有土地使用权、出让转让规划管理办法》，并根据《城市规划法》及本办法的有关规定，建立了城市国有土地使用权出让转让规划管理制度，其内容包括以下几个方面：

（一）《管理办法》的适用范围

该办法规定："在城市规划区内城市国有土地使用权出让、转让必须符合城市规划"。这里应明确两个方面的问题，第一，必须是城市规划区内的土地，而不是别的区域；第二，必须是国有土地。城市规划区内的（土地）集体所有制土地，不属于本办法的调整范围。调整对象包括土地出让人、受让人以及土地使用权的出让、转让相关的其他当事人，如规划主管部门、土地管理部门等。

（二）《管理办法》管理体制

该办法规定了实施土地使用权转让、出让规划管理和主管部门，分为三个层次。在中央，由国务院城市规划行政主管部门即建设部负责全国城市国有土地使用权出让、转让规划管理工作；在省、自治区，由省、自治区人民政府规划行政主管部门，一般为建委（建设厅）负责，在城市由市、县人民政府授权管理城市规划的行政主管部门负责。

（三）《管理办法》基本要求

该制度规定了城市国有土地使用权出让、转让规划管理的具体要求，主要包括以下几个方面：

1. 总量控制

城市国有土地使用权出让的投放量应当与城市土地资源、社会发展和市场需求相适应。城市规划行政主管部门和有关部门要根据城市规划实施的步骤和要求，编制城市国有土地使用权出让规划和计划，包括地块数量、用地面积、地块位置、出让步骤等。

2. 出让地块的条件

土地使用权出让应当与建设项目相结合；出让的地块，出让前应当制定控制性详细规划。

3. 出让转让合同

城市国有土地使用权出让、转让必须签订出让、转让合同。出让转让合同必须附有城市规划行政主管部门核发的规划设计条件及附图。规划设计条件包括：地块面积、土地使用性质、容积率、建筑密度、建筑高度、停车泊位、主要出入口、绿地比例、须配置的公共设施、工程设施、建筑界限、开发期限及其他要求；附图应包括：地块区位和现状、地块坐标、标高、出入口位置、建筑界限以及地块周围地区环境与基础设施条件。

已经签订土地使用权出让合同的，受让主应当持出让合同依法向城市规划行政主管部门申请建设用地规划许可证。在取得建设用地规划许可证后，方可办理工地使用权属证明。

4. 土地使用权的再转让

经出让获得的土地使用权再转让时，受让方应当遵守原出让合同附具的规划设计条件，并由受让方向城市规划行政主管部门办理登记手续。受让方如确需改变原规划设计条件的，应当先经城市规划行政主管部门批准，由于变更规划设计条件而获得的收益，应当按比例上交城市政府。

受让方在符合规划设计条件外，为公众提供公共使用空间或设施的，经城市规划行政主管部门批准后，可给予适当提高容积累的补偿。

（四）《管理办法》的法律责任

城市规划行政主管部门应当对本行政区域内的城市国有土地使用权出让、转让规划管理情况进行监督检查，并对土地使用权出让、转让逐项登记。对违反《城市国有土地使用权出让转让规划管理办法》的下列行为，追究其法律责任。

（1）未附具城市规划行政主管部门提供的规划设计条件及附图的出让、转让合同，宣布合同无效，并不予办理建设用地规划许可证。

（2）擅自改变规划设计条件及附图要求的，责令限期更改，并可处以罚款。

（3）未取得建设用地规划许可证而办理土地权属证明的，宣布土地权属证明无效。

六、规划设计单位资格管理制度

为了加强城市规划设计单位的管理，提高城市规划设计质量，1992年7月27日建设部根据《城市规划法》的要求，以建规字第494号文发布了《城市规划设计单位资格管理办法》，本办法的主要内容有：

（一）适用范围

该办法适用于全国专业城市规划设计单位以及其他企、事业单位下属承担城市规划设计任务的单位，主要包括：城市规划设计院、城市规划研究院、其他设计院下属的规划设计室等。凡从事城市规划设计活动的单位，必须申请办理资格证书，经审查合格并取得《城市规划设计资格证书》后，方可承担规划设计任务。

（二）资格等级与标准

城市规划设计单位按其资格条件可分为甲、乙、丙、丁四级。各级规划设计单位的条件如下：

1. 甲级设计单位

（1）甲级城市规划设计单位应当技术力量雄厚、专业配置齐全。单位专业技术人员级配合理，高级技术职称与其他技术人的比例不小于1：5，其中城市规划专业中有两名以上高级技术职称人员，建筑、经济、道路交通、园林绿化、给排水、电力、电讯、煤气热力、区域规划、环保等专业至少有15名具有大专以上学历、从事规划设计15年以上的技术骨干。

（2）独立承担过两次20万人口以上城市总体规划编制（含修改和调整）任务。

（3）在专业技术方面具有国内同行业先进水平，近5年有下列成就之一：获两项部、省级以上优秀城市规划设计奖；获两项以上部、省级以上科技进步奖；承担过国家、部级标准、规范定额的编制工作。

（4）有先进的技术装备，其中计算机（32位以上的微机）及配套辅助设备齐全，并有一定的计算机软件开发能力。

（5）有健全的技术、质量、经营、财务、管理制度，有较高的综合管理水平，持有省、部级质量技师管理达标验收合格证书，财务管理达到省、部级三级标准。

2. 乙级设计单位

（1）乙级设计单位应是技术力量强，专业配置齐全，专业技术人员级配合理，高级技术职称与其他技术人员比例不小于 1：6，其中城市规划专业有两名以上高级技术职称人员。建筑、经济、道路交通、园林绿化、给排水、电力、电讯、煤气热力、区域规划、环保等专业至少有 10 名具有大专以上学历、从事城市规划设计 10 年以上的技术骨干。

（2）独立承担过两次以上设计城市总体规划编制（含修改或调整）任务。

（3）近 5 年内有过下列成就之一：获得一项省级以上优秀设计奖；获一项省级科技进步奖；承担过省级标准、规范、定额的编制工作。

（4）有较先进的配套技术装备和计算机应用设备。

（5）有一定的综合管理水平，持有市以上全面质量管理达标验收证书，市级财务达标。

3. 丙级设计单位

（1）丙级设计单位应有较强的技术力量，专业较齐全。单位专业技术人员 25 人以上，其中城市规划专业有两名以上中级技术职称人员，建筑、经济、道路交通、园林绿化、给排水等专业至少有 6 名 7 年以上的城市规划设计实践经验的骨干。

（2）独立承担过两次以上建制镇总体规划编制（含修改或调整）任务。

（3）有必要的技术装备

（4）有一定的管理能力，能按全面质量管理要求进行质量管理，有必要的质量、技术、财务、行政管理制度。

4. 丁级设计单位

（1）丁级设计单位应有一定的技术力量，专业技术人员 10 人以上，其中至少有 3 名 5 年以上的城市规划设计实践经验的技术骨干。

（2）有必要的技术手段，有质量、技术等管理制度。

（三）承揽任务的范围

持有城市规划设计资格证书的单位应承揽与本单位资格等级相符的规划设计任务。跨省、自治区、直辖市承揽规设计任务的单位应持规划设计证书副本到任务所在地的省一级城市规划主管部门进行申报，经认可后即可承担规划设计任务。各级城市规划设计单位承揽任务的具体范围如下：

1. 甲级设计单位承担任务的范围

甲级设计单位承担任务的范围不受限制。

2. 乙级设计单位可以承担下列规划设计

（1）受本省或本市委托承担本省或本市规划设计任务范围不受限制；

（2）20 万人口以下城市总体规划和各种专项规划的编制；

（3）各种详细规划；

（4）研究拟定大型工程项目选址意见书。

3. 丙级设计单位

（1）当地及建制镇总体规划的编制和修订；

（2）中、小城市的各种详细规划；

（3）当地的各项专项规划；

（4）中、小型工程项目选址的可行性研究

4. 丁级设计单位

（1）小城市及建制镇的各类详细规划；

（2）当地的各种小型专项规划；

（3）小型工程项目选址的可行性研究。

（四）城市规划设计单位资格的申请与审批

申请城市规划设计单位资格须填写申请表（一式五份），并应具备下列基本条件：

（1）有符合国家规定、依照法定程序批准设立独立机构的文件；

（2）有明确的名称、组织机构、法人代表和固定的工作场所、健全的财务制度；

（3）有符合资格标准规定的条件。城市规划设计单位的资格实行分级审批制度。申请甲、乙级资格的单位须经省、自治区、直辖市城市规划行政主管部门初审，签署意见后，报国务院城市规划行政主管部门，经国家城市规划资格审查委员会审定，由国务院城市规划行政主管部门核发城市规划设计资格证书；审请丙、丁级资格的单位，经当地城市规划行政主管部门初审并签署意见后，报省、自治区、直辖市城市规划资格审查委员会审定后，由省、自治区、直辖市城市规划行政主管部门核发资格证书，并将取得资格证书的单位名单报送国务院城市规划行政主管部门备案。

香港、澳门、台湾地区及国外城市规划设计单位，不发给城市规划设计资格证书，但可以和持证单位合作，按合同规定分担城市规划设计义务。

（五）城市规划设计资格的复查及规划设计单位的变更

城市规划设计单位资格每3年由原初审部门进行一次检查或复查，对确实具有条件升级的单位应按规定办理升级手续；对不具备所持证书等级条件的，应报原发证部门降低其资格等级或收回证书。

城市规划设计单位分立、合并。应按本办法重新办理资格证书申请手续；城市规划设计单位撤销。应向原发证部门办理规划设计资格证书注销手续。

城市规划设计资格证书是从事规划设计的资格凭证，不得转让。规划设计单位提交的设计文件，必须在文件的封面注明单位资格等级和规划设计资格证书编号。

【案例】

贵州省电子联合康乐公司不服贵阳市城市规划局
拆除违法建筑行政处理决定案

原告：贵州省电子联合康乐公司。

法定代表人：陈德踩，总经理。

委托代理人：赵永康、高煜明，贵州省行政经济法律服务中心干部。

被告：贵州省贵阳市城市规划局。

法定代表人：马文峰，局长。

委托代理人：章根香、申马季，贵阳市第三律师事务所律师。

原告贵州省电子联合康乐公司不服被告贵州省贵阳市城市规划局作出的对其违法建筑拆除的决定，向贵阳市中级人民法院提起行政诉讼。

原告贵州省电子联合康乐公司诉称：被告贵阳市城市规划局作出的令原告限期拆除违法建筑决定所依据的事实不清，适用法律、法规错误。原告新建的儿童乐园大楼曾经贵阳市城市管理委员会同意，且报送给被告审批。该工程虽然修建手续不全，但不属于严重违反城市规划。请求法院撤销被告的限期拆除房屋决定。庭审中，原告又提出变更被告的拆除决定为罚款，保留房屋的诉讼请求。

被告贵阳市城市规划局未提出答辩。

贵阳市中级人民法院经审理查明：1992年8月初，原告贵州省电子联合康乐公司欲在贵阳市主干道瑞金北路南端西侧修建一幢儿童乐园大楼，向贵阳市城市管理委员会和云岩区城市管理委员会提出申请。市、区城管会分别签署了"原则同意，请规划局给予支持，审定方案，办理手续"的意见，原告将修建计划报送被告贵阳市城市规划局审批。原告在被告尚未审批，没有取得建设工程规划许可证的情况下，于8月23日擅自动工修建儿童乐园大楼。同年12月9日，被告和市、区城管会的有关负责人到施工现场，责令原告立即停工，并写出书面检查。原告于当日向被告作出书面检查，表示愿意停止施工，接受处理。但是原告并未停止施工。

1993年2月20日，被告根据《中华人民共和国城市规划法》第三十二条，第四十条，《贵州省关于〈中华人民共和国城市规划法实施办法〉》第二十三条、第二十四条的规定，作出违法建筑拆除决定书，限令原告在1993年3月7日前自行拆除未完工的违法修建的儿童乐园大楼。原告不服，向贵州省城乡建设环境保护厅申请复议。贵州省城乡建设环境保护厅于1993年4月7日作出维护贵阳市城市规范局的违法建筑拆除决定。在复议期间，原告仍继续施工，致使建筑面积为1730m² 的六层大楼主体工程基本完工。

上述事实，经庭审调查核实，原、被告双方均无争议。

贵阳市中级人民法院认为：原告新建儿童乐园大楼虽经城管部门原则同意，并向被告申请办理有关建设规划手续，但在尚未取得建设工程规划许可证的情况下即动工修建，违反了《中华人民共和国城市规划法》第三十二条"建设单位或者个人在取得建设工程规划许可证件和其他有关批准文件后，方可申请办理开工手续"的规定，属违法建筑。贵阳市城市规划局据此作出限期拆除违法建筑的处罚决定并无不当。鉴于该违法建筑位于贵阳市区主干道一侧，属城市规划区的重要地区，未经规划部门批准即擅自动工修建永久性建筑物，其行为本身就严重影响了该区域的整体规划，且原告在被告制止及作出处罚决定后仍继续施工，依照《贵州省关于〈中华人民共和国城市规范法〉实施办法》和《贵阳市城市建设规划管理办法》的规定，属从重处罚情节，故原告以该建筑物不属严重影响城市规划的情节为由，请求变更被告的拆除大楼的决定为罚款保留房屋的意见不予支持。依照《中华人民共和国行政诉讼法》第五十四条第（一）项的规定，该院于1993年5月21日判决：维持贵阳市城市规划局作出的违法建筑拆除决定。

第一审宣判后，原告贵州省电子联合康乐公司不服，以"原判认定的事实不清，适用法律有错误"为由，向贵州省高级人民法院提出上诉，请求撤销原判，改判为罚款保留房屋，并补办修建手续。被告贵阳市城市规划局提出答辩认为，第一审判决认定事实清楚，适用法律、法规正确，符合法定程序，应依法维持。

贵州省高级人民法院在二审期间，1993年10月20日，上诉人贵州省电子联合康乐公司主动提出："服从和执行贵阳市中级人民法院的一审判决，申请撤回上诉。"贵州省高级人民法院经审查认为，上诉人无证修建儿童乐园大楼属严重违法建筑的事实存在，被上诉人作出拆除该违法房屋建筑的处罚决定合法。上诉人自愿申请撤回上诉，依照行政诉讼法

第五十一条的规定，于 1993 年 11 月 1 日作出裁定：准许上诉人贵州省电子联合康乐公司撤回上诉。双方当事人按贵阳市中级人民法院的一审判决执行。

到 1994 年 2 月，贵州省电子联合康乐公司违法修建的儿童乐园大楼已全部拆除。

第三章　建筑法律制度

第一节　建筑法概述

一、建筑法概念及立法目的

（一）建筑法的概念

建筑法是指调整建筑活动的法律规范的总称。建筑活动是指各类房屋及其附属设施的建造和与其配套的线路、管道、设备的安装活动。

建筑法有狭义和广义之分。狭义的建筑法系指1997年11月1日由第八届全国人民代表大会常务委员会第二十八次会议通过的，于1998年3月1日起施行的《中华人民共和国建筑法》（以下简称《建筑法》）。该法是调整我国建筑活动的基本法律，共8章，85条。它以规范建筑市场行为为出发点，以建筑工程质量和安全为主线，规范了总则、建筑许可、建筑工程发包与承包、建筑工程监理、建筑安全生产管理、建筑工程质量管理、法律责任、附则等内容，并确定了建筑活动中的一些基本法律制度。广义的建筑法，除《建筑法》之外，还包括所有调整建筑活动的法律规范。这些法律规范分布在我国的宪法、法律、行政法规、部门规章、地方性法规、地方规章以及国际惯例之中。由这些不同法律层次的调整建筑活动所组成的法律规范即是广义的建筑法。更为广义的建筑法是指调整建设工程活动的法律规范的总称。

（二）建筑法的立法目的

《建筑法》第1条规定："为了加强对建筑活动的监督管理，维护建筑市场秩序，保证建筑工程的质量和安全，促进建筑业健康发展，制定本法。"此条即规定了我国《建筑法》的立法目的。

1. 加强对建筑活动的监督管理

建筑活动是一个由多方主体参加的活动。没有统一的建筑活动行为规范和基本的活动程序，没有对建筑活动各方主体的管理和监督，建筑活动就是无序的。为保障建筑活动的正常、有序进行，就必须加强对建筑活动的监督管理。

2. 维护建筑市场秩序

建筑市场作为社会主义市场经济的组成部分，需要确定与社会主义市场经济相适应的新的市场管理。但是，在新的管理体制转轨过程中，建筑市场中旧的经济秩序打破后，新的经济秩序尚未完全建立起来，以致造成某些混乱现象。制定《建筑法》就要从根本上解决建筑市场混乱状况，确立与社会主义市场经济相适应的建筑市场管理，以维护建筑市场的秩序。

3. 保证建筑工程的质量与安全

建筑工程质量与安全，是建筑活动永恒的主题，无论是过去、现在还是将来，只要有建筑活动的存在，就有建筑工程的质量和安全问题。

《建筑法》以建筑工程质量与安全为主线，作出了一些重要规定：

（1）要求建筑活动应当确保建筑工程质量和安全，符合国家的建筑工程安全标准；

（2）建筑工程的质量与安全应当贯彻建筑活动的全过程，进行全过程的监督管理；

（3）建筑活动的各个阶段、各个环节，都要保证质量和安全；

（4）明确建筑活动各有关方面在保证建筑工程质量与安全中的责任。

4.促进建筑业健康发展

建筑业是国民经济的重要物质生产部门，是国家重要支柱产业之一。建筑活动的管理水平、效果、效益，直接影响到我国固定资产投资的效果和效益，从而影响到国民经济的健康发展。为了保证建筑业在经济和社会发展中的地位和作用，同时也是为了解决建筑业发展中存在的问题，迫切需要制定《建筑法》，以促进建筑业健康发展。

二、建设工程法

（一）建设工程法的概念

建设工程法即规范建设工程的法律规范，它是调整工程勘察设计、土木工程施工、线路管道设备安装等建设活动中发生的建设管理及建设协作的法律规范的总称。建设工程法以《中华人民共和国建筑法》为基础，同时还应包括《工程勘察设计管理条例》、《建设工程勘察设计合同条例》、《中外合作设计工程项目暂行规定》、《建设工程造价管理条例》、《建设工程招投标管理条例》、《建设工程施工管理条例》、《工程建设监理条例》、《建设工程抗御地震灾害管理条例》、《建筑企业管理条例》、《建筑市场管理条例》、《建设安装工程承包合同条例》、《建筑工程发包承包管理条例》、《外国企业在中国承包工程管理规定》等法规，及相应的规章。

（二）建设工程法的调整范围

1.建设工程行政管理关系

建设工程行政管理关系是指建设工程的计划、组织、调控、监督等关系。具体规范工程项目建设程序、建设工程招投标、建设工程投资、建设质量监督、建筑市场、建设工程监理、建设工程合同管理等内容。此外，国家还要通过财政、金融、审计、会计、统计、物价、税收等监督、管理、规范建设工程活动。

2.建设工程平等主体的协作关系

建设工程平等主体的协作关系主要体现在建设工程合同的签订与履行中。如勘察设计单位与业主的工程合同关系、建筑安装企业与业主的工程合同关系，以及业主、勘察设计单位、建筑安装企业、监理单位在建设活动中相互间协作关系，还有围绕建筑材料供应、建筑设备租赁发生的往来关系等。建设工程主体内部的协作关系、内部承包合同关系也是建设工程平等主体的协作关系，但具有内部行政性的特征。

（三）建设工程行政执法

1.建设工程行政执法的概念

建设工程行政执法是指国家建设行政主管部门在本部门的职能权限内，运用或执行关于建设工程行政管理方面的法律、法规、规章和规范性文件的具体行政行为。

2.建设工程行政执法的特征

（1）建设工程行政执法内容广泛。建设工程行政执法内容包括：施工、安装管理执法；建设工程勘察、设计管理执法；建设工程监理执法；建设工程招投标管理执法；建设工质量管理执法；建设工程标准、定额管理执法；建筑市场管理执法等。

（2）建设工程行政执法专业性强。建设行政主管部门除了直接依据建设工程法律、法规和规章及规范性文件执法外，还要依据一些专业技术标准、技术规范、技术规程和专门的建设工程专业机构（如勘察院、设计院、规划院、质量监督站、质量检测站、技术鉴定机构等），运用科学手段得出科学结论及准确数据进行执法。

（3）建设工程行政执法包括建设工程行政检查、建设工程行政处理、建设工程行政处罚和建设工程行政强制执行等方式。

第二节　工程项目建设程序

一、工程项目建设程序的概念与性质

（一）工程项目建设程序的概念

工程项目建设程序是指基本建设全过程中各项工作必须遵循的法定顺序。它不是人们主观臆造的，是工程项目建设过程的客观规律的反映。

（二）工程项目建设程序的性质

工程项目建设程序的性质，与工程项目建设自身所具有的技术经济特点有密切的联系。

（1）任何建设项目，都要根据各自的使用目的，结合不同功能，先设计，后施工；

（2）建设的工程项目位置固定，而施工却是流动的；

（3）工程项目建设耗资巨大，工期长，建设环境复杂多变，不可预见因素多，稍有失误则损失惊人。

由此可见，在整个工程项目建设中，前一段的工作是后一段工作的基础，那种"边设计、边施工、边生产"的建设方式是违反客观规律的。

二、工程项目建设程序

（一）立项批准，编制设计任务书

立项是建设工程程序的第一步骤，立项被批准后，则要编制设计任务书。

1. 立项的主要内容

立项的主要内容包括：建设项目提出的必要性和依据；拟建规模和建设的初步设想；建设条件及可能性的初步分析；投资估算和资金筹措的设想；项目的进度安排；经济效益和社会效益的估计。

2. 工程项目的审查权限

工程项目由计划部门审查。大中型项目的工程项目，由国家发展计划委员会负责审查；小型项目的工程项目按隶属关系，由国务院主管部门或省、市、自治区计划委员会审查。

3. 可行性研究

工程项目被批准后，即进行可行性研究。可行性研究的目的是对建设项目在技术、工艺、经济上是否合理和可行，进行全面分析、论证，做出方案比较，提出评价意见，为编制和审批设计任务书提供可靠依据。可行性研究一般包括：项目提出的背景；投资的必要性；经济、技术、市场、原料预测；技术、工艺、建设标准和相应的技术经济指标；主要设备选型；单项工程及辅助、配套工程的构成；总体方案；建设工期和进度；投资估算和资金筹措方式及偿还能力；投资的经济效益和社会效益等。

可行性研究由项目主管部门或建设单位委托或指定有资格的咨询、设计单位进行，这些单位要对工作成果的可靠性、准确性承担责任，保证研究成果的客观性和公正性。

4. 建设的地点的选择

建设地点的选择，要按照产业布局、经济合理和节约用地的原则，考虑战备和环境保护的要求，认真调查原料、能源、交通、水文、地质等建设条件，在综合研究和进行多方案比较的基础上，提出选点报告。凡在城市辖区内选点的，要取得城市规划部门的同意，并且要有协议文件。

5. 编制勘察设计任务书

勘察设计任务书是确定工程项目，编制勘察设计文件的主要依据。勘察设计任务书的主要内容，是明确列出可行性研究报告的要点、结论和报送单位的意见。上报勘察设计任务书，应附审查的可行性研究报告，环境保护和城市规划部门、外部协作单位的意见，以及选点报告等。

6. 勘察设计任务书的审批工程项目

中小型项目，按照隶属关系，由国务院主管部门或省、市、自治区提出审查意见，报国家计委批准。其中有些重大项目，由国家计委报国务院批准。小型项目，按隶属关系，由国务院主管部门或省市、自治区审批，报国家计委备案。

（二）编制勘察设计文件

勘察设计文件是安排工程项目和组织工程施工的主要依据。工程项目的设计任务书和选点报告经批准后，建设单位应通过招标、竞选，委托勘察设计单位，按勘察设计任务书规定的内容，认真编制勘察设计文件。勘察设计任务书所定的建设规模、工程地址、建设标准和投资数额等控制性指标和内容，不得随意修改或变更。需要修改和变更时，应重新报批。勘察设计单位要对勘察设计质量负责到底。

设计工作分阶段进行。大中型建设项目一般采用两阶段设计，既初步设计和施工图设计。技术复杂的和有特殊要求的项目，可增加技术设计阶段。小型项目中技术要求和建设条件比较简单的，经批准可直接编制施工图设计或采用标准设计。初步设计的内容一般应包括：设计的指导思想、建设规模、产品方案或纲领、总体布置、工艺流程、设备选型、主要设备清单和材料用量、劳动定员、主要技术经济指标、运输、能源、主要建筑物和构筑物、公用辅助设施、综合利用、"三废"处理、生活区建设、占地面积和征地数量、建设工期、总概算等文字说明和图纸。大中型项目的初步设计，现已下放给各部门和各省市、自治区审批。小型项目的审批权则由各部门或省、市、自治区自行规定。

（三）施工安装

1. 工程开工的准备

大中型建设项目设计任务书批准之后，建设单位可根据计划要求的建设进度和工作的实际情况，组成精干的班子，负责建设准备工作。建设准备工作的主要内容有：工程、水文、地质勘察；收集设计基础资料；组织设计文件编审；根据经过批准的基建计划和设计文件，提报物质申请计划，组织大型专用设备，预先安排特殊材料预订货，落实地方建筑材料的供应；办理征地、拆迁手续；落实水、电路等外部条件和施工力量。

2. 计划安排

建设项目，必须有经过批准的初步设计和总概算，进行综合平衡后，才能列入年度计划。建设项目，应纳入国家计划，大中型项目由国家批准。小型项目按隶属关系，在国家批准的投资总额内，由各部门和省、市、自治区自行安排。自筹资金的项目，要在国家控制的指标内安排计划。

建设项目要根据经过批准的总概算和工期，合理地安排分年投资，年度计划投资的安排要与长远规划的要求相适应，年度计划安排的建设内容，要和当年分配的投资、材料、设备相适应。配套项目要同时安排，相互衔接。

3. 组织施工、安装

工程准备工作就绪，由建设单位与施工单位共同提出开工报告，按初步设计审批权限报批，经批准后方可开工。

组织施工是工程项目建设的实施阶段。施工单位应按建筑安装承包合同规定的权利、义务进行。施工安装必须严格按照施工图进行，如需变动，应取得设计单位同意。施工安装单位应按照施工安装顺序合理组织施工安装，施工安装过程中要严格遵守设计要求和施工安装验收规范及操作标准，保证工程质量。对不符合质量要求的，要及时地采取措施不留隐患，按期全面完成工程任务量。

（四）竣工验收

竣工验收，是工程项目建设程序的最后环节。它是全面考核工程项目建设成果，检验设计和施工质量的重要环节。所有建设项目，按批准的设计文件所规定的内容建成后，都必须组织竣工验收。生产性项目，经投料试车或带负荷试运转合格，形成生产能力，并能正常生产合格产品的；非生产性项目符合设计要求，能正常使用的，都应立即组织验收，办理移交固定资产手续。对于具备分期建设、分期受益条件的建设项目，部分建成后，只要相应的辅助设施配合得当，具备生产合格产品的条件，就应分期组织验收，交付生产，同时移交固定资产，不必等到整个项目全部建成后集中一次办理。建设项目验收前，建设单位应组织设计、施工等单位进行初验。在验收过程中提出竣工验收报告，并系统整理技术资料。施工单位应向建设单位提交竣工图、隐蔽工程施工记录和其他有关资料文件，以便在核实工作中使用，并成为投产后检修和将来改、扩建的基础资料。建设单位要认真清理所有财产和物资，编制工程竣工决算，报上级主管部门审查。验收应由国家规定的机构负责进行。大型建设项目由国家计委组织验收，中、小型建设项目按隶属关系分别由主管部、委以及省、自治区、直辖市人民政府负责组成验收委员会进行验收。验收委员会或小组是由负责验收的单位吸收建设单位、设计单位、施工单位、建设银行、统计部门、环保部门、劳动部门以及其他有关部门组成。验收合格后，由发包人和承包人签订竣工验收书，并由验收委员会或小组签署验收鉴定书。竣工验收过程中，如发现工程内容或工程质量不符合设计规定时，施工单位应负责限期补修、返工或重建，由此所需的各种费用和材料消耗，由施工单位负责。凡是符合验收和移交固定资产手续，不及时办理手续的，其一切费用不准从工程项目建设投资中支付，并由银行冻结工程项目建设拨款和停止贷款。不经验收就予生产使用的，施工单位不再承担工程质量的责任。

（五）交付使用

交付使用是工程项目建设实现建设目的的过程。工程项目竣工验收后，即交付使用，创造经济效益和社会效益。工程项目未经验收，不得提前使用。在使用过程中若发生质量问题，应及时通知承包商修理，并随时将使用中存在的问题告知施工、安装单位，工程项目交付使用在法定保修期限内，由于质量问题造成的经济损失由承包商负责。

第三节　建筑工程许可

一、建筑工程许可制度

（一）建筑工程许可的规范

建设单位必须在建筑工程立项批准后，工程发包前，向建设行政主管部门或其授权的部门办理报建登记手续。未办理报建登记手续的工程，不得发包，不得签订工程合同。新建、扩建、改建的建设工程，建设单位必须在开工前向建设行政主管部门或其授权的部门申请领取建设工程施工许可证。未领取施工许可证的，不得开工。已经开工的，必须立即停止，办理施工许可证手续，否则由此引起的经济损失由建设单位承担责任，并视违法情节，对建设单位作出相应处罚。《建筑法》第7条规定："建筑工程开工前，建设单位应当按照国家有关规定向工程所在地县级以上人民政府建设行政主管部门申请领取施工许可证；但是，国务院建设行政主管部门确定的限额以下的小型工程除外。"

（二）申请建设工程许可的条件及法律后果

1. 申请建设工程许可证的条件

《建筑法》第8条规定申请领取施工许可证应具备下列条件：

（1）已经办理该建筑工程用地批准手续；

（2）在城市规划区的建筑工程，已经取得规划许可证；

（3）需要拆迁的，其拆迁进度符合施工要求；

（4）已经确定建筑施工企业；

（5）有满足施工需要的施工图纸及技术资料；

（6）有保证工程质量和安全的具体措施；

（7）建设资金已经落实；

（8）法律、行政法规规定的其他条件。

2. 领取建筑工程许可证的法律后果

（1）建设单位应当自领取施工许可证之日起三个月内开工。因故不能按期开工的，应当向发证机关申请延期；延期以两次为限，每次不超过三个月。既不开工又不申请延期或者超过延期时限的，施工许可证自行废止。

（2）在建的建筑工程因故中止施工的，建设单位应当自中止施工之日起一个月内，向发证机关报告，并按照规定做好建筑工程的维护管理工作。

建筑工程恢复施工时，应当向发证机关报告；中止施工满一年的工程恢复施工前，建设单位应当报发证机关核验施工许可证。

（3）按照国务院有关规定批准开工报告的建筑工程，因故不能按期开工或者中止施工的，应当及时向批准机关报告情况，因故不能按期开工超过六个月的，应当重新办理开工报告的批准手续。

二、建筑工程从业者资格

（一）国家对建筑工程从业者实行资格管理

从事建筑工程活动的企业或单位，应当向工商行政管理部门申请设立登记，并由建设行政主管部门审查，颁发资格证书。从事建筑工程活动的人员，要通过国家任职资格考试、考核，由建设行政主管部门注册并颁发资格证书。

（二）国家规范的建设工程从业者

1. 建筑工程从业的经济组织

建筑工程从业的经济组织包括：建筑工程总承包企业；建筑工程勘察、设计单位；建筑施工企业；建设工程监理单位；法律、法规规定的其他企业或单位。以上组织应具备下列条件：

（1）有符合国家规定的注册资本；

（2）有与其从事的建筑活动相适应的具有法定执业资格的专业技术人员；

（3）有从事相关建筑活动所应有的技术装备；

（4）法律、行政法规规定的其他条件。

2. 建筑工程的从业人员

建筑工程的从业人员包括：建筑师；营造师；结构工程师；监理工程师；造价工程师；法律、法规规定的其他人员。

3. 建设工程从业者资格证件的管理

建设工程从业者资格证件，严禁出卖、转让、出借、涂改、伪造。违反上述规定的，将视具体情节，追究法律责任。建设工程从业者资格的具体管理办法，由国务院及建设行政主管部门另行规定。

第四节 工程发包与承包

一、建筑工程招投标法律规范

（一）建设工程招投标的必要性

建筑工程实行招标承包制，是建筑业和工程项目建设管理体制改革的一项重要内容，对于促进承发包双方加强管理、缩短建设工程、确保工程质量、控制工程造价、提高投资效益具有重要作用。《建筑法》第19条规定："建筑工程依法实行招标发包，对不适于招标发包的可以直接发包"也就是说，建筑工程的发包方式有两种，一种是招标发包，另一种是直接发包。而招标发包是最基本的发包方式。建设工程招标投标是市场经济活动中的一种竞争方式，是以招标的表示，使投标竞争者分别提出有利条件，而由招标人选择其中最优者，并与其订立合同的一种法律制度。它是订立合同的要约与承诺的特殊表现形式。建设工程的招标投标，是法人之间的经济活动，受国家法律的保护。

（二）建筑工程招投标的法律规范

为了加强对建筑工程招标投标的管理，物资部于1991年颁发了《建设工程设备招标投标管理暂行办法》，建设部于1992年颁发了《工程建设施工招标投标管理办法》，对建设工程招标投标的有关问题作了具体规定。《建筑法》的实施，进一步规范了建筑工程招投标制度。国家发展与计划委员会正在起草《中华人民共和国招标投标法》，该法颁布将进一步明确招投标行为规范。

二、建筑工程招标

（一）建筑工程招标的基本要求

1. 建设工程招标的原则

《建筑法》第 16 条规定："建筑工程发包与承包的招投标活动,应当遵循公开、公正、平等竞争的原则,择优选择承包单位"。确定了招投标活动的基本原则。

2. 必须采用公开招标或邀请招标的工程项目

政府投资的工程;行政事业单位投资的工程;国有企业投资的工程;集体经济组织投资的工程;国有企业或集体经济组织控股的企业投资的工程;法律、法规规定的其他工程。

上述建设工程的设计,应当采用方案竞投的方式确定。法律规定不宜公开招标或邀请招标的军事设施工程、保密设施工程、特殊专业工程等项目,经报建设行政主管部门或其授权的部门批准后,可以采取议标方式发包。

(二) 建筑工程招标应具备的条件

1. 建设单位招标应当具备的条件

(1) 具有法人资格,或依法成立的其他组织;

(2) 有与招标工程相适应的经济、技术管理人员;

(3) 有组织编制招标文件的能力;

(4) 有审查投标单位资质的能力;

(5) 有组织开标、评标、定标的能力。

不具备上述 (1) ~ (5) 项条件的,须委托具有相应资质的咨询、监理等单位代理招标。

2. 建筑工程项目招标应当具备的条件

(1) 概算已经批准;

(2) 建设项目已正式列入国家、部门或地方的年度固定资产投资计划;

(3) 建设用地的征用工作已经完成;

(4) 有能够满足施工需要的施工图纸及技术资料;

(5) 建设资金和主要建筑材料、设备的来源已经落实;

(6) 已经建设项目所在地规划部门批准,施工现场的"三通一平"已经完成或一并列入施工招标范围。

(三) 招标单位对参加投标者的资格审查

招标单位对参加投标的承包商进行资格审查,是招标过程中的重要一环。招标单位(或委托咨询、监理单位)对投标者的审查,着重要掌握投标者的财政状况、技术能力、管理水平、资信能力和商业信誉,以确保投标者能胜任投标的工程项目承揽工作。招标单位对投标者的资格审查内容主要包括:

(1) 企业注册证明和技术等级;

(2) 主要施工经历;

(3) 质量保证措施;

(4) 技术力量简况;

(5) 正在施工的承建项目;

(6) 施工机械设备简况;

(7) 资金或财务状况;

(8) 企业的商业信誉;

（9）准备在招标工程上使用的施工机械设备；

（10）准备在招标工程上采用的施工方法和施工进度安排。

（四）建设工程招标的方式

建筑工程的招标方式根据不同的性质、规模可采用公开招标、邀请招标和议标三种。

1. 公开招标

公开招标是由招标单位通过报刊、广播、电视等方式发布招标公告，面向社会招标。

2. 邀请招标

邀清招标由招标单位向有承担该项工程施工能力的三个以上企业发出招标邀请书，相约来投标。

3. 议标

议标是针对不宜公开招标或邀请招标的军事设施工程、保密设施工程、特殊专业工程等项目，经报建设行政主管部门或其授权的部门批准，采取议标方式发包工程项目。参加议标的单位一般不得少于两家。

招标方式还可以招标内容、发包范围、计价方式划分。

（五）建筑工程招标形式

建筑工程招标的形式主要表现为：全过程（项目）招标；勘察、设计招标与竞投；材料、设备供应招标；工程施工招标。

1. 全过程招标

全过程招标是指从项目建议书开始，包括设计任务书、勘察设计、准备材料、询价与采购、工程施工、设备安装、生产准备、投料试车，直到竣工投产、交付使用，实行全面招标。其主要程序有：（1）由工程项目主管部门或建设单位，根据批准的项目建议书，委托几个工程承包公司或咨询、设计单位做出可行性研究报告，通过议标竞选选定最佳方案和总承包单位；（2）总承包单位受工程项目主管部门或建设单位委托，组织编制设计任务书，经审查同意后，由工程项目主管部门或建设单位向审批机关报送设计任务书；（3）设计任务书获准后，总承包单位即可按照顺序分别组织工程勘察招标、工程设计竞投、设备材料供应招标和工程施工招标，并与中标单位签订承包合同。

2. 设计招标（竞投）

（1）设计招标应具备如下文件：

①有正式批准的项目建议书；

②具有设计所必需的可靠基础资料；

③招标申请报告业已审批同意。

（2）设计招标文件应包括如下主要内容：

①项目综合说明书（包括对工程内容、设计范围和深度、图纸内容、图幅、建设周期和设计进度。对投标单位资格等级的要求等）；

②批准的项目建议书或设计任务书；

③设计基础资料供应的内容、方式和时间；

④投标须知（包括标书编制和投送的要求，组织现场踏勘和进行指标文件说明的时间和地点，投标、开标日期和地点等）；

⑤合同的主要条款和要求。

（3）设计招标标底编制的原则：标底价格应以设计范围、深度、图纸内容、份数及国家规定的收费标准为依据。

3. 设备招标

设备招标文件的主要内容：

①招标须知，包括招标单位名称，设备性能和要求，投标的起止日期和地点、组织技术交底与解答招标文件的方式，开标日期和地点；

②正式批准的设计任务书，初步设计或设计单位确认的设备清单；

③设备的名称、型号、规格、数量、技术要求、交货期限、方式、地点和检验方法及专用、非标准设备要求的设计图纸和说明书；

④可提供的原材料数量、价格；

⑤引进设备的外汇解决途径；

⑥合同的主要条款。

4. 施工招标

施工招标应具备如下条件：

①初步设计及概算已经审批，有施工图或有能满足标价计算要求的设计文件；

②已正式列入年度建设计划，资金、主要材料、设备的来原已基本落实；

③建设用地的征购及拆迁已基本完成；

④招标申请报告已审批同意。

5. 施工招标的程序

（1）由建设单位组织招标班子；

（2）向招标设标办事机构提出招标申请书。申请书的主要内容包括：招标单位的资质、招标工程具备的条件、拟采用的招标方式和对投标单位的要求等；

（3）编制招标文件和标底，并报招标投标办事机构审定；

（4）发布招标公告或发出招标邀请书；

（5）投标单位申请投标；

（6）对投标单位进行资质审查，并将审查结果通知各申请投标者；

（7）向合格的投标单位分发招标文件及设计图纸、技术资料等；

（8）组织投标单位踏勘现场，并对招标文件答疑；

（9）建立评标组织，制定评标、定标办法；

（10）召开开标会议，审查投标标书；

（11）组织评标，决定中标单位；

（12）发出中标通知书；

（13）建设单位与中标单位签订承发包合同。

6. 招标文件的主要内容

（1）工程综合说明。包括工程名称、地址、招标项目、占地范围、建筑面积和技术要求、质量标准以及现场条件、招标方式、要求开工和竣工时间、对投标企业的资质等级要求等；

（2）必要的设计图纸和技术资料；

（3）工程量清单；

（4）由银行出具的建设资金证明和工程款的支付方式及预付款的百分比；

（5）主要材料（钢材、木材、水泥等）与设备的供应方式，加工定货情况和材料、设备价差的处理方法；

（6）特殊工程的施工要求以及采用的技术规范；

（7）投标书的编制要求及评标、定标原则；

（8）投标、开标、评标、定标等活动的日程安排；

（9）《建设工程施工合同条件》及调整要求；

（10）要求交纳的投标保证金额度。其数额视工程投资的大小确定，最高不得超过1000元；

（11）其他需要说明的事项。

7. 标底编制原则

（1）根据设计图纸及有关资料、招标文件，参照国家规定的技术、经济标准定额及规范，确定工程量和编制标底；

（2）标底价格应由成本、利润、税金组成，一般应控制在批准的总概算（或修正概算）及投资包干的限额内；

（3）标底价格作为建设单位的期望计划价，应力求与市场的实际变化吻合，要有利于竞争和保证工程质量；

（4）标底价格应考虑人工、材料、机械台班等价格变动因素，还应包括施工不可预见费、包干费和措施费等。工程要求优良的，还应增加相应费用；

（5）一个工程只能编制一个标底。

标底由招标单位自行编制或委托经建设行政主管部门认定具有编制标底能力的咨询、监理单位编制。标底编制后，必须报经招标投标管理机构审定，标底一经审定应密封保存至开标时，所有接触过标底的人员均负有保密责任，不得泄漏。实行议标的工程，其承包价格由承发包双方商议，报招标投标办事机构备案。

三、建筑工程投标

（一）建设工程投标的概念

建筑工程投标，是投标人愿意依照招标人提出的招标方案承包建设工程，并提出投标方案的法律行为。凡持有企业法人营业执照、资质证书的勘察设计单位、建筑安装企业、工程承包公司、城市建设综合开发公司等承包商，不论其经济形式（国有企业、集体企业、私营企业、中外合资经营企业、中外合作经营企业、外资企业、联营企业等），都可以参加投标。

（二）建筑工程投标的程序

（1）申请投标。参加投标的企业，应按照招标通知的时间报送申请书，供招标单位资格审查。其内容包括：

①企业名称、地址、法定代表人姓名及开户银行和帐号；

②企业的所有制性质及隶属关系；

③企业营业执照和资质等级证书；

④企业简况。

（2）领取招标文件，交投标保证金。

（3）研究招标文件，调查工程环境，确定投标策略。

（4）编制投标书。投标人按照招标文件的要求，用书面形式进行意思表示的文件，称为投标书。施工企业投标书应包括下列内容：

①综合说明；

②按照工程量清单计算的标价及钢材、木材、水泥等主要材料用料。投标单位可依据统一的工程量计算规则自主报价；

③施工方案和选用的主要施工机械；

④保证工程质量、进度、施工安全的主要技术组织措施；

⑤计划开工、竣工日期，工程总进度；

⑥对合同主要条件的确认。

（5）报送标书，参加开标会议。

四、建设工程决标

建筑工程决标是指招标单位确定中标企业的法律行为。它通常包括开标、评标和定标三个过程。

（一）开标

招标人开标的日期、时间和地点都要在招标文件中明确规定。开标时间，由招标人根据工程项目的大小和招标内容确定。投标人的标书必须在开标前寄达招标文件指定的地点，招标人应按规定的时间公开开标，当众启封标书，公布各投标企业的报价、工期及其他主要内容。有下列情况之一的，投标书宣布作废。

（1）招标书未密封；

（2）无单位和法定代表人或法定代表人的代理人的印鉴；

（3）未按规定的格式填写，内容不全或字迹模糊、辩认不清；

（4）逾期送达；

（5）投标单位未参加开标会议。

投标人在开标后不得更改其投标内容，但可以允许对自己的标书作一般性说明或澄清某些问题。未按规定日期寄送的标书，应视为废标，不予开标。但如果这种延误并非投标人的过错，招标人也可同意该标书为有效。

（二）评标

开标以后即进入评标和决标阶段。这一过程是秘密进行的。参加这一阶段工作的任何人都不得将任何有关情况透露给投标人和其他人。

评标组织由建设单位（包括由建设单位委托的咨询、监理单位）及其上级主管部门和建设单位邀请的有关单位组成。特殊工程或大型工程还可邀请有关专家参加。

评标应采用科学的方法，按照平等竞争，公正合理原则进行。一般应对投标单位的报价、工期、主要材料用量、施工方案、质量实绩、企业信誉等进行综合评价，择优确定中标单位。

（三）定标

定标是招标人最后决定中标人的行为。建设工程开标（或开始议标）至定标的期限，小型工程不超过 10 天，大中型工程不超过 30 天，特殊情况可适当延长。

确定中标单位后，招标单位应于 7 天内发出中标通知书，同时抄送各未中标单位，抄报招标投标办事机构。未中标的投标单位应在接到通知后7天内退回招标文件及有关资料，招标单位同时退还投标保证书及保证金。

中标通知书发出30天内，中标单位应与建设单位依据招标文件、投标书等签订工程承发包合同。

五、招投标的管理与监督

《建筑法》第21条规定："建筑工程招标的开标、评标、定标由建设单位依法组织实施，并接受有关行政主管部门的监督"。

（一）招投标的管理与监督机构

建筑工程的招投标工作，由县级以上地方人民政府建设行政主管部门或其授权机构负责管理与监督。

（二）管理监督内容

招投标要坚持公平、公正、合理、竞争、择优的原则。

招投标过程中，有下列行为之一的，县级以上地方人民政府建设行政主管部门或其授权机构根据情节轻重，给予警告、通报批评、中止招标、取消一定时期投标权、不准开工、责令停止施工的处罚，并可处以罚款。

（1）应招标的工程而未招标的；

（2）招标单位隐瞒工程真实情况（如建设规模、建设条件，投资、材料的保证等）的；

（3）泄露标底，影响招标投标工作正常进行的；

（4）投标单位不如实填写投标申请书、虚报企业资质等级的；

（5）投标单位串通作弊、哄抬标价，致使定标困难或无法定标的；

（6）定标后，逾期拒签承发包合同的。

建设单位利用招标权索贿收受"回扣"；投标单位以行贿、给"回扣"等不正当手段获取工程任务的；建设行政主管部门或其授权机构的工作人员徇私舞弊、索贿受贿的，由司法机关依法追究其刑事责任。

六、《建筑法》对建筑工程发包与承包的规范

（一）建筑工程发包

1. 建筑工程发包方式

《建筑法》第19条规定："建筑工程依法实行招标发包，对不适于招标发包的可以直接发包"。建筑工程的发包方式可采用招标发包和直接发包的方式进行。招标发包是业主对自愿参加某一特定工程项目的承包单位进行审查、评比和选定的过程。依据有关法规，凡政府和公有制企业、事业单位投资的新建、改建、扩建和技术改造工程项目的施工，除某些不适宜招标的特殊工程外，均应实行招投标。目前，国内外通常采用的招投标方式主要是公开招标、邀请招标、议标三种形式。

2. 建筑工程公开招标的程序

《建筑法》第20条规定："建筑工程实行公开招标的，发包单位应当依照法定程序和方式，发布招标公告，提供载有招标工程的主要技术要求、主要的合同条款、评标的标准和方法以及开标、评标、定标的程序等内容的招标文件"。"开标应当在招标文件规定的时间、地点公开进行。开标后应当按照招标文件规定的评标标准和程序对标书进行评价、比较，在具备相应资质条件的投标者中，择优选定中标者"。

《建筑法》第21条规定："建筑工程招标的开标、评标、定标由建设单位依法组织实施，并接受有关行政主管部门的监督"。

3.发包单位发包行为的规范

《建筑法》第17条规定："发包单位及其工作人员在建筑工程发包中不得收受贿赂、回扣或者索取其他好处"。

《建筑法》第22条规定："建筑工程实行招标发包的，发包单位应当将建筑工程发包给依法中标的承包单位。建筑工程实行直接发包的，发包单位应当将建筑工程发包给具有相应资质条件的承包单位"。

《建筑法》第25条规定："按照合同约定，建筑材料、建筑构配件和设备由工程承包单位采购的，发包单位不得指定承包单位购入用于工程的建筑材料、建筑构配件和设备或者指定生产厂、供应商"。

4.发包活动中政府及其所属部门权力的限制

《建筑法》第23规定："政府及其所属部门不得滥用行政权力，限定发包单位将招标发包的建筑工程发包给指定的承包单位"。

5.禁止肢解发包

《建筑法》第24条规定："提倡对建筑工程实行总承包，禁止将建筑工程肢解发包"。"建筑工程的发包单位可以将建筑工程的勘察、设计、施工、设备采购一并发包给一个工程总承包单位，也可以将建筑工程勘察、设计、施工、设备采购的一项或者多项发包给一个工程总承包单位；但是，不得将应当由一个承包单位完成的建筑工程肢解成若干部分发包给几个承包单位"。

（二）建筑工程承包

1.承包单位的资质管理

《建筑法》第26条规定："承包建筑工程的单位应当持有依法取得的资质证书，并在其资质等级许可的业务范围内承揽工程"。"禁止建筑施工企业超越本企业资质等级许可的业务范围或者以任何形式用其他建筑施工企业的名义承揽工程。禁止建筑施工企业以任何形式允许其他单位或者个人使用本企业的资质证书、营业执照，以本企业的名义承揽工程"。

有关企业资质见第一章第三节有关内容。

2.联合承包

《建筑法》第27条规定："大型建筑工程或者结构复杂的建筑工程，可以由两个以上的承包单位联合共同承包。共同承包的各方对承包合同的履行承担连带责任"。"两个以上不同资质等级的单位实行联合共同承包的，应当按照资质等级低的单位的业务许可范围承揽工程"。

3.禁止建筑工程转包

《建筑法》第28条规定："禁止承包单位将其承包的全部建筑工程转包给他人，禁止承包单位将其承包的全部工程肢解以后以分包的名义分别转包给他人"。

4.建筑工程分包

《建筑法》第29条规定："建筑工程总承包单位可以将承包工程中的部分工程发包给具有相应资质条件的分包单位；但是，除总承包合同中约定的分包外，必须经建设单位认可。施工总承包的建筑工程主体结构的施工必须由总承包单位自行完成"。"建筑工程总承包单位按照总承包合同的约定对建设单位负责；分包单位按照分包合同的约定对总承包单位负责。总承包单位和分包单位就分包工程对建设单位承担连带责任"。"禁止总承包单位将工程分包给不具备相应资质条件的单位。禁止分包单位将其承包的工程再分包"。

第五节　建筑工程监理制度

一、建筑工程监理的概念

建筑工程监理，是指工程监理单位受建设单位的委托对建筑工程进行监督和管理的活动。建筑工程监理制度是我国建设体制深化改革的一项重大措施，它是适应市场经济的产物。建设工程监理随着建筑市场的日益国际化，得到了普遍推行。参照国际惯例，建立具有中国特色的建筑工程监理制度，不仅是建立和完善社会主义市场经济的需要，同时也是开拓国际建筑市场，进入国际经济大循环之必需。《建筑法》第30条规定："国家推行建筑工程监理制度。"

二、建设工程监理的范围

建筑工程监理是一种特殊的中介服务活动，对建筑工程实行强制性监理，对控制建筑工程的投资、保证建设工期、确保建筑工程质量以及开拓国际建筑市场等都具有非常重要的意义。因此，《建筑法》第30条第2款规定："国务院可以规定实行强制监理的建筑工程的范围"。目前，国务院对实行强制监理的建筑工程范围还未作出规定。但在建设部、国家计委于1995年12月15日联合发布《工程建设监理规定》中对该范围作出了明确规定。根据《规定》，建筑工程实施强制监理的范围包括如下几个方面：

（1）大、中型工程项目；

（2）市政、公用工程项目；

（3）政府投资兴建和开发建设的办公楼、社会发展事业项目和住宅工程项目；

（4）外资、中外合资、国外贷款、赠款、捐款建设的工程项目。

三、建筑工程监理的依据、内容及实施

（一）建筑工程监理的依据

根据《建筑法》第32条第1款的有关规定，建筑工程监理的依据主要有以下几个方面：

（1）法律、行政法规；

（2）有关的技术标准；

（3）设计文件；

（4）建设工程承包合同。

（二）建筑工程监理内容

建筑工程监理可以是对工程建设的全过程进行监理，也可分阶段进行监理。《建筑法》以及有关规范对设计、施工阶段的监理作出了规定。

1. 建设前期阶段监理的内容

（1）投资决策咨询；

（2）编制项目建议书和项目可行性研究报告；

（3）项目评估；

2. 设计阶段监理内容

（1）审查或评选设计方案；

（2）选择勘察、设计单位；

（3）协助业主签订勘察、设计合同并监督合同的实施；

（4）核查设计概（预）算。

3．施工准备阶段监理内容

（1）协助业主编制招标文件；

（2）核查施工图设计和概（预）算；

（3）协助业主组织招标投标活动；

（4）协助业主与中标单位商签承包合同。

4．施工阶段监理内容

（1）协助业主与承包商编写开工报告；

（2）确认承包商选择的分包单位；

（3）审批施工组织设计；

（4）下达开工令；

（5）审查承包商的材料、设备采购清单；

（6）检查工程使用的材料、构件、设备的规格和数量；

（7）检查施工技术措施和安全防护设施；

（8）主持协商工程设计变更（超出委托权限的变更须报业主决定）；

（9）督促履行承包合同，主持协商合同条款的变更，调解合同双方的争议，处理索赔事项；

（10）检查工程进度和施工质量，验收分部分项工程，签署工程付款凭证；

（11）督促整理承包合同文件和技术档案资料；

（12）组织工程竣工预验收，提出竣工验收报告；

（13）核查结算。

5．工程保修阶段监理内容

（1）负责检查工程质量状况；

（2）鉴定质量问题责任；

（3）督促责任单位修理。

（三）建筑工程监理的实施

根据《建筑法》的有关规定，建筑工程监理是对承包单位在施工质量、建设工期和建设资金使用等方面，代表建设单位实施监督。由此可见，建筑工程监理的实施主要包括如下三个方面的控制：

1．工程质量控制

对工程质量的控制主要体现在：

（1）对原材料、构配件及设备的质量进行控制；

（2）对分部、分项工程的质量进行控制。

2．工程投资控制

对工程投资的控制分为设计阶段和施工阶段两个阶段的控制。

（1）在项目设计阶段，以工程项目概算为基础，对设计方案进行审核，并进行费用估算，将工程造价控制在投资范围以内，如超出，应及时对设计方案提出修改建议；

（2）在项目施工阶段，应根据合同价，控制在施工过程中可能新增加的费用。

3. 工程进度控制

对工程进度的控制主要有以下几个方面：

（1）审核施工单位编制的工程项目实施总进度计划；

（2）审核施工单位提交的施工进度计划；

（3）审核施工单位提交的施工总平面布置图；

（4）审定材料、构配件及设备的采供计划；

（5）检查工程进度；

（6）组织现场协调会。

四、工程监理人员的权利与义务

（1）工程施工不符合工程设计要求、施工技术标准和合同约定的质量要求的，有权要求建筑施工企业改正；

（2）工程设计不符合建筑工程质量标准或合同约定的质量要求的，应当报告建设单位要求设计单位改正。

五、建筑工程监理合同

1. 监理合同的概念

监理合同是监理单位与建设单位之间为完成特定的建设工程监理任务，明确相互权利义务关系的协议。

2. 监理合同示范文本的构成

建设部、国家工商行政管理局于 1995 年 10 月 9 日联合发布了《工程建设监理合同示范文本》，该《示范文本》由"监理合同标准条件"和"监理合同专用条件"两个部分组成。"标准条件"共 46 条，是监理合同的必备条款；"专用条件"是对"标准条件"中的某些条款进行补充、修正，使两个条件中相同序号的条款共同组成一条内容完备的条款。

六、监理单位的责任

（1）工程监理单位不按照委托监理合同的约定履行监理义务，对应当监督检查的项目不检查或不按规定检查，给建设单位造成损失的，应当承担相应的赔偿责任；

（2）工程监理单位与承包单位串通，为承包单位谋取非法利益，给建设单位造成损失的，应与承包单位承担连带赔偿责任。

第六节　建筑工程质量与安全生产制度

一、建筑工程质量管理制度

（一）建筑工程质量的概念

建筑工程质量是指在国家现行的有关法律、法规、技术标准、设计文件和合同中，对工程的安全、适用、经济、美观等特性的综合要求。建筑工程质量直接关系到国家的利益和形象，关系到国家财产、集体财产、私有财产和人民的生命安全，因此必须加强对建筑工程质量的法律规范。国家建设部及有关部委自 1983 年以来，先后颁布了多项建设工程质量管理的监督法规，主要有：《建筑工程质量责任暂行规定》、《建筑工程保修办法》、《建筑工程质量检验评定标准》、《建筑工程质量监督条例》、《建筑工程质量监督站工作暂行规定》、《建筑工程质量检测工作规定》和《建筑工程质量监督管理规定》等。1993年11月16日国家建设部发布了《建设工程质量管理办法》，特别是《建筑法》第52条规定："建筑工程勘察、设计、施工的质量必须符合国家有关建筑工程安全标准的要求，具体管理办法由国务院规定。有关建筑工程安全的国家标准不能适应确保建筑安全要求时，应当及时修订。"第53条规定："国家对从事建筑活动的单位推行质量体系认证制度。从事建筑活动的单位根据自愿原则可以向国务院产品质量监督管理部门或者国务院产品质量监督管理部门授权的部门认可的认证机构申请质量体系认证。经认证合格的，由认证机构颁发质量体系认证证书。"第54条规定："建设单位不得以任何理由或者建筑施工企业在工程设计或者施工作业中，违反法律、行政法规和建筑工程质量、安全标准、行政法规和建筑工程质量、安全标准，降低工程质量。建筑设计单位和建筑施工企业对建设单位违反前款规定提出的降低工程质量的要求，应当予以拒绝。"对建设工程质量作出了较全面具体的规范。这些法律、法规与规章的颁发，不仅为建设工程质量的管理监督提供了依据，而且也对维护建筑市场秩序，提高人们的质量意识，增强用户的自我保护观念，发挥了积极的作用。建设工程勘察、设计、施工、验收必须遵守有关工程建设技术标准的要求。国家鼓励推行科学的质量管理方法，采用先进的科学技术，鼓励企业健全质量保证体系，积极采用优于国家标准，行业标准的企业标准建造优质工程。

（二）建筑工程质量政府监督

国家实行建设工程质量政府监督制度。建设工程质量政府监督由建设行政主管部门或国务院工业、交通等行政主管部门授权的质量监督机构实施。国家对从事建设工程的勘察、设计、施工企业推行质量体系认证制度。企业质量体系认证的实施管理，依照有关法律、行政法规的规定执行。

1. 建设部质量监督管理工作主要职责

（1）贯彻国家有关建设工程质量的方针、政策和法律、法规，制定建设工程质量监督、检测工作的有关规定和办法；

（2）负责全国建设工程质量监督和检测工作的规划及管理；

（3）掌握全国建设工程质量动态，组织交流质量监督工作经验；

（4）负责协调解决跨地区、跨部门重大工程质量问题的争端。

2. 省、自治区、直辖市建委（建设厅）和国务院工业、交通各部门对质量监督管理工作主要职责

（1）贯彻国家有关建设工程质量监督方面的方针、政策和法律、法规及有关规定与办法，制订本地区、本部门建设工程质量监督、检测工作的实施细则；

（2）负责本地区、本部门建设工程质量监督和检测工作的规划及管理，审查工程质量监督机构的资质，考核监督人员的业务水平，核发监督员证书；

（3）掌握本地区、本部门建设工程质量动态，组织交流工作经验，组织对监督人员的培训；

（4）组织协调和监督处理本地区或本部门重大工程质量问题争端。

省、自治区、直辖市建委（建设厅）和国务院工业、交通各部门根据实际情况需要可设置从事管理工作的工程质量监督总站，履行上述职责。

3. 市、县建筑工程质量监督站和国务院工业、交通部门所设的专业建筑工程质量监督站主要职责。

（1）核察受监工程的勘察、设计、施工单位和建筑构件厂的资质等级和营业范围；

（2）监督勘察、设计、施工单位和建筑构件厂严格执行技术标准，检查其工程（产品）质量；

（3）核验工程的质量等级和建筑构件质量，参与评定本地区、本部门的优质工程；

（4）参与重大工程质量事故的处理；

（5）总结质量监督工作经验，掌握工程质量状况，定期向主管部门报告。

（三）建筑工程质量责任

1. 建设单位的质量责任和义务

（1）建设单位应对其选择的设计、施工单位和负责供应的设备等发生质量问题承担相应责任；

（2）建设单位应根据工程特点，配备相应的质量管理人员，或委托工程建设监理单位进行管理。委托监理单位的，建设单位应与工程建监理单位签订监理合同，明确双方的责任、权利和义务；

（3）建设单位必须根据工程特点和技术要求，按有关规定选择相应资格（质）等级的勘察、设计、施工单位，并签订工程承包合同。工程承包合同中必须有质量条款，明确质量责任；

（4）建设单位在工程开工前，必须办理有关工程质量监督手续，组织设计和施工单位认真进行设计交底和图纸会审；施工中应按照国家现行有关工程建设法律、法规、技术标准及合同规定，对工程质量进行检查；工程竣工后，应及时组织有关部门进行竣工验收。

（5）建设单位按照工程承包合同中规定供应的设备等产品的质量，必须符合国家现行的有关法律、法规和技术标准的要求。

2. 工程勘察设计单位的质量责任和义务

（1）勘察设计单位应对本单位编制的勘察设计文件的质量负责；

（2）勘察设计单位必须按资格等级承担相应的勘察设计任务，不得擅自超越资格等级及业务范围承接任务，应当接受工程质量监督机构对其资格的监督检查；

（3）勘察设计单位应按照国家现行的有关规定、技术标准和合同进行勘察设计。建立健全质量保证体系，加强设计过程的质量控制，健全设计文件的审核会签制度，参与图纸会审和做好设计文件的技术交底工作；

（4）勘察设计文件必须符合下列基本要求：

①设计文件应符合国家现行有关法律、法规、工程设计技术、标准和合同的规定；

②工程勘察文件应反映工程地质、地形地貌、水文地质状况，评价准确，数据可靠；

③设计文件的深度，应满足相应设计阶段的技术要求。施工图应配套，细部节点应交待清楚，标准说明应清晰、完整；

④设计中选用的材料、设备等，应注明其规格、型号、性能、色泽等，并提出质量要求，但不得指定生产厂家。

（5）对大型建设工程、超高层建筑、以及采用新技术、新结构的工程，应在合同中规定设计单位向施工现场派驻设计代表。

3. 施工单位的质量责任和义务

(1) 施工单位应当对本单位施工的工程质量负责;

(2) 施工单位必须按资质等级承担相应的工程任务,不得擅自超越资质等级及业务范围承包工程;必须依据勘察设计文件和技术标准精心施工;应当接受工程质量监督机构的监督检查;

(3) 实行总包的工程,总包单位对工程质量和竣工交付使用的保修工作负责。实行分包的工程,分包单位要对其分包的工程质量和竣工交付使用的保修工作负责;

(4) 施工单位应建立健全质量保证体系,落实质量责任制,加强施工现场的质量管理,加强计量、检测等基础工作,抓好职工培训,提高企业技术素质,广泛采用新技术和适用技术;

(5) 竣工交付使用的工程必须符合下列基本要求:

①完成工程设计和合同中规定的各项工作内容,达到国家规定的竣工条件;

②工程质量应符合国家现行有关法律、法规、技术标准、设计文件及合同规定的要求,并经质量监督机构核定为合格或优良;

③工程所用的设备和主要建筑材料、构件应具有产品质量出厂检验合格证明和技术标准规定必要的进场试验报告;

④具有完整的工程技术档案和竣工图,已办理工程竣工交付使用的有关手续;

⑤已签署工程保修证书;

⑥竣工交付使用的工程实行保修,并提供有关使用、保养、维护的说明。

4. 建筑材料、构配件生产及设备供应单位的质量责任和义务

(1) 建筑材料、构配件生产及设备供应单位对其生产或供应的产品质量负责;

(2) 建筑材料、构配件生产及设备的供需双方均应订立购销合同,并按合同条款进行质量验收;

(3) 建筑材料、构配件生产及设备供应单位必须具备相应的生产条件、技术装备和质量保证体系,具备必要的检测人员和设备,把好产品看样、定货、储存、运输和核验的质量关;

(4) 建筑材料、构配件及设备质量应当符合下列要求:

①符合国家或行业现行有关技术标准规定的合格标准和设计要求;

②符合在建筑材料、构配件及设备或其包装上注明采用的标准;符合以建筑材料、构配件及设备说明、实物样品等方式表明的质量状况;

(5) 建筑材料、构配件及设备或者包装上的标记应符合下列要求:

①有产品质量检验合格证明;

②有中文标明的产品名称、生产厂厂名和厂址;

③产品包装和商标样式符合国家有关规定和标准要求;

④设备应有产品详细的使用说明书,电气设备还应附有线路图;

⑤实施生产许可证或使用产品质量认证标志的产品,应有许可证或质量认证的编号、批准日期和有效期限。

5. 返修和损害赔偿

(1) 保修期限。《建筑法》第62条规定:"建筑工程的保修范围应当包括地基基础工程、

主体结构工程、屋面防水工程和其他土建工程，以及电气管线、上下水管线的安装工程，供热、供冷系统工程等项目；保修的期限应当按照保证建筑物合理寿命年限内正常使用，维护使用者合法权益的原则确定。具体的保修范围和最低保修期限由国务院规定。"在新规定尚未出台前，保修期限按如下规定：①民用与公共建筑、一般工业建筑、构筑物的土建工程为一年，其中屋面防水工程为三年。②建筑物的电气管线、上下水管线安装工程为六个月；③建筑物的供热及供冷为一个采暖期及供冷期；④室外的上下水和小区道路等市政公用工程为一年；⑤其他建设工程，其保修期限由建设单位和施工单位在合同中规定，一般不得少于一年。

（2）返修。依据《建设工程质量管理办法》的规定：建设工程自办理竣工验收手续后，在法律规定的期限内，因勘察设计、施工、材料等原因造成的质量缺陷（质量缺陷是指工程不符合国家或行业现行的有关技术标准、设计文件以及合同中对质量的要求），应当由施工单位负责维修。施工单位对工程负责维修，其维修的经济责任由责任方承担：

①施工单位未按国家有关规范、标准和设计要求施工，造成的质量缺陷，由施工单位负责返修并承担经济责任；

②由于设计方面的原因造成的质量缺陷，由设计单位承担经济责任，由施工单位负责维修，其费用按有关规定通过建设单位索赔，不足部分由建设单位负责；

③因建筑材料、构配件和设备质量不合格引起的质量缺陷，属于施工单位采购的或经其验收同意的，由施工单位承担经济责任；属于建设单位采购的，由建设单位承担经济责任；

④因使用单位使用不当造成的质量缺陷，由使用单位自行负责；

⑤因地震、洪水、台风等不可抗力造成的质量问题，施工单位、设计单位不承担经济责任。施工单位自接到保修通知书之日起，必须在两周内到达现场与建设单位共同明确责任方，商议返修内容。属施工单位的，如施工单位未能按期到达现场，建设单位应再次通知施工单位；施工单位自接到再次通知起的一周内仍不能到达时，建设单位有权自行返修，所发生的费用由原施工单位承担。不属施工单位责任，建设单位应与施工单位联系，商议维修的具体期限。

（3）损害赔偿。因建设工程质量缺陷造成人身、缺陷工程以外的其他财产损害的，侵害人应按有关规定，给予受害人赔偿。因建设工程质量存在缺陷造成损害要求赔偿的诉讼时效期限为一年，自当事人知道或应当知道其权益受到损害时起计算。因建设工程质量责任发生民事纠纷，当事人可以通过协商或调解解决。当事人不愿通过协商、调解解决或者协商、调解不成的，可以根据当事人双方的协议，向仲裁机构申请仲裁；当事人双方没有达成仲裁协议的，可以向人民法院起诉。

二、建筑安全生产管理制度

（一）建筑安全生产管理的概念和内容

1. 建筑安全生产管理的概念

建筑安全生产管理是指建设行政主管部门、建筑安全监督管理机构、建筑施工企业及有关单位对建筑生产过程中的安全工作，进行计划、组织、指挥、控制、监督等一系列的管理活动。其目的在于保证建筑工程安全和建筑职工的人身安全。

2. 建筑安全生产管理的内容

建筑安全生产管理包括纵向、横向、施工现场三个方面的管理。

(1) 纵向管理。纵向管理是指建设行政主管部门及其授权的建筑安全监督管理机构对建筑安全生产的行业监督管理。

(2) 横向管理。横向管理是指建筑生产有关各方和建筑单位、设计单位、建筑施工企业等的安全责任和义务。

(3) 施工现场管理。施工现场管理是指在施工现场控制人的不安全行为和物的不安全状态。施工现场管理是建筑安全生产管理的关键。

(二) 建筑安全生产管理方针和基本制度

《建筑法》第 36 条规定："建筑工程安全生产管理必须坚持安全第一、预防为主的方针,建立健全安全生产的责任制度和群防群治制度"。

安全第一、预防为主的方针,体现了国家对在建筑安全生产过程中"以人为本",保护劳动者权利,保护社会生产力,保护建筑生产的高度重视,确立了建筑安全生产管理在建筑活动管理中的首要的和重要位置。

安全生产责任制度是建筑生产中最基本的安全管理制度,是所有安全规章制度的核心。安全生产的责任制度既包括行业主管部门建立健全建筑安全生产的监督管理体系,制定建筑安全生产监督管理工作制度,组织落实各级领导分工负责的建筑安全生产责任制,又包括参与建筑活动各方的建设单位、设计单位,特别是建筑施工企业的安全生产责任制,还包括施工现场的安全责任制。

群防群治制度是在建筑安全生产中,充分发挥大职工的积极性,加强群众性监督检查工作,以预防和治理建筑生产中的伤亡事故。

(三) 建筑安全生产的基本要求

1. 建筑工程设计要保证工程的安全性

《建筑法》第 37 条规定："建筑工程设计应当符合按照国家规定制定的建筑安全规程和技术规范,保证工程的安全性能"。

2. 建筑施工企业要采取安全防范措施

《建筑法》第 38 条规定："建筑施工企业在编制施工组织设计时,应当根据建筑工程的特点制定相应的安全技术措施;对专业性较强的工程项目,应当编制专项安全施工组织设计,并采取安全技术措施"。

《建筑法》第 39 条规定："建筑施工企业应当在施工现场采取维护安全、防范危险、预防火灾等措施;有条件的,应当对施工现场实行封闭管理"。"施工现场对毗邻的建筑物、构筑物和特殊作业环境可能造成损害的,建筑施工企业应当采取安全防护措施"。

《建筑法》第 40 条规定："建设单位应当向建筑施工企业提供与施工现场相关的地下管线资料,建筑施工企业应当采取措施加以保护"。

《建筑法》第 41 条规定："建筑施工企业应当遵守有关环境保护和安全生产方面的法律、法规的规定,采取控制和处理施工现场的各种粉尘、废气、废水、固体废物以及噪声、振动对环境的污染和危害的措施"。

《建筑法》第 44 条规定："建筑施工企业必须依法加强对建筑安全生产的管理,执行安全生产责任制度,采取有效措施,防止伤亡和其他安全生产事故的发生"。"建筑施工企业的法定代表人对本企业的安全生产负责"。

《建筑法》第45条规定："施工现场安全由建筑施工企业负责。实行施工总承包的，由总承包单位负责。分包单位向总承包单位负责，服从总承包单位对施工现场的安全生产管理"。

《建筑法》第46条规定："建筑施工企业应当建立健全劳动安全生产教育培训制度，加强对职工安全生产的教育培训；未经安全生产教育培训的人员，不得上岗作业"。

《建筑法》第47条规定："建筑施工企业和作业人员在施工过程中，应当遵守有关安全生产的法律、法规和建筑行业安全规章、规程，不得违章指挥或者违章作业。作业人员有权对影响人身健康的作业程序和作业条件提出改进意见，有权获得安全生产所需的防护用品。作业人员对危及生产安全和人身健康行为有权提出批评、检举和控告"。

《建筑法》第48条规定："建筑施工企业必须为从事危险作业的职工办理意外伤害保险，支付保险费"。

（四）建筑施工事故报告制度

《建筑法》第51条规定："施工中发生事故时，建筑施工企业应当采取紧急措施减少人员伤亡和事故损失，并按照国家有关规定及时向有关部门报告"。

施工中发生事故后，建筑施工企业应采取紧急措施，抢救伤亡、排除险情，尽量制止事故蔓延扩大，减少人员伤亡和事故损失。同时将施工事故发生的情况以最快速度逐级向上汇报。

建立建筑施工事故报告制度十分必要，一是可以得到有关部门的指导和配合，防止事故扩大，减少人员伤和财产的更大损失；二是可以及时对事故进行调查处理，总结经验，吸取教训，加强管理，保证安全生产。

建筑施工重大事故发生后，要根据有关法律、法规、规章的规定逐级上报。一次死亡3人以上的重大死亡事故，应在事故发生后2小时内报告建设部。

【案例1】

原告：某市帆布厂

被告：某市区修建工程队

1993年10月5日，原、被告订立了建筑工程承包工程。合同规定：被告为原告建筑框架厂房，跨度12m，总造价为98.9万元；承包方式为包工包料；开、竣工日期为1993年11月2日至1995年3月10日。自工程开工至1995年底，原告给付被告工程款、材料垫付款共101.6万元。到合同规定的竣工期限，被告未能完工，而且已完工程质量部分不合格。为此，双方发生纠纷。

经查明：被告在工商行政管理机关登记的经营范围为维修和承建小型非生产性建筑工程，无资格承包此项工程。经有关部门鉴定：该项工程造价应为98.9万元；未完工程折价为11.7万元；已完工程的厂房屋面质量不合格，返工费为5.6万元。

受诉法院审理认为：工商企业法人应在工商行政管理机关核准的经营范围内进行经营活动，超范围经营的民事行为无效。本案被告承包建筑厂房，超越了自己的技术等级范围。根据经济合同法第七条第一款第一项、第十六条第一款及《建设工程施工合同管理办法》第四条之规定，判决：原、被告所订立的建筑工程承包合同无效；被告返还原告多付的工程款14.4万元；被告偿付原告因工程质量不合格所需的返工费5.6万元。

简析：建筑企业在进行承建活动时，必须严格遵守核准登记的建筑工程承建技术资质等级范围，禁止超资质等级承建工程。本案被告的经营范围仅能承建小型非生产性建筑工程和维修项目，其技术等级不能承建与原告所订合同规定的生产性厂房。因此被告对合同无效及工程质量问题应负全部责任，承担工程质量的返工费，并偿还给原告多收的工程款。

【案例2】

四川省德阳市棉麻总公司中华楼工程七层框架办公楼于 1994 年 10 月 24 日破土动工，1995 年 9 月 13 日完成主体工程，1995 年 12 月 8 日倒塌，造成死伤数十人，直接经济损失200 余万元的特别重大事故。

根据调查、取证、鉴定，造成该重大事故的原因主要有以下几方面：

1. 不按标准、规范进行设计和施工是造成该事故的主要直接原因。该工程的设计单位将承台一律设计成 500mm 厚，使绝大多数承台受冲切、受剪、受弯，承载力严重不足。大部分柱下桩基的桩数不够，实际桩数与按规范计算的桩数比较相差 10％～33％；底层很多柱及二层部分柱轴压比超过抗震设计规范规定；底层许多桩实际配筋小于按规范计算需要值，有的柱配筋少了近一半；七层 LL-5 梁悬挑部分断面太小，梁的计算配筋相差 49％。在施工中，工程施工负责人将基础承台减薄 100mm 左右。工程建设中质量、安全方面的标准、规范，属于工程建设强制性标准，必须严格遵照执行。该工程在设计、施工中不执行标准、规范，偷工减料，严重违反了《中华人民共和国标准化法》及其实施条例和工程建设标准法规的有关规定。

2. 设计单位超越资格等级和允许的业务范围是造成该事故的重要原因之一。承担该工程的设计单位是 1992 年 11 月成立具有丁级资质的凌云建设勘察设计所。根据建设部于1991 年、1992 年发布的《工程勘察和工程设计单位资格管理办法》和《建筑行业工程设计资格分级标准》的规定，丁级设计单位只能承担一般中小型公共建筑或 7 层以下无电梯住宅、宿舍及砖混结构的建筑。德阳棉麻总公司综合楼是七层框架建筑，很显然，由丁级设计单位承担设计是违反上述规定的。

3. 工程施工管理混乱、违反建筑市场管理规定是造成该事故的原因之一。该工程由德阳市建筑公司承包，该公司将工程交由挂靠该公司的三工程处施工，三工程处又聘用持有新能源技术开发公司仅有中级施工员实习证的农民为现场施工员。该工程 10 月 24 日开工，同年 11 月 8 日才补办了《施工许可证》。上述行为严重违反了《建设工程施工现场管理规定》和《建筑市场管理规定》。

第四章　建设工程合同法律制度

第一节　合同法原理

一、合同概述

（一）合同

1. 合同的概念

合同又称契约，是当事人双方或多方就各自享有的权利和承担的义务所达成的协议。《中华人民共和国民法通则》将合同定义为："当事人之间设立、变更、终止民事关系的协议"。

2. 合同的法律特征

（1）合同是一种法律行为。法律行为是人们有意识进行的旨在引起法律后果的行为。法律行为的目的是要在当事人之间建立一定的法律关系或变更、消灭一定的法律关系，也就是要取得法律对当事人之间权利义务关系的承认和保护。签订合同即实施法律行为，合同依法成立，当事人之间即建立了权利义务关系，并且这种权利义务关系受到国家法律的保护，如果当事人不履行合同，就要承担法律责任。

（2）合同是两个或两个以上当事人意思表示一致的法律行为。①从合同成立看，须有两个或两个以上的当事人；②既然合同的成立必须有两个或两个以上当事人参加，那么则要求他们之间互作意思表示；③双方或多方当事人不仅须互作意思表示，而且意思表示必须是一致的，否则合同是不能成立的。

（3）合同当事人的法律地位平等。合同是商品经济的产物，既然是商品，则要求人们须按价值规律要求进行交换，亦即交换人在经济上应该是平等的。这种经济上的平等反映到法律上来，则要求交换人的法律地位平等。因此，要求合同的当事人，不论是法人还是公民，也不论法人组织的所有制或隶属关系如何，他们在合同关系中，法律地位应该是平等的。

（4）合同是当事人合法的行为。双方当事人签订合同必须遵守国家法律和政策的规定，才能得到国家的承认和保护，从而产生预期的法律后果。如果当事人签订违反国家法律和政策的合同，不仅合同无效，得不到法律保护，而且还要承担由此而产生的法律责任。

（二）合同法的概念

1. 合同法的概念

合同法是当代各国民事法律制度的一个重要组成部分，是国家制定或认可的调整民事流转关系的法律规范的总和。合同法规定的是什么人有资格签订合同，当事人如何签订合同，合同是否具有法律效力，什么情况下可以变更或解除合同，当事人应如何行使合同权利和履行合同义务，合同被违反时如何追究法律责任，以及受害方如何获得法律救济等。

2. 我国合同法律规范

（1）《中华人民共和国经济合同法》。《中华人民共和国经济合同法》（以下简称《经济合同法》）经全国人民代表大会第五届第四次会议审议，于 1981 年 12 月 13 日通过并公布，于 1982 年 7 月 1 日开始实施。为适应建立社会主义市场经济体制的要求，1993 年 9 月 2 日第八届全国人民代表大会常务委员会第三次会议通过修改《中华人民共和国经济合同法》的决定，并重新公布。《中华人民共和国经济合同法》共 7 章，47 条。

（2）《中华人民共和国涉外经济合同法》。《中华人民共和国涉外经济合同法》（以下简称《经济合同法》）经全国人民代表大会第六届第十次会议审议，于 1985 年 3 月 21 日通过并公布，于 1985 年 7 月 1 日开始实施。《中华人民共和国涉外经济合同法》共 7 章，43 条。

（3）《中华人民共和国技术合同法》。《中华人民共和国技术合同法》（以下简称《技术合同法》）经全国人民代表大会第六届第二十一次会议审议，于 1987 年 6 月 23 日通过并公布，于 1987 年 11 月 1 日开始实施。《中华人民共和国技术合同法》共 7 章，55 条。

3. 我国合同法的基本内容

（1）规定合同法的立法宗旨、任务和适用范围；

（2）规定合同主体应当具备的法律资格；

（3）规定标的的种类；

（4）规定合同订立原则及法定程序；

（5）规定合同有效、无效的要件及无效合同的处理；

（6）规定合同的形式和主要条款；

（7）规定合同履行、转让、变更、解除和终止的条件、程序及要求；

（8）规定对违反合同一方的制裁措施和对受害一方的补救办法；

（9）规定免责条件与不可抗力的法律后果；

（10）规定必要的合同管理；

（11）规定合同纠纷的解决途径及法律适用。

（三）合同的种类

1. 合同的一般分类

合同的一般分类，即依据民法理论，将所有合同分成彼此对应的两大类，以突出其法律特征。

（1）计划合同与非计划合同。计划合同是指根据国家指令性计划订立的合同。如基本建设工程承包合同。非计划合同是指不依据国家指令性计划，而是当事人依照法律的规定在自愿、平等、互利的基础上经过协商一致订立的合同。如买卖合同。

（2）单务合同与双务合同。单务合同是指一方当事人只享有权利，他方当事人只承担义务的合同。如赠与合同。双务合同是指当事人权利义务相对应，即一方的权利就是他方义务的合同。如建设工程承包合同。

（3）诺成合同与实践合同。诺成合同是指不以交付标的物为成立条件，只要双方当事人就合同条款取得一致意见即成立的合同。如加工承揽合同。实践合同是指当事人双方除就合同条款达成协议外，还须以一方交付标的物为成立条件的合同。如保管合同。

（4）有偿合同与无偿合同。有偿合同是指当事人享有权利时必须向对方偿付一定代价的合同，如买卖合同。无偿合同是指一方当事人只负担义务不享有权利，而另一方则只享有权利不负担义务的合同。如赠予合同。

（5）要式合同与非要式合同。要式合同是指合同的订立必须采取特定的方式的合同，如合同成立需有关机关批准才有效的合同。非要式合同是指不需要特定方式，当事人自行约定即成立的合同，如传统的买卖合同。

（6）为订约人利益订立的合同与为第三人利益订立的合同。为订约人利益订立的合同是指当事人为了自己取得某种利益而订立的合同。为第三人利益订立的合同是指订立合同的当事人一方并不是为自己设定权利，而是为了第三人利益而与另一方订立的合同。如法人为自己职工集体进行人身保险的合同。

（7）主合同与从合同。主合同是指在相互联系的两个合同中不依赖他合同而独立存在的合同。如抵押合同所担保的借贷合同即为主合同。从合同是指在相互联系的两个合同中以主合同的有效存在为前提条件方能成立的合同。如为借贷合同担保的抵押合同。

（8）明示合同与默示合同。明示合同是指合同条款由合同双方当事人明确以书面或口头方式表示的合同。默示合同是指合同条款由合同双方当事人的行为加以推断的合同。

（9）有名合同与无名合同。有名合同是指法律上有明确名称的合同。如建设工程承包合同。无名合同是指法律上没有确定名称的合同。如赠予合同。

（10）总合同与分合同。总合同是指建设单位和设计单位或施工单位就建设工程的设计或建筑安装任务签订的总包合同。分合同是指总包人与分包人签订的合同。

2. 合同的具体分类

（1）转移财产所有权或经营权的合同：

①此类合同的法律特征：

a. 依法把作为合同标的物的所有权或经营权从一方转移给另一方；

b. 除赠予合同外，都是有偿合同；

c. 合同的标的物是物质财产。

②此类合同常见的种类：

a. 买卖合同。指一方将财产交付给他方所有，他方接受财产并付价款的协议。工矿产品、农副产品购销合同是买卖合同的特殊形式。

b. 赠予合同。指一方无偿地将财产交付给另一方所有，另一方取得财产不付任何代价的协议。

c. 借贷合同。指一方贷款人将一定数量的货币交付给他方所有，他方依照合同的约定归还同等数量的货币并支付利息的协议。

（2）转移财产使用权的合同：

①此类合同的法律特征：

a. 当事人转移的不是财产的所有权，而是财产的使用权；

b. 转移财产使用权是有期限的，期限届满，财产所有人可以将使用权收回。

②此类合同常见的种类：

a. 借用合同。指出借人把一定的物品无偿地交给借用人使用，借用人在使用后，把原物还给出借人的协议。借用人只有使用权，而没有处分权，合同标的只能是特定物。

b. 租赁合同。指出租人将财产交付承租人临时占有，承租人应当向出租人支付租金，并于租赁关系终止时，将该财产原物返还出租人的协议。承租人使用租赁财产不得违背合同的约定和财产的用途，未经出租人的同意，不得转租或转借。

（3）完成工作的合同：

①此类合同的法律特征：

a. 它的标的物是一方当事人工作的成果，而不是劳务。如加工好的物品、设计图纸等。

b. 工作成果具有明显的特定性；

c. 工作成果的所有权属于交付工作任务的一方；

d. 承揽合同采取留置物的方式担保；

e. 完成工作的合同是诺成，有偿合同，履行过程中要相互协作与支持。

②此类合同常见的种类：

a. 承揽合同。指承揽方用自己的设备、技术和劳力，为定作人加工、定作、修理、修缮或完成其他工作，定作人接受承揽人制作的物品或完成的工作成果，并给付报酬的协议。承揽合同包括加工合同、定作合同、修理合同、房屋修缮合同等。

b. 建设工程承包合同。包括勘察、设计、施工、安装等合同。它属于承揽合同的特殊类型。其特殊性表现在：(a) 建设工程承包合同的法律主体具有特定性，主体间具有连带的权利义务关系，合同的履行需要合同当事人双方较长时间的通力协作；(b) 建设工程承包合同具有严格的计划性；(c) 建设工程承包合同是在国家多种形式的监督管理下实施的。

（4）提供服务的合同：

①此类合同的法律特征：

a. 它的标的不是物，而是提供服务（劳务），包括生产和流通领域内所进行的经营和服务，如运输、仓储、保管、居间等，也包括非生产流通领域中所进行的社会服务，如医疗服务、邮电服务、法律事务服务等。

b. 债务人提供的服务不是通过物化的工作成果表现出来的，而只是通过他自己的行为表现出来。

②此类合同常见的种类：

a. 保管合同。也称寄托合同，是指一方在一定期间内为他方保管物品的协议。

b. 委托合同。指当事人双方约定，受托人以委托人的名义在委托权限内为委托人处理事务的协议。

c. 居间合同。指居间人为委托人提供订约的机会或充当订约人的介绍人，由委托人给付报酬的协议。

d. 信托合同。指受信托人以自己的名义，用信托人的费用，为信托人办理购销和寄售事务，并报酬金的协议。

e. 运输合同。指承运人将承运的货物或旅客及行李运送到指定的地点，托运人、旅客则向承运人交付运费的协议。

（5）技术合同：

①此类合同的法律特征：

a. 技术合同的标的是科学技术成果、开发科学技术项目的工作或利用技术为社会提供服务；

b. 它关系到当事人的技术权益，表现在知识产权的保护和技术成果的分享，及由此产生的利益分配、风险责任承担、技术情报保密、侵权行为责任问题；

c. 技术合同发生在科技活动之中，国家扶植技术市场应在财政、信贷、税收、奖励等优惠政策方面贯彻始终。

②此类合同常见的种类：

a. 技术开发合同。指当事人之间就新技术、新产品、新工艺和新材料及其系统的研究开发所订立的合同。

b. 技术转让合同。指当事人就专权利转让、专利申请权转让、专利实施许可，非专利技术的转让所订立的合同。

c. 技术咨询合同。指当事人一方为另一方就特定技术项目提供可行性论证、技术预测、专题技术调查、分析评价报告所订立的合同。

d. 技术服务合同。指当事人一方以技术知识为另一方解决特定技术问题所订立的合同。

（6）涉外经济合同：

①此类合同的法律特征：

a. 涉外经济合同具有涉外因素：包括合同主体一方或双方不具有中国国籍；合同的客体位于中国境外或越过中国国境；合同的某种法律事实发生在国外；

b. 涉外经济合同受国家间政治、经济关系的影响和制约；

c. 涉外经济合同可以选择适用的法律，并受国际条约和国际惯例的调整。

②此类合同常见的种类：就我国现状来看，涉外经济合同包括货物买卖合同、合资经营企业合同、合作经营企业合同、合作勘探开发自然资源合同、信贷合同、租赁合同、技术转让合同、工程承包合同、成套设备供应合同、加工承揽合同、劳务合同、补偿贸易合同、科技咨询或设计合同、担保合同、保险合同、委托代理合同等。

（7）保险合同：

①此类合同的法律特征：

a. 保险方是国家专营的保险公司或其他办理保险业务的法人；

b. 投保方必须与被保险财产有利害关系；

c. 保险方根据保险事故发生的事实履行义务；

d. 保险方承担保险义务以不超过保险金额为限。

②此类合同常见的种类：保险合同是投保方与保险方之间就可能发生的事故承担风险达成的协议。保险合同包括财产保险合同，即以物质财富及其利益为保险标的的协议。还包括人身保险合同，即以人的身体或生命作为标的的合同。

（8）劳动合同：

①此类合同的法律特征：

a. 劳动者加入到劳动单位内部，接受其管理与监督；

b. 劳动单位及时给录用的劳动者分配工作，并支付报酬。

②此类合同常见的种类：劳动合同是劳动者与劳动单位之间关于确立、变更或解除劳动权利和劳动义务关系的协议。常见的劳动合同有录用合同、聘用合同、借调合同、师徒合同等。

（9）行政合同：

①此类合同的法律特征：

a. 合同的当事人一方是行政机关或被授予国家行政权的组织或个人；

b. 订立行政合同的目的在于实现国家行政管理的目标；

c. 订立合同的要约一般由行政主体提出，其内容、形式及变更或解除等事项由相应行政法规规定。

②此类合同常见的种类：

a. 承包经营合同。指发包方和承包方为承包经营国有财产而明确双方权利和义务的协议。

b. 租赁经营合同。指出租方与承租方就企业租赁经营而明确相互权利、义务关系的协议。

（10）合伙、联营合同：

①此类合同的法律特征：

a. 合伙合同、联营合同是当事人之间的直接联系，不是商品交换；

b. 合伙合同、联营合同是当事人为谋求共同利益而达成的协议。

②此类合同的种类：

a. 合伙合同。指两个以上公民约定出资经营共同事业、共同承担风险和分享利益的合同。

b. 联营合同。指两个以上企业、其他经济组织或个人，为了达到一定的经济目的，共同投资、联合从事一定生产经营活动而明确相互权利、义务关系的协议。包括紧密型联营、半紧密型联营、松散型联营、生产联营、产销联营、科工贸联营等多种形式。

3. 经济合同的种类

（1）购销合同。指供方将产品销售给需方，需方接受产品并支付价款的协议。购销合同按其标的可分为工矿产品购销合同和农副产品购销合同两大类；按其购销形式可分为供应合同、采购合同、预购合同、购销结合及协作、调剂等六种合同。

（2）建设工程承包合同。指由承包方（勘察、设计、建筑、安装单位）按期完成发包方（建设单位）交付特定工程项目，发包方按期验收，并支付报酬的协议。建设工程承包合同包括勘察、设计、建筑、安装四种合同。一项建设工程，可以由建设单位分别与一些勘察、设计、建筑、安装单位签订总包合同，也可由建设单位与一个单位签订总包合同，由总包单位与分包单位签订分包合同。

（3）加工承揽合同。指承揽方按照定作方提出的要求完成一定的工作，定作方接受承揽方完成的工作成果并给付约定的报酬的协议。加工承揽合同的范围很广，常见的有加工合同、定做合同、修缮合同、修理合同。

（4）货物运输合同。指承运方将托运方交付的货物安全送到指定地点交给收货人，由托运方给付约定的运费的协议。货物运输合同按其运输方式分为铁路货物运输合同、公路货物运输合同、水上货物运输合同、航空货物运输合同和联合货物运输合同（指由两种或两种以上运输方式的承运方实行联合运输所签订的合同，称为联合运输合同）。

（5）供用电合同。指供电方按照规定标准将电力输送给用电方，用电方按规定用电并给付电费的协议。

（6）仓储保管合同。指保管方对存货方交给的货物进行安全储存，并在存货期限届满时完好地返还所保管的货物，由存货方支付保管费的协议。

（7）财产租赁合同。指出租方将财产交给承租方使用，承租方交付租金，并在租赁期限届满时归还财产的协议。

（8）借款合同。指贷款方（专业银行、综合银行、信用合作社）将货币贷给借款方，借款方按规定用途使用贷款，并按规定期限将本息付给贷款方的协议。贷款根据批准的信贷计划和有关规定发放。一般贷款由工商银行发放，建设工程贷款由建设银行发放，农业贷款由农业银行及信用社发放，外汇借款由中国银行发放。

（9）财产保险合同。指投保方为使自己的财产或利益得到安全保险向保险方支付保险费，保险方在发生保险事故时负赔偿责任的协议。保险合同是通过填具投保单签订的，即由投保方提出投保要求，填写投保单，经与保险方商定交付保险费办法，并经保险方签字盖章后，保险合同即告成立。

二、经济合同的订立

（一）经济合同订立的原则

1. 必须遵循合法原则

《经济合同法》第4条明确规定："订立经济合同，必须遵守法律和行政法规。任何单位和个人不得利用经济合同进行违法活动，扰乱社会经济秩序，损害国家利益和社会公共利益，牟取非法收入"。这一原则要求订立经济合同时，合同内容必须符合法律和政策的规定；合同必须符合法律规定的形式；合同必须具备完备的手续。否则，将按无效合同处理。

2. 必须遵循平等互利、协商一致的原则

《经济合同法》第5条规定："订立经济合同，应当遵循平等互利、协商一致的原则。任何一方不得把自己的意志强加给对方。任何单位和个人不得非法干预"。所谓平等，即指合同当事人在签订经济合同的时候，在法律地位上都应当是平等的，不允许签订"霸王合同"。所谓互利，是指经济合同的签订，应当在不违背国家利益和社会公共利益的基础上，使双方当事人获得对等的经济利益，不允许签订一方得利而另一方受损的经济合同。所谓协商一致是指经济合同当事人应当在平等自愿的基础上就经济合同的主要条款进行充分协商，并最终作出一致的意思表示。任何一方都不得把自己的意思，强加于人，否则，所签订的合同为无效合同。

（二）经济合同订立的程序

订立经济合同的程序，是指订立合同的双方当事人，经过平等协商，就合同内容取得一致意见的过程。这个过程一般包括两个步骤，即要约和承诺。

1. 要约

要约是指当事人一方以订立合同为目的而向对方提出的订立合同的建议或要求，并希望对方接受。在实践中，应注意要约与要约邀请的区别。

2. 承诺

承诺是指当事人一方对要约内容和条件表示完全同意的答复。答复要约的人为承诺人。要约人的要约，一经承诺人承诺，合同即告成立。

（三）经济合同应当具备的主要条款

经济合同的主要条款，也叫经济合同的主要内容，它是指订立合同的双方当事人所达成的协议的具体条款。根据《经济合同法》第12条的规定，经济合同应具备如下条款：

1. 标的

标的是指经济合同双方当事人权利和义务所指向的对象。它既可以是劳务，也可以是建设工程项目，还可以是货物。任何经济合同都必须有标的，且标的还要明确具体，否则，合同将无法履行，也不能成立。

2. 数量和质量

数量和质量是经济合同标的的具体化。数量是标的的计量，是以数字和计量单位来衡量标的的尺度。数量条款的根本作用是确定当事人双方权利义务的大小。关于数量的计算方法，有国家规定的，按国家规定执行；没有国家规定的，按双方当事人商定的方法执行。质量，是标的的质的规定，它通过对标的内在素质和外观形态的综合规定来表明标的具体特征，是产品或行为等的优劣程度的体现，所以，在合同中必须明确规定质量条款。

3. 价款或酬金

价款，是指根据经济合同取得商品的一方向另一方支付的代价。酬金，是指根据经济合同取得劳务或工作成果的一方向另一方支付的报酬。价款或酬金是以货币数量来表示的，因此，除法律、法规另有规定外，都必须用人民币计算和支付。凡国家对产品的价格或劳务的报酬有规定的，应当按照规定办理；国家没有规定的，由当事人双方协商确定价款或酬金。

4. 履行期限、地点和方式

履行期限是指当事人各方按合同规定，全面完成自己合同义务的时间。履行地点是指当事人依照合同规定，完成自己合同义务所处的场所。履行方式是指当事人完成经济合同义务的方式，即当事人以什么方式来履行经济合同所规定的义务。

5. 违约责任

违约责任是指当事人一方或双方，由于自己的过错造成经济合同不能履行或不能完全履行，依照法律、行政法规和经济合同的规定而承受的法律制裁。违约责任是经济合同中不可缺少的重要组成部分。经济合同的内容，除以上基本条款外，凡是根据有关法律、法规或合同性质所必须具备的条款，以及经过双方协商一致必须规定的条款，也是经济合同的主要条款。

（四）经济合同的形式

经济合同的形式是经济合同双方当事人明确相互权利义务关系的方式，是当事人双方意思表示一致的外在表现。在我国，经济合同主要有书面和口头两种形式。

1. 书面形式

经济合同的书面形式是指经济合同当事人双方用文字形式将双方协商一致所达成的协议记录下来的一种形式。《经济合同法》第3条明确规定："经济合同除即时清结者外，应当采用书面形式"。可见，书面形式是我国经济合同的主要形式。

2. 口头形式

经济合同的口头形式是指当事人双方以口头交谈的形式，就经济合同的主要条款协商一致并达成协议。根据《经济合同法》第3条的规定，经济合同的口头形式主要适用于"即时清结的经济合同"，即指双方当事人在签订经济合同的同时，就履行了合同。也就是说，合同的签订、履行和终止几乎是同时进行、同时完成的，三者之间几乎没有间隔日期。

（五）无效经济合同

1. 无效经济合同的概念

无效经济合同是指当事人双方虽然就经济合同主要条款协商一致并签订了"合同"，但该"合同"由于违反了法律、行政法规或损害了国家利益和社会公共利益而事实上并未成立，因而自其签订之时起就不具有任何法律约束力，国家亦不承认和保护，这类徒有其名的"经济合同"就是无效的经济合同。

2. 无效经济合同的种类

（1）违反国家法律和行政法规的合同。

（2）采取欺诈、胁迫等手段所签订的合同。

（3）代理人超越代理权限签订的合同或以被代理人的名义同自己或同自己所代理的其他人签订的合同。

（4）违反国家利益或社会公共利益的合同。

3. 无效经济合同的处理

（1）无效经济合同的确认机构。即由人民法院或仲裁机构确认。

（2）无效经济合同的处理。对于无效经济合同造成的财产后果，应当根据当事人过错大小，按照《经济合同法》第16条的规定，区别不同的情况，以返还财产、赔偿损失和追缴财产三种办法处理。这三种办法既可以根据无效合同的情况同时使用，也可以根据无效合同的情况选择其中一种或两种办法适用。

三、经济合同的履行

（一）经济合同履行的概念和原则

1. 经济合同履行的概念

经济合同的履行，是指合同当事人按照合同规定的条款，全面地、实际地完成自己所承担的义务。

2. 经济合同履行的原则

（1）实际履行原则。是指经济合同依法成立后，当事人双方应当严格按照经济合同规定的标的来完成各自承担的合同义务，不能用其他标的或货币代替合同规定的标的进行履行。

（2）全面履行原则。即指经济合同依法成立后，当事人双方必须严格按照经济合同规定的标的、数量、质量、价金、履行期限、履行地点、履行方式等所有条款全面完成各自承担的合同义务。

（3）协作履行原则。是指经济合同依法成立后，当事人双方应当在团结协作、互相帮助、互相促进的基础上共同完成合同规定的各自义务。

（二）经济合同履行中的几个问题

1. 货币支付的履行规则

（1）除法律或行政法规另有规定外，当事人之间必须用人民币计算和支付。

（2）除国家允许使用现金履行义务外，必须通过银行转帐结算或票据结算。

2. 经济合同履行过程中，国家规定的价格发生变化时的履行规则

《经济合同法》第17条规定："执行国家定价的，在合同规定的交付期限内国家价格调整时，按交付时的价格计价。逾期交货的，遇到价格上涨时，按原价格执行；价格下降时，按新价格执行。逾期提货或逾期付款的，遇价格上涨时，按新价格执行；价格下降时，按原价格执行"。

3. 经济合同某些条款含义不明确时的履行规则

经济合同中出现含义不明确的条款，应首先由当事人双方通过协商来对含糊不清的条款的含义加以明确。如果当事人不能通过协商来解决，根据《经济合同法》及相关法律、法规的规定，可以按照下列方法来执行含义不明确的条款。

（1）质量规定不明确的，有国家强制性质量标准或行业强制性质量标准的，应以不低于国家强制性质量标准或行业强制性标准的标准履行；没有国家强制性质量标准和行业强制性质量标准的，应按同类产品的通常质量标准履行。

（2）履行期限规定不明确的，当事人任何一方都可以随时向对方履行自己承担的义务并随时要求对方履行其承担的义务，但应当给对方以必要的准备时间。

（3）履行地点规定不明确的，交付产品的，通常在供方所在地履行，给付货币的，在接受给付的一方所在地履行；其他标的在履行义务的一方所在地履行。

（4）价款或酬金规定不明确的，有国家规定的价格或酬金标准的，按国家规定的价格或酬金标准履行；无国家规定的价格或酬金标准的，可以参照合同履行地同类物品或同类劳务的市场价格或市场酬金标准履行。

（三）经济合同的担保

1. 经济合同担保的概念

经济合同的担保是指经济合同的双方当事人为了使经济合同能够得到全面按约履行，根据法律、行政法规的规定，经双方协商一致而采取的一种具有法律效力的保证措施。

2. 经济合同担保的形式

（1）保证：

1）保证的概念。保证是指保证人和债权人约定，当债务人不履行债务时，保证人按照约定履行债务或承担责任的行为。

2）保证人。保证人须是具有代为清偿债务能力的人，既可以是法人，也可以是其他组织或公民。下列人不可以作保证人：①国家机关不得作保证人，但经国务院批准为使用外国政府或国际经济组织贷款而进行的转贷除外；②学校、幼儿园、医院等以公益为目的的事业单位、社会团体不得作保证人；③企业法人的分支机构、职能部门不得作保证人，但有法人书面授权的，可在授权范围内提供保证。

3）保证合同。保证人与债权人应当以书面形式订立保证合同。保证合同应包括以下内容：①被保证的主债权种类、数量；②债务人履行债务的期限；③保证的方式；④保证担保的范围；⑤保证的期间；⑥双方认为需要约定的其他事项。

4）保证方式。保证的方式有两种，一是一般保证，一是连带保证。保证方式没有约定或约定不明确的，按连带保证承担保证责任。

①一般保证。是指当事人在保证合同中约定，当债务人不履行债务时，由保证人承担保证责任的保证方式。一般保证的保证人在主合同纠纷未经审判或仲裁，并就债务人财产依法强制执行仍不能履行债务前，对债务人可以拒绝承担保证责任。

②连带保证。是指当事人在保证合同中约定保证人与债务人对债务承担连带责任的保证方式。连带责任保证的债务人在主合同规定的债务履行期届满没有履行债务的，债权人可以要求债务人履行债务，也可以要求保证人在其保证范围内承担保证责任。

5）保证范围及保证期间

①保证范围。包括主债权及利息、违约金、损害赔偿金和实现债权的费用。保证合同

另有约定的，按照约定。当事人对保证范围无约定或约定不明确的，保证人应对全部债务承担责任。

②保证期间。一般保证的担保人与债权人未约定保证期间的，保证期间为主债务履行期间届满之日起六个月。债权人未在合同约定的和法律规定的保证期间内主张权利（仲裁或诉讼），保证人免除保证责任；如债仅人已主张权利的，保证期间适用于诉讼时效中断的规定。连带责任保证人与债权人未约定保证期间的，债权人有权自主债务履行期满之日起六个月内要求保证人承担保证责任。在合同约定或法律规定的保证期间内，债权人未要求保证人承担保证责任的，保证人免除保证责任。

（2）抵押：

1）抵押的概念。抵押是指债务人或第三人不转移对抵押财产的占有，将该财产作为债权的担保。当债务人不履行债务时，债权人有权依法以该财产折价或以拍卖、变卖该财产的价款优先受偿。

2）可以抵押的财产。根据《担保法》第34条的规定，下列财产可以抵押：

①抵押人所有的房屋和其他地上定着物；

②抵押人所有的机器、交通运输工具和其他财产；

③抵押人依法有权处分的国有土地使用权、房屋和其他地上定着物；

④抵押人依法有权处分的机器、交通运输工具和其他财产；

⑤抵押人依法承包并经发包方同意抵押的荒山、荒沟、荒丘、荒滩等荒地土地使用权；

⑥依法可以抵押的其他财产。

3）禁止抵押的财产。《担保法》第37条规定，下列财产不得抵押：

①土地所有权；

②耕地、宅基地、自留地、自留山等集体所有的土地使用权；但第34条第（五）项的乡村企业厂房等建筑物抵押的除外；

③学校、幼儿园、医院等以公益为目的的事业单位、社会团体的教育设施、医疗设施和其他社会公益设施；

④所有权、使用权不明确或有争议的财产；

⑤依法被查封、扣押、监管的财产；

⑥依法不得抵押的其他财产。

有关抵押合同、抵押登记、抵押的效力、抵押权的实现，请参见第六章第五节的有关内容。

（3）质押：

1）质押的概念。质押是指债务人或第三人将其动产或权利移交债权人占有，用以担保债权的履行，当债务人不能履行债务时，债权人依法有权就该动产或权利优先得到清偿的担保。

2）质押的种类。质押包括动产质押和权利质押两种。

①动产质押。动产质押是指债务人或第三人将其动产移交债权人占有，将该动产作为债权的担保。债务人不履行债务时，债权人有权依照法律规定以该动产折价或以拍卖、变卖该动产的价款优先受偿。

②权利质押。权利质押是指出质人将其法定的可以质押的权利凭证交付质权人，以担

保质权人的债权得以实现的法律行为。

3）质押合同

①动产质押合同。出质人和债权人应以书面形式订立质押合同。质押合同自质物移交于质权人占有时生效。质押合同应当包括以下内容：*a.* 被担保的主债权种类数额；*b.* 债务人履行债务的期限；*c.* 质押的名称、数量、质量、状况；*d.* 质押担保的范围；*e.* 质物移交的时间；*f.* 当事人认为需要约定的其他事项。

②权利质押合同。*a.* 以汇票、支票、本票、债券、存款单、仓单、提单出质的，应当在合同的约定期限内将权利凭证交付质权人。质押合同自权利凭证交付之日起生效；*b.* 以依法可以转让的股票出质的，出质人与质权人应订立书面合同，并向证券登记机构办理出质登记。质押合同自登记之日起生效；*c.* 以依法可以转让的商标专用权、专利权、著作权中的财产权出质的，出质人与质权人应当订立书面合同，并向其管理部门办理出质登记。质押合同自登记之日起生效。

（4）留置：

1）留置的概念。是指债权人按照合同约定占有债务人的动产，债务人不按照合同约定的期限履行债务的，债权人有权依法留置该财产，以该财产折价或以拍卖、变卖该财产的价款优先受偿。

2）留置担保范围。包括主债权及利息、违约金、损害赔偿金、留置物保管费用和实现留置权的费用。

3）留置的期限。债权人与债务人应在合同中约定债权人留置财产后，债务人应在不少于两个月的期限内履行债务。债权人与债务人在合同中未约定的，债权人留置债务人财产后，应确定两个月以上的期限，通知债务人在该期限内履行债务。债务人逾期仍不履行的，债权人可与债务人协议以留置物折价，也可以依法拍卖、变卖留置物。留置物折价或拍卖、变卖后，其价款超过债权数额的部分归债务人所有，不足部分由债务人清偿。

（5）定金

1）定金的概念。是指合同当事人一方为了证明合同成立及担保合同的履行在合同中约定应给付对方一定数额的货币。合同履行后，定金或收回或抵作价款。给付定金的一方不履行合同，无权要求返还定金；收受定金的一方不履行合同的，应双倍返还定金。

2）定金合同。定金应以书面形式约定。当事人在定金合同中应该约定交付定金的期限及数额。定金合同从实际交付定金之日起生效；定金数额最高不得超过主合同标的额的20%。

四、经济合同的变更或解除

（一）经济合同变更、解除的含义

1. 经济合同变更的概念

经济合同变更，是指在经济合同尚未履行时或在履行过程中，当事人双方依法达成协议，对原来的合同条款作某些修改、删除或补充。

2. 经济合同解除的概念

经济合同解除，是指在经济合同尚未履行或在履行过程中，经当事人双方依法达成协议，提前终止经济合同。

（二）经济合同变更、解除的条件

1. 当事人双方经协商同意，并且不因此损害国家利益和社会公共利益

经济合同是当事人双方在平等自愿基础上经过协商一致的结果，因此，也应当允许当事人在主客观情况发生变化以后，对原经济合同重新协商，并达成新的意思表示一致，从而适应变化了的情况。当然，当事人对原经济合同重新协商来变更或解除合同，并不是可以置国家的法律、政策于不顾，而是要以不因此损害国家利益和社会公共利益为前提。

2. 由于不可抗力致使经济合同的全部义务不能履行

不可抗力，是指当事人在签订合同时不能预见，对其发生和后果不能避免并不能克服的客观情况，可分为自然现象和社会现象。

经济合同成立后，履行前或履行过程中发生了不可抗力事件，只有当此不可抗力事件确实造成了当事人一方所承担的全部合同义务都不能完成时，才允许当事人一方通知另一方解除合同。如果不可抗力事件只造成了当事人所承担的合同部分义务不能履行或只是需要延期履行，则不允许当事人一方通知另一方解除合同。

3. 由于另一方当事人在合同约定的期限内没有履行合同

经济合同依法成立后，就具有法律约束力，当事人双方理应严格按照合同的约定完成各自承担的全部义务。任何一方不按合同的规定完成自己承担的义务，都会严重影响另一方当事人的经济利益和经济目标的实现。因此，当合同一方当事人在合同约定的期限内未履行合同，守约方即可行使法律赋予其单方解约权。

除上述原因外，都不能成为变更、解除合同的条件。当事人一方发生合并、分立或承办人、法定代表人的变动，均不属于合同变更、解除的范围。

（三）经济合同变更、解除的形式、程序和责任

1. 经济合同变更、解除的形式

经济合同变更或解除，应当采取书面形式（包括文书、电报等）。

2. 经济合同变更、解除的程序

经济合同的变更、解除的程序，与合同订立的程序大体相同。除了当事人协商一致外，经过业务主管部门批准或经过鉴证、公证的合同，在变更或解除合同时也必须按照原来的程序报请批准或备案。

3. 经济合同变更和解除的责任

（1）由当事人双方协商同意变更或解除的经济合同，应由负有责任的一方赔偿对方的损失。

（2）因不可抗力事件造成经济合同的全部义务不能履行，合同因而由单方通知解除的，除双方当事人另有约定外，一般互不赔偿，损失自负。

（3）由于一方违约，使经济合同履行成为不必要而变更或解除经济合同的，违约方应当赔偿对方的损失。

五、违反经济合同的责任

（一）违反经济合同责任的概念

违反经济合同的责任又称经济合同的违约责任，它是指当事人一方或双方，由于过错造成经济合同不能履行或不能完全履行，依照法律、行政法规和经济合同的规定而承受的法律制裁。

（二）承担违约责任的前提和条件

1. 承担违约责任的前提

承担违约责任的前提是有效的经济合同的存在。对于全部无效的经济合同或部分无效经济合同中的无效部分，由于它从订立的时起就没有法律约束力，因此，经济合同的当事人即使违反了它也谈不到承担违约责任的问题。

2. 承担违约责任的条件

（1）要有违约事实的客观存在。即指经济合同的当事人一方（或双方）有不履行或不完全履行经济合同的客观事实。

（2）违约当事人主观上有过错。即在发生违约行为的情况下，谁有过错就由谁承担违约责任；没有过错则不承担违约责任。这里所说的过错是指经济合同的违约方当事人对自己的违约行为及其后果的心理状态，包括故意和过失两种。

（三）承担违约责任的原则

1. 过错责任原则

所谓过错责任原则是指经济合同违约责任的承担必须以违约方当事人主观上有过错为要件，没有过错，当事人一方即使有不履行或不完全履行合同的行为也不承担违约责任。

2. 赔偿实际损失的原则

《经济合同法》第 31 条规定："当事人一方违反经济合同时，应向对方支付违约金。如果由于违约已给对方造成的损失超过违约金的，还应进行赔偿，补偿违约金的不足部分。对方要求继续履行合同的，应继续履行。"可见，经济合同中发生违约行为时，过错违约方应对一切由于违约已给对方造成的损失进行赔偿，即对受害方当事人因自己单方违约行为所造成的一切实际损失进行赔偿。

3. 违约责任与经济利益相联系的原则

坚持违约责任与经济利益相联系的原则，客观上要求违约方当事人用作承担违约责任的那部分费用（主要是违约金和赔偿金的支出）必须从其自身依法可以自由支配的留用资金中支出，并且应当首先从违约方当事人用于本单位的集体福利和奖励的留用资金中支出。只有这样，才能把违约方当事人违约责任与其自身的经济利益相挂钩，从而使其接受教训，避免违约行为的再次发生。

（四）承担违约责任的方式

1. 支付违约金

违约金是经济合同的当事人一方（或双方）因过错不履行或不完全履行经济合同时，按照法律、行政法规或合同的规定，支付给对方一定数额的货币。它有法定违约金和约定违约金之分，并且根据违约造成的损失情况不同，又呈现出惩罚性与补偿性的双重性质。

2. 赔偿损失

赔偿损失是指经济合同的当事人一方（或双方）因自己的过错违反经济合同而给对方造成损失，在法律或合同没有规定违约金或违约金不足以弥补损失时，依法向对方支付一定的补偿费，以弥补受害方当事人所遭受的损失。

《经济合同法》除了规定支付违约金和赔偿损失这两种主要违约责任形式外，还规定了其他承担违约责任的方式，如继续履行、单方解除合同等。

第二节　建设工程合同法律规范

一、建设工程合同法律规范概述

（一）建设工程合同的概念

建设工程合同，也叫建设工程承包合同，包括勘察、设计合同，建筑、安装工程合同。建设工程合同是指建设单位（发包方或业主）与勘察设计、建筑安装（承包方或承包商）依据国家规定的工程项目建设程序，以完成建设工程为内容，明确双方权利和义务的协议。建设工程合同可以是总承包单位与建设单位签订的总包合同，也可以是几个承包单位与建设单位分别签订的合同。建设工程合同是《中华人民共和国经济合同法》规范的一种经济合同，它除具有经济合同的法律特征外，还具有如下特征：

（1）建设工程合同的主体（签订合同的当事人）有特定要求。建设工程合同的基本主体，一方是建设单位（业主），另一方是勘察、设计、施工、安装单位（承包商），应当具有法人资格。勘察、设计、施工、安装单位，必须具有法律规范的权利能力和行为能力，即必须是经国家主管部门审查、批准，具有相应资质条件，在当地工商行政管理机关进行登记并领取营业热照的经济实体。只有具备权利能力和行为能力，才有资格签订建设工程合同。

（2）建设工程合同的标的，是某项特定的建设工程。建设工程是特定的工程项目，投资大、周期长、不可移动，规模和质量都有特定要求。

（3）建设工程合同直接或间接受国家计划的影响和制约。我国处于社会主义初级阶段，实行社会主义市场经济离不开国家计划的宏观调控。工程项目投资大，周期长，见效慢，这就决定了建设工程合同必须按受国家计划的调整。

（4）建设工程合同的签订和履行要接受国家有关机构的监督与管理。如投资银行的投资管理，质量政府监督与责任制度的规范，推行建设工程监理制度和实施建筑许可证制度等。

（5）建设工程合同主体之间具有严密的协作性，主体间有连带的权利义务关系。建设工程合同涉及面广，不仅需要勘察、设计、施工、安装等单位的密切协作，同时需要业主与承包商通力协作，密切配合，共同完成建设工程合同明确的工程建设任务。

（二）建设工程合同的法律规范

1. 规范建设工程合同的法律

建设工程合同是经济合同的一种。《中华人民共和国经济合同法》是建设工程合同适用的基本法律。即将颁布的《中华人民共和国建筑法》也是调整建设工程合同的重要法律之一。《中华人民共和国民法通则》等相关法律也调整建设工程合同。在涉外建设工程承包中，《中华人民共和国涉外经济合同法》也是调整建设工程合同的重要法律。

2. 规范建设工程合同的行政法规

依据《中华人民共和国经济合同法》的有关规定，国务院颁布了《建设工程勘察设计合同条例》、《建筑安装工程承包合同条例》，这是规范建设工程合同的行政法规。同时，有关部门颁布的建设工程招标投标条例、建设工程质量管理办法等行政法规也是调整建设工程合同的重要法规。

3. 规范建设工程合同的地方性法规及规章

各省、自治区、直辖市等享有立法权的人民代表大会和人民政府，为规范本区域建设工程合同，结合当地具体情况，制定了大量的地方性法规及规章，规范本辖区的建设工程合同，如《四川省经济合同管理条例》、《北京市经济合同管理办法》等。

4. 规范建设工程合同的示范文本及格式合同

为规范建设工程合同，更好地适应建设业的活动，建设部会同国家工商行政管理局颁发了建设工程合同示范文本（如《建设工程施工合同条件》、《建设工程施工合同协议条款》）。为使建设工程合同订立的规范，切实保护当事人的合法权益，有关部门还推出了大量的建设工程格式合同，如"勘察合同样本"、"设计合同样本"、"建筑工程承包合同样本"等，合同示范文本及相应的格式合同，在规范建设业活动中发挥了重要的作用。

二、建设工程勘察、设计合同

（一）建设工程勘察、设计合同的概念

建设工程勘察、设计合同是指委托方与承包方为完成特定的勘察、设计任务，明确相互权利义务关系的协议。建设单位或建设工程承包单位称为委托方，勘察、设计单位称为承包方。建设工程勘察、设计合同作为建设工程合同的形式，具有建设工程合同的法律特征。

建设工程勘察、设计合同的法律依据是《中华人民共和国经济合同法》和《建设工程勘察、设计合同条例》等法律、法规。

（二）建设工程勘察、设计合同的订立

1. 建设工程勘察、设计合同的主体资格

建设工程勘察、设计合同的主体一般应是法人。承包方承揽建设工程勘察、设计任务必须具有相应的权利能力和行为能力，必须持有国家颁发的勘察、设计证书。发包方应当持有上级主管部门批准的设计任务书等合同文件。

2. 建设工程勘察、设计合同订立的形式与程序

建设工程勘察、设计任务通过招标或设计方案的竞投确定勘察、设计单位后，要遵循工程项目建设程序，签订勘察、设计合同。

签订勘察合同，由建设单位、设计单位或有关单位提出委托，经双方协商同意，即可签订。签订设计合同，除双方协商同意外，还必须具有上级机关批准的设计任务书。小型单项工程必须具有上级机关批准的设计文件。如果单独委托施工图设计任务，应同时具备经有关部门批准的初步设计文件方能签订。

建设工程勘察、设计合同必须采用书面形式，并参照国家推荐使用的示范文本签订。

3. 建设工程勘察、设计合同应当具备的主要条款

（1）建设工程名称、规模、投资额、建设地点；

（2）委托方提供资料的内容、技术要求及期限，承包方勘察的范围、进度和质量，设计的阶段、进度、质量和设计文件份数；

（3）勘察、设计取费的依据，取费标准及拨付办法；

（4）违约责任；

（5）其他约定条款。

（三）建设工程勘察、设计合同的履行

建设工程勘察、设计合同属于双务合同，当事人都享有合同规定的权利，同时都承担和履行一定的义务。

1. 委托方的义务

委托方的义务是指由委托方负责提供资料的内容、技术要求、期限以及应承担的准备工作和服务项目。

(1) 向承包方提供开展勘察、设计工作所需的有关基础资料，并对提供的时间、进度与资料的可靠性负责。

委托勘察工作的，在勘察工作开始前，委托方应向承包方提交由设计单位提供，经建设单位同意的勘察范围的地形图和建筑平面布置图各一份，提出由建设单位委托、设计单位填写的勘察技术要求及附图。委托初步设计的，在初步设计前，委托方应在规定的日期内向承包方提供经过批准的设计任务书、选址报告以及原料（或经过批准的资源报告）、燃料、水、电、运输等方面的协议文件和能满足初步设计要求的勘察资料、经科研取得的技术资料。委托施工图设计的，在施工图设计前，应提供经过批准的初步设计文件和能满足施工图设计要求的勘察资料、施工条件以及有关设备的技术资料。

(2) 在勘察、设计人员进入现场作业或配合施工时，应负责必要的工作和生活条件。

(3) 委托方应负责勘察现场的水电供应、平整道路、现场清理等工作，以保证勘察工作的开展。

(4) 委托方应明确设计范围和深度，并负责及时向有关部门办理各设计阶段设计文件的审批工作。

(5) 委托方配合引进项目的设计，从询价、对外谈判、国内外技术考察直到建成投产的各个阶段，都应通知承担有关设计的单位参加。

(6) 按照国家有关规定和合同的约定给付勘察、设计费用。

(7) 勘察、设计合同生效后，委托方应向承包方交付定金。勘察任务的定金为勘察费的30%，设计任务的定金为估算的设计费的20%。勘察、设计合同履行后，定金抵作勘察、设计费。

(8) 维护承包方的勘察成果和设计文件，不得擅自修改，不得转让给第三人重复使用。

(9) 合同中含有保密条款的，委托方应承担设计文件的保密责任。

2. 承包方的义务

(1) 勘察单位应按照现行的标准、规范、规程和技术条例，进行工程测量和工程地质、水文地质等勘察工作，并按合同规定的进度、质量要求提交勘察成果。对于勘察工作中的漏项应及时予以勘察，对于由此多支出的费用应自行负担并承担由此造成的违约责任。

(2) 设计单位要根据批准的设计任务书、可行性研究报告或上一阶段设计的批准文件，以及有关设计的技术经济文件、设计标准、技术规范、规程、定额等提出勘察技术要求，进行设计并按合同规定的埋度和质量要求，提交设计文件（包括概预算文件、材料设备清单）。

(3) 初步设计经上级主管部门审查后，在原定任务书范围内的必要修改，由设计单位负责。原定任务书有重大变更而重作或修改设计时，须具有设计审批机关或设计任务书批准机关的意见书，经双方协商，另订合同。

(4) 设计单位对所承担设计任务的工程项目，应配合施工，进行设计技术交底，解决施工过程中有关设计的问题，负责设计变更和修改预算，参加试车考核及工程竣工验收。对于大中型工业项目和复杂的民用工程应派现场设计代表，并参加隐蔽工程验收。

（四）设计的修改和停止

（1）设计文件批准后，不得任意修改和变更。如果必须修改，也需经有关部门批准，其批准权限，视修改的内容所涉及的范围而定。

（2）委托方因故要求修改工程设计，经承包方同意后，除设计文件的提交时间另定外，委托方还应按承包方实际返工修改的工作量增付设计费。

（3）原定设计任务书或初步设计如有重大变更而需重做或修改设计时，须经设计任务书或初步设计批准机关同意，并经双方当事人协商后另订合同。委托方负责支付已经进行了的设计的费用。

（4）委托方因故要求中途停止设计时，应及时通知承包方，已付的设计费不退，并按该阶段实际所耗工时，增付和结清设计费，同时结束合同关系。

（五）勘察、设计费的数量与拨付办法

1. 勘察费

勘察工作的取费标准按照勘察工作的内容确定。其具体标准和计算办法依据国家有关规定执行，也可在国家指导下，承、发包方在合同中加以约定，勘察费用一般按实际完成的工作量收取。

勘察合同订立后，委托方应向承包方支付定金，定金金额为勘察费的30％；勘察工作开始后委托方应向承包方支付勘察费的30％；全部勘察工作结束后，承包方按合同规定向委托方提交勘察报告书和图纸，委托方收取资料后，在规定的期限内按实际勘察工作量付清勘察费。对于特殊工程可适当提高勘察费用。

2. 设计费

设计工程的取费标准，一般应根据不同行业、不同建设规模和工程内容的繁简程度制定不同的收费定额，再根据这些定额来计算收取的费用。设计合同订立后，委托方应向承包方支付相当于设计费的20％作为定金，设计合同履行后，定金抵作设计费。设计费用其余部分的支付由双方共同商定。勘察、设计费的支付方式，根据《中华人民共和国经济合同法》的规定，须通过银行转帐结算，必须在合同中明确。合同中还须明确勘察、设计费的支付期限。

（六）违约责任

1. 委托方的违约责任

（1）委托方若不履行合同，定金不予返还；

（2）由于变更计划，提供的资料不准确，未按期提供勘察、设计工作必需的资料或工作条件，因而造成勘察、设计工作的返工、窝工、停工或修改设计时，委托方应按承包方实际消耗的工作量增付费用。因委托方责任造成重大返工或重做设计时，应另增加勘察、设计费；

（3）勘察、设计的成果按期、按质、按量交付后，委托方要依照法律、法规的规定和合同的约定，按期、按量交付勘察费、设计费。委托方未按合同规定或约定的日期交付费用时，应偿付逾期的违约金。偿付办法与金额，由双方按照国家有关规定来协商确定。

2. 承包方的违约责任

（1）因勘察、设计质量低劣引起返工，或未按期提交勘察、设计文件，拖延工期造成损失的，由承包方继续完善勘察、设计，并视造成的损失、浪费的大小，减收或免收勘察、设计费；

（2）对于因勘察、设计错误而造成的工程重大质量事故的，承包方除免收损失部分的勘察、设计费外，还应付与直接损失部分勘察、设计费相当的赔偿金；

（3）承包方不履行合同，应当双倍返还定金。

（七）勘察、设计合同的索赔

勘察、设计合同一旦签订，双方当事人要恪守合同，当因一方当事人的责任使另一方当事人的权益受到损害时，受损方可以向责任方提出索赔要求，以补偿经济上遭受的损失。

1. 承包方向委托方提出索赔的情由

（1）委托方不能按合同要求准时提交满足设计要求的资料，致使承包方设计人员无法正常开展设计工作，承包方可提出合同价款和合同工期索赔；

（2）委托方在设计中途提出变更要求，承包方可提出合同价款和合同工期索赔；

（3）委托方不按合同规定支付价款，承包方可提出合同违约金索赔；

（4）因其他原因属委托方责任造成承包方利益损害时，承包方可提出合同价款索赔。

2. 委托方向承包方提出索赔的情由

（1）承包方不能按合同约定的时间完成设计任务，致使委托方因工程项目不能按期开工造成损失，可向承包方提出索赔；

（2）承包方的勘察、设计成果中出现偏差或漏项等，致使工程项目施工或使用时给委托方造成损失，委托方可向承包方索赔；

（3）承包方完成的勘察、设计任务深度不足致使工程项目施工困难，委托方也可提出索赔；

（4）因承包方的其他原因造成委托方损失的，委托方可以提出索赔。

三、建设工程施工合同

（一）建设工程施工合同概述

1. 建设工程施工合同的概念

建设工程施工合同是发包方（建设单位或总包单位）和承包方（施工单位）为完成特定的建筑安装工程任务，明确相互权利义务关系的协议。建设工程施工合同是建筑、安装合同的合称。建设工程施工合同是建设工程合同的一种形式。因此，建设工程合同的法律特征即是建设工程施工合同的法律特征。

2. 签订建设工程施工合同的条件

（1）初步设计和总概算已经批准；

（2）投资已列入国家和地方工程项目建设计划，建设资金已落实；

（3）有满足承包要求的设计文件和技术资料；

（4）建筑场地、水源、电源、气源、运输道路已具备或在开工前完成；

（5）材料和设备的供应能保证工程连续施工；

（6）合同当事人应当具有法人资格；

（7）合同当事人双方均具有履行合同的能力。

（二）建设工程施工合同的订立

1. 建设工程施工合同的主体资格

建设工程施工合同的主体可以是建筑单位、安装单位、国家机关、企业事业单位、社会团体、农村集体经济组织及个体工商户等。作为建设工程施工合同的主体，签订建设工程施工合同必须具有合法资格，应当具有履行合同的能力。

2. 建设工程施工合同的形式与程序

凡列入国家计划内的工程项目，必须按照国家规定的工程项目建设程序和国家批准的投资计划签订合同。对于单项工程较多，施工期较长的建设工程施工合同，应根据国家计划和批准的初步设计、总概算签订合同，进行施工准备；然后，再根据批准的年度计划、施工图和预算（或技术设计和修正概算）签订具体承包合同，进行施工。如果施工准备工作量较大，又有条件作施工准备的，双方可以先签订施工准备合同，据此进行施工准备工作并应限期补签承包合同。建设工程施工合同必须采取书面形式，并应办理合同鉴证，得到建设行政主管部门的批准。

3. 建设工程施工合同应具备的主要条款

(1) 工程名称和地点；

(2) 建设工期，中间交工工程开、竣工时间；

(3) 工程质量；

(4) 工程造价；

(5) 承包工程的预付金、工程进度款及工程决算的支付时间与方式；

(6) 材料和设备的供应责任；

(7) 当一方提出迟延开工日期或中止工程的全部或一部分时，有关工期变更、承包金额变更或损失的承担及估算方法；

(8) 由于价格变动而变更承包金额或工程内容的规定和估算方法；

(9) 交工验收；

(10) 违约责任；

(11) 合同争议的解决方式；

(12) 其他约定条款。

(三) 建设工程施工合同的履行

1. 发包方的义务

(1) 办理土地征用、青苗树木赔偿、房屋拆迁、清除地面、架空和地下障碍等工作，使施工场地具备施工条件，并在开工后继续负责解决以上事项遗留问题；

(2) 将施工所需水、电、电讯线路从施工场地外部接至协议条款约定地点，并保征施工期间的需要；

(3) 开通施工场地与城乡公共道路的通道，以及协议条款约定的施工场地内的主要交通干道，保证其畅通，满足施工运输的需要；

(4) 向承包方提供施工场地的工程地质和地下管网线路资料，保证数据真实准确；

(5) 办理施工所需各种证件、批件和临时用地、占道及铁路专用线的审报批准手续（证明承包商自身资质的证件除外）；

(6) 将水准点与坐标控制点以书面形式交给承包方，并进行现场交验；

(7) 组织承包方和设计单位进行图纸会审，向承包商进行设计交底；

（8）协调处理对施工现场周围地下管线和邻近建筑物、构筑物的保护，并承担有关费用。发包方不按合同约定完成以上工作造成延误，应承担由此造成的经济支出，赔偿承包方有关损失，工期也应相应顺延。

2. 承包方的义务

（1）在设计资格证书允许的范围内，按发包方的要求完成施工组织设计或与工程配套的设计，经发包方批准后使用；

（2）向发包方提供年、季、月工程进度计划及相应进度统计报表和工程事故报告；

（3）按工程需要提供和维修非夜间施工使用的照明、看守、围拦和警卫等，如承包方未履行上述义务造成工程、财产和人身伤害，由承包方承担责任及所需的费用；

（4）按协议条款约定的数量和要求，向发包方提供在施工现场办公和生活的房屋及设施，发生的费用由发包方承担；

（5）遵守地方政府和有关部门对施工场地交通和施工噪音等管理规定，经发包方同意后办理有关手续，发包方承但由此发生的费用，因承包方责任造成的罚款除外；

（6）已竣工工程未交付发包方之前，承包方按协议条款约定负责已完工程的成品保护工作，保护期间发生损坏，承包方自费予以修复。要求承包方采取特殊措施保护的单位工程部位和相应经济支出，在协议条款内约定。发包方提前使用后发生损坏的修理费用，由发包方承担；

（7）按合同的要求做好施工现场地下管线和邻近建筑物、构筑物的保护工作；

（8）保征施工现场清洁符合有关规定，交工前清理现场达到合同文件的要求，承担因违反有关规定造成的损失和罚款（合同签订后颁发的规定和非承包方原因造成的损失和罚款除外）。承包方不履行上述各项义务，造成工期延误和工程损失，应对发包方的损失给予赔偿。

（四）建设工程施工合同的违约责任

1. 发包方的责任

（1）未能按照合同的规定履行应负的责任。除竣工日期得以顺延处，还应赔偿承包方因此发生的实际损失；

（2）工程中途停建、缓建或由于设计变更以及设计错误造成的返工，应采取措施弥补或减少损失，同时，赔偿承包方由此而造成的停工、窝工、返工、倒运、人员和机械设备调迁、材料和构件积压的实际损失；

（3）工程未经验收，发包方提前使用或擅自动用，由此而发生的质量或其他问题由发包方承担责任；

（4）超过合同规定日期验收，按合同违约责任条款的规定偿付逾期违约金；

（5）不按合同规定拨付工程款，按银行有关延期付款办法或工程价款结算办法的有关规定处理。

2. 承包方的责任

（1）工程质量不符合合同规定的，负责无偿修理或返工。由于修理或返工造成逾期交付的，偿付逾期违约金；

（2）工程交付时间不符合合同规定，按合同中违约责任条款的规定偿付逾期违约金；

（3）由于承包方的责任，造成发包方提供的材料、设备等丢失或损坏，应负赔偿责任。

（五）建设工程施工合同的索赔

1. 索赔的概念

索赔是指当事人在合同实施过程中，根据法律、合同规定及惯例，对并非由于自己的过错，而是属于应由对方承担责任的情况造成，且实际发生了损失，向对方提出给予补偿或赔偿的权利要求。索赔可以是承包商向业主索赔，也可以是业主（发包方）向承包商提出的索赔，一般将前者称为索赔，后者称为反索赔。

2. 常见的承包商提出索赔的事件

（1）工程地质与合同规定不符，出现异常情况；

（2）业主或监理工程师发布指令改变原合同规定的施工顺序，打乱施工部署；

（3）工程变更。增加、减少或删除部分工程或提高工程质量标准，提高装饰标准的；

（4）由于设计变更、设计错误造成工程修改、报废、返工、窝工等；

（5）物价大幅度上涨，造成材料价格、工人工资大幅度上涨；

（6）国家法令和计划修改。

3. 索赔的依据

（1）招标文件、施工合同文本及附件，其他各种签约，经认可的工程实施计划、各种工程图纸、技术规范等；

（2）双方的往来信件；

（3）各种会谈纪要；

（4）施工进度计划和具体的施工进度安排；

（5）施工现场的有关文件；

（6）工程照片；

（7）气象资料；

（8）工程检查验收报告和各种技术鉴定报告；

（9）工程中送停电、道路开通和封闭的记录和证明；

（10）官方的物价指数、工资指数；

（11）各种会计核算资料；

（12）建筑材料的采购、订货、运输、进场、使用方面的凭据；

（13）国家有关法律、法规、政策文件；

（六）建设工程施工合同示范文本

1991年，建设部、国家工商行政管理局制定了《建设工程施工合同示范文本》。《示范文本》由"建设工程施工合同条件"和"建设工程施工合同协议条款"两部分组成，基本适用于各类公用建筑、民用住宅、工业厂房、交通设施及线路管道的施工和设备安装。《合同条件》和《协议条款》的内容分别对应的41条可分为依据性条款、责任性条款、程序性条款和约定性条款。《建设工程施工合同示范文本》比较科学、合理，对于保证工程质量、工期效益，对于提高企业的管理水平，保证合同的正确全面履行，有着重要的作用。国家法律规定，签订建设工程合同要参照使用国家推荐使用的示范文本。依据示范文本制作的建设工程格式合同，我们要认真应用。

（七）建设工程施工合同的管理

为适应建立社会主义市场经济体制需要，加强建筑市场管理，确保市场秩序正常，保护建设工程施工合同当事人的合法权益，依据国家法律、法规，建设部于1993年发布了《建设工程施工合同管理办法》，规范建筑工程施工合同的管理内容。

1. 各级政府建设行政主管部门对施工合同的管理

（1）宣传贯彻国家有关经济合同方面的法律、法规和方针政策；

（2）贯彻国家制订的施工合同示范文本，并组织推行和指导使用；

（3）组织培训合同管理人员，指导合同管理工作，总结交流工作经验；

（4）对施工合同签订进行审查、监督，检查合同履行，依法处理存在的问题，查处违法的行为：

（5）制订签订和履行合同的考核指标，并组织考核；表彰先进的合同管理单位；

（6）确定损失赔偿范围；

（7）调解施工合同纠纷。

2. 业主（发包方）对施工合同的管理

业主派员或聘请监理人员对合同进行管理。

3. 承包方对施工合同的内部管理

（1）制订合同管理办法，建立严格制度，设专门人员负责合同管理；

（2）向工地派驻具备相应资质、熟悉合同的管理人员；

4. 建设行政管理部门或其授权机关对施工合同的审查

发包方在施工合同正式签订前，将双方协商一致的合同草案，送交建设行政主管部门或其授权机构审查，审查的主要内容：

（1）是否具有违反法律、法规和违反合同签订原则的条款；

（2）双方是否具备相应资质和履行合同的能力；

（3）有无损害国家、社会和第三者利益的条款；

（4）是否具备签订合同的必要条件；

（5）合同条款是否完备，内容是否详尽准确；

（6）双方驻工地代表是否具备规定的资质条件；

（7）工期、质量和合同价款等条款是否合法、得当。

四、建设工程涉及的其他合同

（一）工矿产品购销合同

1. 工矿产品购销合同的概念

工矿产品购销合同是指当事人为完成工业品生产和工业品生产资料的购销活动而明确权利义务的协议。

工业品生产资料通常称为物资，即由工矿企业生产用于再生产的原材料、燃料和机电设备等，如钢材、有色金属及其制品、木材、水泥、煤炭、石油、化工原料以及各种机电设备、电工产品、工具等。

工业品生产资料是指工矿企业生产用于满足人们物质文化生活需要的日用工业消费品。如日用百货、针纺织品、文化用品、民用五金、交电器材、家用电器、民用化工品等。

工矿产品购销合同是联结工矿产品的生产、分配、交换、消费等各个环节经济活动的纽带，它是经济活动中最基本、最常见的一种主要合同形式，在日常经济中占有很重要的地位。

2. 工矿产品购销合同应具备的主要条款

根据《经济合同法》和工矿产品购销合同条例的规定，签订工矿产品购销合同应当具备如下条款：

(1) 产品的名称（注明牌号或商标）、品种、型号、规格、等级、花色；

(2) 产品的技术标准（含质量要求）；

(3) 产品的数量和计量单位；

(4) 产品的包装标准和包装物的供应与回收；

(5) 产品的交货单位、交货方法、运输方式、到货地点（包括专用线、码头）；

(6) 接（提）货单位或接（提）货人；

(7) 交（提）货期限；

(8) 验收的方法；

(9) 产品的价格；

(10) 结算方式、开户银行、帐户名称、帐号、结算单位；

(11) 违约责任；

(12) 解决合同纠纷的方式；

(13) 当事人协商同意的其他事项。

(二) 加工承揽合同

1. 加工承揽合同的概念

加工承揽合同是指承揽方按照定做方的要求完成一定的工作，定做方接受承揽方完成的工作成果，并给予约定报酬的协议。

加工承揽合同是社会经济往来中运用得比较广泛的一种合同，其种类繁多，涉及面广泛，常见的加工承揽合同有：加工合同、定做合同、修缮合同、修理合同、印刷合同、广告合同、测绘合同。

2. 加工承揽合同应具备的主要条款

根据《经济合同法》和《加工承揽合同条例》的规定，签订加工承揽合同应当具备如下条款：

(1) 加工承揽的品名或项目；

(2) 数量、质量、包装、加工方法；

(3) 原材料的提供以及规格、数量、质量；

(4) 价款或酬金；

(5) 履行期限、地点和方式；

(6) 验收标准和方法；

(7) 结算方法、开户银行和帐号；

(8) 解决合同纠纷的方式；

(9) 违约责任；

(10) 双方约定的其他事项。

(三) 借贷合同

1. 借贷合同的概念

借贷合同是指贷款方将一定数量的货币交付给借款方，借款方在约定的期限内将同等数量的货币及利息返还给贷款方而明确相互权利义务关系的协议。

借贷合同可分为：固定资产借贷合同、流动资产借贷合同、信托资金借贷合同、委托资金借贷合同、资金拆借合同、信用借贷合同、担保借贷合同等。

2. 借贷合同应具备的主要条款

根据《经济合同法》和《借款合同条例》的规定，签订借贷合同应当具备如下条款：

(1) 贷款的种类；

(2) 贷款的金额；

(3) 贷款的用途；

(4) 贷款的期限；

(5) 贷款的利率；

(6) 还款的方式；

(7) 保证；

(8) 违约责任；

(9) 争议解决的方式；

(10) 当事人双方商定的其他条款．

(四) 保险合同

1. 保险合同的概念

保险合同是指投保人与保险人以约定保险、权利义务关系的协议。

投保人是保险财产的所有人或者经营管理人或者是对保险标的有保险利益，与保险人签订保险合同，并按照保险合同负有支付保险费义务的人。

保险人是指与投保人签订保险合同，收取保险费用，在保险事故发生后承担赔偿责任或在约定期限届满时支付保险金的保险公司。

投保人与保险人签订保险合同应当遵循公平互利、协商一致、自愿订立的原则，不得损害社会公共利益。除法律、行政法规规定必须保险的外，保险公司和其他单位不得强制他人订立保险合同。保险合同可划分财产保险合同和人身保险合同两大类。

2. 保险合同应当具备的主要条款

根据《经济合同法》和《保险法》的规定，签订财产保险合同应当具备如下条款：

(1) 保险人名称和住所；

(2) 投保人、被保险人名称和住所，以及人身保险的受益人的名称和住所；

(3) 保险标的；

(4) 保险责任和责任免除；

(5) 保险期间和保险责任开始时间；

(6) 保险价值；

(7) 保险金额；

(8) 保险费以及支付办法；

(9) 保险金赔偿或者给付办法；

(10) 违约责任和争议处理；

(11) 订立合同的年、月、日。

(五) 技术合同

1. 技术合同的概念

技术合同是指法人之间、法人和公民之间以及公民之间就技术开发、技术转让、技术咨询和技术服务所订立的明确权利义务关系的协议。技术合同包括四种：

(1) 技术开发合同。是指当事人之间就新技术、新产品、新工艺和新材料及其系统的研究开发所订立的合同。

(2) 技术转让合同。是指当事人之间就专利权转让、专利申请转让、专利实施许可、非专利技术转让所订立的合同。

(3) 技术咨询合同。是指当事人一方为另一方就特定的技术项目提供可行性论证、技术预测、专项技术调查、分析评价报告所订立的合同。

(4) 技术服务合同。是指当事人之间一方以技术知识为另一方解决特定技术问题所订立的合同，不包括建筑工程的勘察、设计、施工、安装合同和加工承揽合同。

2. 技术合同应具备的主要条款

根据（技术合同法）的规定，签订技术合同根据不同的种类，应具备如下条款：

(1) 技术开发合同应具备的主要条款：

1) 技术名称；

2) 标的的技术内容、形式和要求；

3) 研究开发计划；

4) 研究开发经费或者项目投资的数额及其支付、结算方式；

5) 利用研究开发经费购置的设备、器材、资料的财产权属；

6) 履行的期限、地点和方式；

7) 技术情报和资料的保密；

8) 风险责任的承担；

9) 技术成果的归属和分享；

10) 验收的标准和方法；

11) 报酬的计算和支付方式；

12) 违约金或者损失赔偿额的计算方法；

13) 技术协作和技术指导的内容；

14) 争议的解决方法；

15) 名称和术语的解释。

(2) 技术转让合同应具备的主要条款：

1) 项目名称；

2) 发明创造名称和内容的性质；

3) 专利申请日、申请号、专利号和专利权的有限期限；

4) 专利实施和实施许可的情况；

5) 技术情报和资料的清算；

6) 价款及支付方式；

7) 违约金或者损失赔偿额的计算方法；

8) 争议的解决方法；

9) 基于技术转让合同的不同形式当事人约定的其他条款。

（3）技术咨询合同应具备的主要条款：

1）项目名称；

2）咨询的内容、形式和要求；

3）履行期限、地点和方式；

4）委托方的协作义务；

5）技术情报和资料的保密；

6）验收、评价方法；

7）报酬及支付方式；

8）违约金或者损失赔偿额的计算方法；

9）争议的解决方法。

（4）技术服务合同应具备的主要条款：

1）项目名称；

2）服务内容、方式和要求；

3）履行期限、地点和方式；

4）工作条件和协作事项；

5）验收标准和方式；

6）报酬及其支付方式；

7）违约金及损失赔偿额的计算方法；

8）争议的解决方法。

（六）货物运输合同

1. 货物运输合同的概念

货物运输合同是指托运人和承运人之间，为完成一定的货物运输任务，明确相互权利义务关系的协议。

托运人是指请求运送货物的人，承运人是指运送货物的人。

货物运送合同主要是指铁路、公路、水路和航空、联合运输五种运输合同。

（1）什么是铁路货物运输合同。是指铁路运输部门（承运人）与托运人为完成特定的货物运输任务而明确相互权利义务关系的协议。

（2）什么是公路货物运输合同。是指经营公路货物运输的承运人与托运人为实现特定的货物运输任务而明确权利义务关系的协议。

（3）什么是水路货物运输合同。是指经营水路货物运输的承运人与托运人之间为实现特定的货物运输任务而明确权利义务关系的协议。

（4）什么是航空货物运输合同。是指经营航空运输的承运人与托运人为实现特定的货物运输任务而明确权利义务关系的协议。

（5）什么是联合货物运输合同。是指两个（或两个以上）承运人采用不同运输方式，通过衔接运送，把货物安全运送制定地点，托运人支付各种承运人运输费用，明确权利义务关系的协议。

2. 货物运输合同应具备的主要条款

（1）铁路货物运输合同应具备的主要条款：

1）托运人和收货人的名称；

2）发站和到站；

3）货物名称、包装及标志；

4）货物重量、件属；

5）车种和车数；

6）承运期限；

7）运输费用；

8）违约责任；

9）双方约定的其他事项．

（2）公路货物运输合同应具备的主要条款：

1）货物的名称、性质、体积、数量及包装标准；

2）货物起运和到运地点、运费、收发货人名称及详细地址；

3）运输质量及安全要求；

4）货物运卸责任和方法；

5）货物的交接手续；

6）运杂费计算标准及计算方式；

7）货物运输的起止日期；

8）违约责任；

9）双方约定的其他条款。

（3）水路运输合同应具备的主要条款：

1）货物名称；

2）货物托运人和收货人的名称；

3）起运港和到运港，海、江、河联运货物应载明装港；

4）货物重量，按体积计算的货物应载明体积；

5）违约责任；

6）双方约定的其他要求。

（4）航空货物运输合同应具备的主要条款（略）。

（5）联合货物运输合同应具备的主要条款（见具体合同条款）。

（七）仓储保管合同

1．仓储保管合同的概念

仓储保管合同是指根据双方当事人的约定，一方为他方提供仓储保管服务，明确双方权利义务关系的协议。

在仓储保管合同中，拥有货物所有权的一方为存货方，接受保管交存货物的一方为保管方。仓储保管合同的标的物仅限于动产、不动产，如土地、房屋等一般不能作为仓储保管合同的标的物。

2．仓储保管合同应具备的主要条款

根据《经济合同法》和《仓储保管合同实施细则》的规定，签订仓储保管合同应具备如下条款：

（1）货物的品名或品类；

（2）货物的数量、质量、包装；

（3）货物验收的内容、标准、方法、时间；

（4）货物保管条件和保管要求；

（5）货物进出库手续、时间、地点运输方式；

（6）货物损耗标准和损耗的处理；

（7）计费项目、标准和结算方式、银行、帐号、时间；

（8）责任划分和违约处理；

（9）合同的有效期限；

（10）变更和解除合同的期限；

（11）争议解决的方式；

（12）双方约定的其他事项。

（八）财产租赁合同

1. 财产租赁合同的概念

财产租赁合同是指一方当事人将一特定财产交给另一方当事人使用，由另一方当事人支付租金并于使用完毕后返还原物的协议。

在财产租赁合同中，具有财产所有权的一方为出租人，支付租金使用财产的一方为承租人。

财产租赁合同可分为动产租赁合同，如建筑机械、运输工具等；不动产租赁合同，如厂房、房屋等。

2. 财产租赁合同应具备的主要条款

根据《经济合同法》的规定，签订租赁合同应具备如下条款：

（1）租赁财产的名称；

（2）租赁财产的数量和质量；

（3）租赁财产的用途；

（4）租赁期限；

（5）租金和租金交纳期限；

（6）租赁期间财产维修保养的责任；

（7）违约责任；

（8）争议的解决方式；

（9）双方约定的其他事项。

（九）劳动合同

1. 劳动合同的概念

劳动合同是指劳动者与用人单位确立劳动关系，明确双方权利、义务的协议。

2. 劳动合同应当具备的主要条款

（1）劳动合同期限；

（2）工作内容；

（3）劳动保护和劳动条件；

（4）劳动报酬；

（5）劳动纪律；

（6）劳动合同终止的条件；

（7）违反劳动合同的责任。

劳动合同除以上规定的必备条款外，当事人可以协商约定其他内容。

第三节　FIDIC 土木工程施工合同条件

一、FIDIC 土木工程施工合同条件简介

FIDIC 是国际咨询工程师联合会（Federation International Des Ingenieurs Conseils）法语名称的缩写，读"菲迪克"。该联合会现有 80 多个成员国和地区。FIDIC 土木工程施工合同条件是该联合会推荐规范土木工程合同的范本。该合同条件不是法律，也不是法规，它是绝大多数国家予以认可的国际惯例。FIDIC 土木工程施工合同条件由两部分组成。第一部分为通用条件，适用于各种类型的土木工程；第二部分为专用条件，根据工程的差异进行选择、补充或修正。"FIDIC 土木工程施工合同条件"第一部分"通用条件"包括 25 节、72 条、194 款，编制了 25 个方面的问题。合同条件规定了业主和承包商的责任、义务和权利以及工程师（在我国称为监理工程师）在根据业主和承包商的合同执行对工程的监理任务时的职责和权限。

二、业主的权利和义务

（一）业主的权利

（1）业主有权批准或否决承包商将合同或合同的任何一部分的利益或权益转让给他人。若承包商在资金、技术和设备等方面确实有合理需要，经过对分包商资格审查后，可以批准承包商把部分工作内容分包给其他人完成。

（2）业主有权将工程的部分项目或工作内容的实施发给"指定分包商"。所谓指定分包商是指业主或工程师指定选定或批准完成某一项工作内容的施工和材料设备的供应工作的承包商。指定分包商虽由业主或工程师指定，但不与业主签订合同，而是与承包商签订分包合同。指定分包商只对承包商负责，而不直接对业主负责。业主与指定分包商的任何联系，都必须通过承包商。某项工作内容将由指定分包商负责实施，是在招标文件中规定并由承包商在投标时认可的，因此承包商不能反对该项工作由指定分包商来完成，并负责协调和管理。在指定承包商未能履行职责，将会给承包商带来不利影响时，承包商可以拒绝业主对指定承包商的提名。

（3）承包商的违约严重影响工程的质量和进度时，业主依据违约的影响程度，有权采取如下措施：

①施工期间出现的质量事故，承包商无力修复，或工程师考虑工程安全要求承包商紧急修复，而他又不愿或不能立即进行时，业主有权雇佣其他人来完成，所支付的费用从承包商处扣回。

②承包商严重违约，包括严重地偏离施工进度计划而拖后工期，或违反规范中的质量要求及工艺规定，甚至给工程带来极大危险，虽然工程师已对他发出书面"警告"，但工程师能证明承包商仍固执地公然忽视履行合同所规定的义务时，业主从尽可能减少对工程竣工的拖延考虑，有权终止与承包商的雇佣关系并进驻施工现场。

③如果按照法律，认为承包商已破产、无力偿还他到期的债务等情况，已无法再正常履行合同义务，业主将被迫与其终止合同。合同被迫终止后，业主除作为债权人与承包商

清偿债务外，也同样有权按照上述方式进驻施工现场，继续完成剩余的工程。

④此外，业主在行使权利时，还应注意以下几点：1）合同实施过程中，承包商遇到现场气候条件以外的不利自然条件或障碍，以及地下文物时，如果监理工程师认为这些条件或障碍不是一个有经验的承包商投保时可以预见到的，但业主也要对承包商受到的损失予以补偿。2）在任何情况下，业主根据履约担保提出索赔之前，都应该预先通知承包商，说明导致索赔的违约性质，并给承包商一个补救机会。3）业主用自己的工作人员在施工现场进行工作时，应对他们的工作秩序和安全负责。4）负责获得施工所需的规划、施工等方面的行政许可，保证承包商的施工不受损害。

（二）业主的义务

（1）业主应在合理的时间内向承包商提供施工场地。所谓合理的时间是以不影响承包商按照工程师批准的进度计划进行施工为原则，因此一般情况下承包商不应要求业主一次提供全部施工场地，而应当根据施工进度计划提出分期占用场地的计划。

（2）业主应在合理的时间内向承包商提供施工图纸。

（3）业主应按合同规定的时间向承包商付款。业主在收到工程师的中期付款证书后，应在 28d 内向承包商支付工程款项。在收到工程师的最终付款证书后，业主应在 56d 内向承包商支付工程款项。

（4）业主应当在缺陷责任期内负责照管工程现场。

（5）业主有义务协助承包商作好有关工作。第一，在承包商提交标书前，有义务向承包商提供有关辅助资料，并应协助承包商进行现场勘察工作；第二，业主应协助承包商办理设备进口的海关手续；第三，业主应协助承包商获得政府对承包商的设备出口的许可。

三、承包商的权利和义务

（一）承包商的权利

（1）承包商在施工过程中，每月应得到经过工程师证明质量合格产品的付款。如果工程提前竣工还可以得到奖金。反之，如果延误工期则应按合同文件中的规定，赔偿业主的损失。如果由于工程变更，或发生属于业主的风险事件，以及发生业主违约时，承包商对所受到的损失，有权要求获得补偿或赔偿。同样，承包商也应当按月向分包商和指定分包商支付他们应得的报酬。

（2）无论是由于工程师发布的工程变更指令，还是发生了由业主承担的特殊风险事件，或是业主违约，只要不是合同内规定应由承包商负责的事件发生，而给承包商带来损害时，他都有权按各种规定的程序获得工期和财务方面的补偿和赔偿。

（二）承包商的义务

（1）承包商应按合同的各项规定，精心设计（如有此要求时），精心施工，修补缺陷，作好对工程施工各方面的管理工作。

承包商应只从工程师（或工程师代表处）取得指示。

承包商应对现场作业和施工方法的完备性、工地安全、工程质量以及要求他进行设计的质量负全部责任，即使设计需由工程师批准，如果出现设计问题也由承包商负责。

（2）履约保证：承包商应在收到中标函后 28d 内，按投标书附件中规定的金额向业主提交履约保函（可以是保函或担保），履约保证单位必须经业主同意。

此履约保证的有效期一直到发出缺陷责任证书为止，业主应在发出此证书后 14d 内将履约担保退还给承包商。

（3）应提交进度计划：承包商应按照合同及工程师的要求，向工程师提交一份将付诸实施的施工进度计划，取得工程师的同意，并应提交工程施工方法和安排的总的说明。

如果承包商没有理由要求延长工期而工程师根据上述提交的施工进度计划认为进度太慢时，可以要求承包商赶上，由此引起的各种开支（包括工程师加班的开支）均应由承包商承担。

（4）承包商应任命一位合格的，并被授权的代表（即是指承包商工地的项目经理）全面负责工程的管理，该项目经理须经工程师批准批准，代表承包商接受工程师的各项指示。如果由于此项目经理不胜任、渎职等原因，工程师有权要求承包商将其撤回，并且以后不能再在此工程工作，而另外再派一名工地项目经理。

工程师也有权要求承包商从工地撤走那些他认为渎职者，不能胜任者，或玩忽职守者。不经工程师批准，上述要求撤走的人员不能再在工地工作。

（5）放线：承包商应根据工程师给定的原始基准点、基准线、参考标高等，对工程进行准确的放线及负责工程放线的正确性。

除非是由于工程师提供了错误的原始数据，承包商应对由于放线错误引起的一切差错自费纠正（即使工程师进行过检查）。

（6）承包商应采取一切必要的措施，保障工地人员的安全及施工安全。

（7）承包商应遵守所有有关的法律、法令和规章。

（8）如果在施工现场发现化石、文物等，承包商应保护现场并立即通告工程师。按工程师指示进行保护。由此而产生的时间和费用由业主给予补偿。

上述化石、文物等，均属于业主的绝对财产。

（9）专利权：承包商应保护业主免受由于承包商在工作中侵犯专利权而引起的各种索赔和诉讼。但由于工程师提供的设计和技术规范引起的此类问题除外。

（10）运输：

①承包商应采用一切合理的措施（如选择运输线路、选用运输工具、限制和分配载重量等）保护运输时使用的道路和桥梁。

②在运输承包商的设备和临时工程时，承包商应自费负担所经道路上的桥梁的加固、道路改建等，或收到有关索赔要求之后，应立即通知工程师和业主。

③如果运输中对道路、桥梁造成的损坏，则：

1）承包商在得知此类损害之后，或收到有关索赔要求之后，应立即通知工程师和业主。

2）如果根据当地法律或规章规定、要求由设备、材料的运输公司给予赔偿时，则雇主、承包商均不对索赔负责。

3）在其他情况下，业主和工程师应根据实际情况决定如何赔偿。如果承包商有责任时，雇主应与承包商协商解决。

四、工程师的权力和职责

FIDIC 土木工程施工合同条件将工程施工阶段的监理人员分为三个层次：即工程师、工程师代表和助理。工程师是由业主聘用的咨询单位委派的，工程师代表是由工程师任命的，助理则是由工程师或工程师代表任命的。所有这些委派或任命均应以书面形式通知业主和承包商。

（一）工程师的权力

（1）合同执行过程中，工程师可以行使合同中规定的或从合同中必然引伸的权力。

（2）施工阶段中的工程师，以及工程师授权派驻工地的工程师代表和助理工程师在各自职权内行使权力。但工程师必须亲自行使下列权力：①发布"开工令"和涉及到工期延长、合同价格变动或增减工程项目的重大"工程变更指令"；②批准设计图纸或变更；③签发各类付款证书上报业主批准；④处理承包商有理由延期完工的有关事宜；⑤签发"工程移交证书"、"解除缺陷责任书"、"最终证书"等；⑥处理有关承包商违约问题；⑦处理有关业主违约而对承包商的补偿和赔偿的有关事宜；⑧处理应由业主承担风险的事件发生后，给承包商的补偿和赔偿；⑨解决业主与承包商之间的合同纠纷。

（3）工程师可视工程进展中的具体情况，在他认为必要的时候，为了保证工程质量或合同的圆满实施，有权发布"暂时停工"指令。

（4）工程施工阶段，工程师有权批准或建议撤换承包商授权派驻工地的代表。

（5）工程师应负责审核承包商提出的索赔要求，批准或拒绝承包商索赔申请。

（二）工程师的职责

（1）合同实施过程中向承包商发布信息和指示；评价承包商对行进工作的建议；保证材料和工艺符合规定；批准已完成工作的测量值以及校核，并向业主送交中期付款证书和最终付款证书等工作。

（2）工程师负有解释文件中含糊、歧义的内容或文字的责任。

（3）公正地处理业主与承包商之间在实施合同过程中出现的争议或纠纷。

（三）工程师行为要公正、守法

工程师虽然是受业主聘用为其监理工程，但工程师是业主和承包商合同之外的第三方，工程师的行为是独立的。工程师必须按照国家有关的法律、法规和业主与承包商之间签订的合同对工程进行监理。他在处理各类合同中的问题，表明自己的意见、决定、批准确定价值时，或采取影响业主和承包的权利和义务的任何行动时，均应仔细倾听业主和承包商双方的意见，进行认真的调查研究，然后依合同条款和事实作出公正的决定。工程师应该维护业主的利益，也应维护合同中规定的承包商的利益。

工程师不得是施工、设备制造和材料供应单位的合伙经营者，或与这些单位发生经营性隶属关系；不得承包施工或材料销售业务；不得在政府机关、设备制造和材料供应单位任职；不得接受承包商贿赂或任何好处。在合同执行期间，不受任何行政命令的干扰。

第四节　建设工程合同文本

一、建设工程施工合同文本

建设工程施工合同

发包方（甲方）：

承包方（乙方）：

依照《中华人民共和国经济合同法》、《建筑安装工程承包合同条例》和国家工商行政管理局、建设部颁发的《建设工程施工合同》（GF—91—0201），结合本工程具体情况，经双方协商达成以下协议：

第1条　工程概况

1.1　工程名称：

　　工程地点：

　　工程内容：

　　承包范围：

　　承包方式：

1.2　工程性质（指基建、技改等）：

　　批准文号（有权机关批准工程立项的文号）：

1.3　开工日期：本合同工程定于　　年　月　日开工。

　　竣工日期：本合同工程定于　　年　月　日竣工。

　　总日历天数：　　　　天。

1.4　质量等级：

1.5　合同价款：本合同工程造价为　　　元。

1.6　工程项目一览表：（附后）

第2条　合同条件解释顺序：

第3条　合同文件使用的语言文字、标准和适用法律

3.1　合同语言：本合同文件使用汉语。

3.2　适用法律法规：国家有关法律、法规和　　　有关法规、规章及规范性文件均对本合同有约束力。

3.3　适用标准、规范：按国家和　　　现行质量评定标准和施工技术验收规范执行（双方另有约定的列入补充条款）。

第4条　图纸

4.1　甲方提供图纸日期：

4.2　甲方提供图纸套数：

4.3　甲方对图纸的特殊保密要求和费用承担：

第5条　甲方驻工地代表

5.1　甲方驻工地代表姓名：（委派人员的名单和职责附后）。

5.2　社会总监理工程师姓名：被授权范围：

第6条　乙方驻工地代表

乙方驻工地代表姓名：（有关人员名单和职责附后）。

第7条　甲方工作。甲方按本协议约定的时间和要求，一次或分阶段完成以下工作：

7.1　施工现场达到具备施工条件和完成的时间：

7.2　水、电、电讯等管网线路进入施工场地的时间、地点和供应要求：

7.3　施工场地与公共道路的开通时间和起止地点：

7.4　工程地质和地下管网线路资料的提供时间：

7.5　办理证件、批件的名称和完成时间：

7.6　水准点与坐标控制点位置提供和交验要求：

7.7　会审图纸和设计交底的时间：

7.8　协调处理施工场地周围建筑物、构筑物和地下管线的保护要求及应付的费用：

甲方不能按协议条款要求完成上述工作时，应支付的费用和赔偿乙方损失的范围及计算方法：

第8条 乙方工作。乙方按本协议约定的时间和要求完成以下工作：

8.1 提供计划、报表的名称及完成时间：

8.2 对施工安全保卫工作的要求：

8.3 向甲方代表提供的办公和生活设施及费用承担：

8.4 对施工现场交通和噪声等管理的要求及费用承担：

8.5 成品保护的特殊要求及费用承担：

8.6 施工场地周围建筑物、构筑物和地下管线的保护要求：

8.7 施工场地整洁卫生的要求：

乙方不能按协议条款要求完成上述工作时，应赔偿甲方损失的范围和计算方法：

第9条 进度计划

9.1 乙方提供施工组织设计（或施工方案）和进度计划的时间：

9.2 甲方代表确认的时间：

第10条 延期开工。如发生：

第11条 暂停施工。如发生：

第12条 工期延误。对以下造成竣工日期推迟的延误，经甲方代表确认，工期相应顺延：

12.1 哪些工作延误多少时间可视为延误：

12.2 工程量增减多少可调整工期：

12.3 其他可调整工期的因素：

乙方在以上情况发生后　　天内，就延误的内容和因此发生的经济支出向甲方代表提出报告。甲方代表在收到报告后　　天内予以确认答复，逾期不予答复，乙方即可视为延期要求已被确认。

12.4 乙方延期竣工一天，应交付的违约金额和计算方法：

第13条 工期提前。工期如需提前，双方协议如下：

13.1 甲方要求提前竣工的时间：

13.2 乙方应采取的赶工措施：

13.3 甲方应提供的条件：

13.4 因赶工而增加的经济支出和费用承担：

13.5 收益的分享比例和计算方法：

第14条 质量检查和返工：

第15条 工程质量

15.1 甲方对工程质量的要求和由此增加的经济支出：

15.2 因乙方原因达不到质量要求，应承担违约责任：

15.3 双方对工程质量有争议时，由　　质量监督站处理。

第16条 隐蔽工程和中间试验一览表：（附后）

第17条 试车

17.1 设备安装工程具备单机无荷载试车条件，由乙方组织试车，并在试车前　　小时通知甲方，甲方为试车提供必要条件。

17.2 设备安装工程具备联动无负荷试车条件，由甲方组织试车，并在试车前　　小时通知乙方，乙方按照要求作好准备工作和试车记录。

17.3 双方责任：

第18条 验收和重新检验：

第19条 合同价款的调整。合同价款发生下列情况之一时，合同价款可作调整：

第20条 工程备料款预付

20.1 在合同签订后一个月内，甲方按年度建筑（安装）工程工作量的　　％支付给乙方，工程进度到　　％时，预付备料款开始抵扣工程款。

20.2 甲方不按时拨付备料款，应承担责任：

第21条 工程量的核实确认

21.1 乙方按进度提交已完成工程量报告的时间和要求：

21.2 甲方核实已完成工作量报告的时间和要求：

第22条 工程款支付

22.1 工程款结算方式：

22.2 工程价款结算不超过合同款的　　％，待本工程竣工验收后结算。

22.3 甲方违约责任：

第23条 甲方供应材料设备

23.1 甲方供应材料设备一览表：（附后）

23.2 违约责任：

第24条 乙方采购材料设备

24.1 特殊要求：

24.2 违约责任：

第25条 设计变更。施工中如发生设计变更，按以下方法办理：

第26条 确定变更价款。根据"合同条件"第二十六条以及　　有关规定，双方约定如下：

26.1 乙方提出变更价款的时间：

26.2 甲方确认变更价款的时间：

26.3 对变更价款不能达成统一意见的解决办法和时间要求：

第27条 竣工验收

27.1 乙方提交竣工验收报告时间：

27.2 乙方组织竣工验收时间：

27.3 乙方提交竣工图的时间和份数：

第28条 竣工结算

28.1 乙方提出竣工结算的时间：

28.2 甲方提出审核意见的时间：

28.3 甲方接到合同预算审查通知单后办理结算手续的时间：

28.4 乙方收到工程结算款后交付竣工工程的时间：

28.5 由于甲方或乙方违反有关规定和约定，应承担的违约责任：

第 29 条　保修。双方约定：

第 30 条　争议。双方发生经济合同纠纷自行协商解决不成时，到有管辖权的工商行政管理局经济合同仲裁委员会申请仲裁。

第 31 条　违约。双方约定，违约应承担以下经济责任：

第 32 条　违约。双方约定，如发生索赔，责任方承担以下经济责任：

第 33 条　安全施工：

第 34 条　专利技术、特殊工艺、合理化建议：

第 35 条　地下障碍和文物。如发生，双方按有关部门具体规定另签补充条款。

第 36 条　工程分包

36.1　分包单位和分包工程内容：

36.2　分包工程价款及结算方法：

第 37 条　不可抗力：

第 38 条　保险：

第 39 条　工程停建或缓建：

第 40 条　合同生效及终止

40.1　本合同自　　之日起生效

40.2　本合同在双方完成了相互约定的工作内容后即告终止。

第 41 条　合同份数

41.1　本合同正本两份具有同等效力，由甲乙方分别保存。

41.2　本合同副本　　份。

第 42 条　本合同由《建筑工程施工合同条件》和《建设工程施工合同协议条款》两部分组成。

补充条款：

合同订立时间：　　年　月　日　　合同订立地点：

发包方（章）　　　　　　承包方（章）

地址：　　　　　　　　　地址：

法定代表人：　　　　　　法定代表人：

委托代理人：　　　　　　委托代理人：

电话：　　　　　　　　　电话：

电挂：　　　　　　　　　电挂：

开户银行：　　　　　　　开户银行：

帐号：　　　　　　　　　帐号：

邮政编码：　　　　　　　邮政编码：

审查意见：

经办人：

鉴（公）证机关
年　月　日

二、建筑安装工程承包合同文本

建筑安装工程承包合同

工程名称：

工程编号：

发包方：

承包方：

签订时间：

签订地点：

根据《中华人民共和国经济合同法》和《建筑安装工程承包合同条例》及有关规定，为明确双方在施工过程中的权利、义务和经济责任，经双方协商同意签订本合同。

第1条　工程项目

1.1　工程名称：

1.2　工程地点：

1.3　工程项目批准单位：

批准文号　　　（指此工程立项有权批准机关的文号）

项目主管单位：

1.4　承包范围和内容：（祥见工程项目一览表），工程建筑面积　　　（平方米），安装：　（万元）

第2条　施工准备

2.1　发包方：

（1）　月　日前作好建筑红线以外的"三通"，负责红线外进场道路的维修。

（2）　月　日前，负责接通施工现场总的施工用水源、电源、变压器（包括水表、配电板），应满足施工用水、用电量的需要。作好红线以内场地平整，拆迁障碍物。

（3）本合同签订后　　　天内提交建筑许可证。

（4）合同签订后　　　天内（以收签最后一张图纸为准）提供完整的建筑安装施工图　　份，施工技术资料（包括地质及水准点坐标控制点）　　　份。

（5）组织承、发包双方和设计单位及有关部门参加施工图交底会审，并作好三方签署的交底会审纪要，在　　　天内分送有关单位，　　　天内提供会审纪要和修改施工图　　份。

2.2　承包方：

（1）负责施工区域的临时道路、临时设施、水电管线的铺设、管理、使用和维修工作；

（2）组织施工管理人员和材料、施工机械进场；

（3）编制施工组织设计或施工方案、施工预算、施工总进度计划，材料设备、成品、半成品等进场计划（包括月计划），用水、用电计划，送发包方。

第3条　工程期限

3.1　根据国家工期定额和使用需要，商定工程总工期为　　　天（日历天），自　　年　月　日开工至　　年　月　日竣工验收（附各单位工程开竣工日期，见附表一）

3.2　开工前　　　天，承包方向发包方发出开工通知书。

3.3　如遇下列情况，经发包方现场代表签证后，工期相应顺延：

（1）按施工准备规定，不能提供施工场地，水、电源道路未能接通，障碍物未能清除，影响进场施工；

（2）凡发包方负责供应的材料、、设备、成品或半成品未能保证施工需要或因交验时发现缺陷需要修、代、配、换而影响进度；

（3）不属包干系数范围内的重大设计变更，提供的工程质量资料不准，致使设计方案改变或由于施工无法进行的原因而影响进度；

（4）在施工中因停电、停水8小时以上或连续间歇性停水、停电3天以上（每次连续4小时以上），影响正常施工；

（5）非承包方原因而监理鉴证不及时而影响下一道工序停工；

（6）未按合同规定拨付预付款、工程进度款或代购材料差价款而影响施工的；

（7）人力不可抗拒的因素延误工期。

第4条　工程质量

4.1　本工程质量经双方研究达到：

4.2　承包方必须严格按照施工图纸、说明文件和国家颁发的建筑工程规范、规程和标准进行施工，并接受发包方派驻代表的监督。

4.3　承包方在施工过程中必须遵守下列规定：

（1）由承包方提供的主要原材料、设备、构配件、半成品必须按有关规定提供质量合格证，或进行检验合格后方可用于工程；

（2）由发包方提供的主要原材料、设备、构配件、半成品也必须有质量合格证方可用于工程。对材料改变或代用必须经原设计单位同意并发正式书面通知和发包方派驻代表签证后，方可用于工程；

（3）隐蔽工程必须经发包方派驻代表检查、验收签章后，方可进行下一道工序；

（4）承包方应按质量验评标准对工程进行分项、分部和单位工程质量进行评定，并及时将单位工程质量评定结果送发包方和质量监督站。单位工程结构完工时，应会同发包方、质量监督站进行结构中间验收；

（5）承包方在施工中发生质量事故，应及时报告发包方派驻代表和当地建筑工程质量监督站。一般质量事故的处理结果应送发包方和质量监督站备案；重大质量事故的处理方案，应经设计单位、质量监督站、发包方等单位共同研究，并经设计建设单位签证后实施；

（6）工程竣工后，承包方按规定对工程实行维修，修理时间自通过竣工验收之日算起。

第5条　建筑材料、设备的供应、验收和差价处理

5.1　由发包方供应以下材料、设备的事务或指标（详见附表二）；

5.2　除发包方供应以外的其他材料、设备由承包方采购；

5.3　发包方供应、承包方采购的材料、设备，必须附有产品合格证才能用于工程，任何乙方认为提供的材料需要复验的，应允许复验。经复验符合质量要求的，方可用于工程，其复验费用由要求复验方承担；不符合质量要求的，应按有关规定处理，其复验费由提供材料设备方承担。

5.4　本工程材料和设备差价的处理办法：

第6条　工程价款的支付与结算

工程价款的支付和结算，应根据中国人民建设银行制定的"基本建设工程价款结算办法"执行。

6.1 本合同签订后 日内,发包方支付不少于合同总价(或当年投资额)的 ％备料款,计人民币 万元,临时设施费,按土建工程合同总造价的 ％,计人民币 万元;材料设备差价 万元,分 次支付,每次支付时间、金额 。

6.2 发包方收到承包方的工程进度月报表后必须在 日内按核实的工程进度支付进度款,工程进度款支付达到合同总价的 ％时,按规定比例逐步开始扣回备料款。

6.3 工程价款支付达到合同总价款的95％时,不再按进度付款,办完交工验收手续后,待保修期满连本息(财政拨款不计息)一次支付给承包方。

6.4 如发包方拖欠工程进度款或尾款,应向承包方支付拖欠金额日万分之五的违约金。

6.5 确因发包方拖欠工程款、代购材料差价款而影响工程进度,造成承包方的停、窝工损失的,应由发包方承担。

6.6 本合同造价结算方式:

6.7 承包方在单项工程竣工验收后 天内,将竣工结算文件送交发包方和经办银行审查,发包方在接到结算文件 天内审查完毕,如到期未提出书面异议,承包方可请求经办银行审定后拨款。

第7条 施工与设计变更

7.1 发包方交付的设计图纸、说明和有关技术资料,作为施工的有效依据,开工前由发包方组织设计交底和三方会审,作出会审纪要,作为施工的补充依据,承、发包双方均不得擅自修改。

7.2 施工中如发现设计有错误或严重不合理的地方,承包方及时以书面形式通知发包方,由发包方及时会同设计等有关单位研究确定修改意见或变更设计文件,承包方按修改或变更的设计文件进行施工。若发生增加费用(包括返工损失、停工、窝工、人员和机械设备调迁、材料构配件积压的实际损失)由发包方负责,并调整合同造价。

7.3 承包方在保证工程质量和不降低设计标准的前提下,提出修改设计、修改工艺的合理化建议,经发包方、设计单位或有关技术部门同意后采取实施,其节约的价值按国家规定分配。

7.4 发包方如需设计变更,必须由原设计单位作出正式通知书和修改图纸,承包方才予实施。重大修改或增加造价时,必须另行协商,在取得投资落实证明,技术资料、设计图纸齐全时,承包方才予实施。

第8条 工程验收

8.1 竣工工程验收,以国家颁发的《关于基本建设项目竣工验收暂行规定》、《工程施工及验收规范》、《建筑安装工程质量检验评定标准》和国务院有关制定的竣工验收及施工图纸及说明书、施工技术文件为依据。

8.2 工程施工中地下工程、结构工程必须具有隐蔽验收签证、试压、试水、抗渗等记录。工程竣工质量经当地质量监督部门检验合格后,发包方须及时办理验收签证手续。

8.3 工程竣工验收后,发包方方可使用。

在规定的保修期内,凡因施工造成的质量事故和质量缺陷应由承包方无偿保修。其保修条件、范围和期限按城乡建设环境保护部(84)城建字第79号通知印发的《建筑工程保修办法(试行)》执行。

第9条 违约责任

承包方的责任：

9.1 工程质量不符合合同规定的，负责无偿修理或返工，由于修理或返工造成逾期交付的，偿付逾期交付违约金。

9.2 工程不能按合同规定的工期交付使用的，按合同中第九条关于建设工期提前或拖后的奖罚规定偿付逾期罚款。

发包方的责任：

（1）未能按照合同的规定履行自己应负的责任，除竣工日期得以顺延外，还应赔偿承包方由此造成的实际损失。

（2）工程中途停建、缓建或由于设计变更以及设计错误造成的返工，应采取措施弥补或减少损失。同时，赔偿承包方由此造成的停工、窝工、返工、倒运、人员和机械设备调迁、材料和构件积压的实际损失。

（3）工程未经验收，发包方提前使用或擅自动用，由此而发生的质量或其他问题由发包方承担责任。

（4）承包方验收通知书送达　　日后不进行验收的，按规定偿付逾期违约金。

（5）不按合同规定拨付工程款，按银行有关逾期付款办法的规定延付金额每日万分之三偿付承包方赔偿金。

第10条　纠纷解决办法

执行本合同发生争议，由当事人双方协商解决。协商不成，双方同意由仲裁委员会仲裁（当事人双方不在本合同中约定仲裁机构，事后又没有达成书面仲裁协议的，可向人民法院起诉）。

第11条　附则

11.1 本合同一式　　份，合同附件　　份。甲乙双方各执正本一份，其余副本由发包方报送经办银行、当地工商行政管理机关、建设主管部门备案。按规定必须办理鉴（公）证的合同，送建筑物所在地工商、公证部门办理鉴（公）证。

11.2 本合同自双方代表签字，加盖双方公章或合同专用章即生效，需办理鉴（公）证的，自办毕鉴（公）证之日起生效；工程竣工验收符合要求，结清工程款后终止。

11.3 本合同签订后，承、发包双方如需要提出修改时，经双方协商一致后，可以签订补充协议，作为本合同的补充合同。

发包方（盖章）：　　　　　　承包方（盖章）：

法定代表人（签章）：　　　　法定代表人（签章）：

委托代表人（签章）：　　　　委托代表人（签章）：

单位地址：　　　　　　　　　单位地址：

开户银行：　　　　　　　　　开户银行：

帐号：　　　　　　　　　　　帐号：

电话：　　　　　　　　　　　电话：

电挂：　　　　　　　　　　　电挂：

邮政编码：　　　　　　　　邮政编码：

　年　月　日　　　　　　　年　月　日

经办建设银行　　建筑管理部门　　鉴（公）证机关

（盖章）　　　　　（盖章）　　　　（盖章）

鉴（公）证意见

年　月　日　　　年　月　日　　　年　月　日

三、装饰工程合同文本

装饰工程合同是建设工程施工合同的一种形式，其标准格式即《建设工程施工合同》（GF-91-0201）示范文本，签订装饰工程合同，应依据《建设工程施工合同协议条款》，结合具体装饰工程设定各项条款，明确发包方和承包方的权利和义务。

四、工程建设监理合同文本

工程建设监理合同

—（以下简称"业主"）与—（以下简称监理单位）经过协商一致，签订本合同。

（1）业主委托监理单位监理的工程（以下简称"本工程"）概况如下：

工程名称：

工程地点：

工程规模：

总投资：

监理范围：

（2）本合同中的措词和用语与所属的监理合同条件及有关附件同义。

（3）下列文件均为本本合同的组成部分：

①监理委托或中标函；

②工程建设监理合同标准条件；

③工程建设监理合同专用条件；

④在实施过程中共同签署的补充与修正文件。

（4）监理单位同意，按照本合同的规定，承担本工程合同专用条件中议定范围内的监理业务。

（5）业主同意按照本合同注明的期限、方式、币种，向监理单位支付酬金。

本合同的监理业务自　年　月　日开始实施，至　年　月　日完成。

本合同正本一式两份，具有同等法律效力，双方各执一份。副本　份，各执　份。

业主：（签章）　　　　　　　监理单位（签章）

法定代表人：（签章）　　　　法定代表人：（签章）

地址：　　　　　　　　　　　地址：

开户银行：　　　　　　　　　开户银行：

邮编：　　　　　　　　　　　邮编：

电话：　　　　　　　　　　　电话：

　年　月　日　　　　　　　　　年　月　日

签于　　　　　　　　　　　　签于

具体签订工程建设监理合同，应依据 GF-95-0202《工程建设监理合同》示范文本的《工程建设监理合同标准条件》和《工程建设监理合同专用条件》，实际操作见《工程建设监理合同》使用说明。

五、建筑材料购销合同文本

建筑材料购销合同

供方：　　　　　　　　合同编号：

需方：　　　　　　　　签订地点：

　　　　　　　　　　　　　　　签订时间：　　年　月　日

1. 产品名称、商标、型号、厂家、数量、金额、供货时间及数量

产品名称	牌号商标	规格型号	生产厂家	计量单位	数量	单价	总金额	交（提）货时间及数量								
								合计								
合计人民币金额（大写）																

注：空格如不够用，可以另接。

2. 质量要求、技术标准、供方对质量负责的条件和期限

3. 交（提）货地点、方式

4. 运输方式及到达站港和费用负担

5. 合理损耗及计算方法

6. 包装标准、包装物的供应与回收

7. 验收标准、方法及提出异议期限

8. 随机备品、配件工具数量及供应办法

9. 结算方式及期限

10. 如需提供担保，另立合同担保书，作为本合同附件。

11. 违约责任

12. 解决合同纠纷的方式：执行本合同发生争议，由当事人双方协商解决。协商不成，双方同意由　　仲裁委员会仲裁（当事人双方不在本合同中约定仲裁机构，事后又没有达成书面仲裁协议的，可向人民法院起诉）。

13. 其他约定事项

供方：　　　　　　　　需方：　　　　　　　　鉴（公）证意见：

单位名称（章）：　　　单位名称（章）：

法定代表人：　　　　　法定代表人：

委托代理人：　　　　　委托代理人：　　　　　经办人：

电话：　　　　　　　　电话：

电报挂号:	电报挂号:	鉴（公）证机关（章）
开户银行:	开户银行:	年 月 日
帐号:	帐号:	（注：除国家另有规定外，鉴
邮政编码:	邮政编码:	（公）证实行自愿原则）
有效期限:	年 月 日 至 年 月 日	

六、建筑施工物资租赁合同文本

建筑施工物资租赁合同

出租方：　　　　　　　　　合同编号：

承租方：　　　　　　　　　签订地点：

签订时间：　　年 月 日

根据《经济合同法》及有关规定，按照平等互利的原则，为明确出租方和承租方的权利义务，经双方协商一致，签订本合同。

第1条　租赁物资的品名、规格、数量、质量。详见合同附件（略）。

第2条　租赁期限

自　年 月 日至　年 月 日。共计　天。承租方因工程需要延长租期，应在合同届满前　日，重新签订合同。

第3条　租金

租金收取：

第4条　押金（保证金）

经双方协商，出租方收取押金　元。承租方交纳后办理提货手续。租赁期间不得以押金抵作租金；租赁期满，扣除应付租赁物资缺损赔偿金后，押金余额退还承租方。

第5条　租赁物资的维修保养

租赁期间，承租方对租用物资要妥善保管，并负担维修保养费用，租赁物资退还时，双方检查验收，如有损坏、缺少、保养不善等，要按双方协商议定的《租赁物资缺损赔偿及维修收费办法》，由承租方向出租方偿付赔偿金、维修及保养费。

第6条　出租方变更

6.1　在租赁期间，出租方如将租赁物资所有权转移给第三方，应正式通知承租方，租赁物资新的所有权方即称为本合同的当然出租方。

6.2　在租赁期间，承租方不得将租赁物资转让、转租给第三方使用，也不得变卖或作抵押品。

第7条　违约责任

7.1　出租方违约责任：

（1）未按时间提供租赁物资，应向承租方偿付违约期租金　％的违约金。

（2）未按质量提供租赁物资，应向承租方偿付违约期租金　％的违约金。

（3）未按数量提供租赁物资，致使承租方不能如期正常使用的，除按规定如数补齐外，还应偿付违约期租金　％的违约金。

（4）其他违约行为。

7.2 承租方违约责任：

（1）不按时交纳租金，应向出租方偿付违约期租金 %的违约金。

（2）逾期不还租赁物资，应向出租方偿付违约期租金 %的违约金。

（3）如有转让、转租或将租赁物资变卖、抵押等行为，除出租方有权解除合同，限期如数收回租赁物资外，承租方还应向出租方偿付违约期租金 %的违约金。

（4）其他违约行为。

第8条 解决合同纠纷的方式：执行本合同发生争议，由当事人双方协商解决。协商不成，双方同意由 仲裁委员会仲裁（当事人双方不在本合中约定仲裁机构，事后又没有达成书面仲裁协议的，可向人民法院起诉）。

第9条 其他约定事项

第10条 本合同一式 份，合同双方各执 份。本合同附件 份都是合同的组成部分，与合同具有同等效力。

出租方（章）：　　　　　　　承租方（章）：

单位地址：　　　　　　　　　单位地址：

法定代表人：　　　　　　　　法定代表人：

（或委托代理人）：　　　　　（或委托代理人）：

电话：　　　　　　　　　　　电话：

电挂：　　　　　　　　　　　电挂：

【案例】

伊宁市伊河涂料厂诉伊犁地区伊精联营建筑公司
三队购销合同质量纠纷抗诉案

1989年，伊犁地区伊精联营建筑公司三队（以下简称建筑队）承建伊犁地区林业科学研究所办公楼。7月，建筑队承包人张海欣与伊宁市伊河涂料厂（以下简称涂料厂）厂长苟晓军达成口头协议：建筑队购用涂料厂涂料和107胶等产品施工，厂方保证产品质量，提供产品合格证和使用说明书，建筑队预付2500元。7月24日，张海欣预付涂料厂货款2500元。建筑队提货施工中因涂料质量不合格，造成多次返工。建筑队与涂料厂交涉，厂方曾答应补偿损失，建筑队便继续提货施工，货款总价达6425.60元，返工损失达5800元。结帐时，双方发生争执。建筑队要求从货款中扣除两次返工的损失费，涂料厂不承认产品质量有问题，认为是建筑队没有按要求施工造成返工。建筑队以涂料厂产品质量不合格，造成多次返工为由，向伊宁市工商局申请裁决。涂料厂以建筑队拖欠货款为由，向伊宁市人民法院起诉。伊宁市人民法院审理后认为，双方当事人未签订书面合同，一年后又对口头协议的主要内容发生争议，购销合同无效，应互相返还已取得的财物或按价偿还。据此，判决建筑队一次向涂料厂付清3925.60元；诉讼费160元，双方各负担80元。建筑队不服伊宁市人民法院的民事判决，向伊犁地区中级人民法院提出上诉。伊犁地区中级人民法院于1991年4月22日裁定驳回上诉，维持原判。建筑队不服，申诉至伊犁州人民检察院。

伊犁州人民检察院受理此案后，经调查认为：（一）原一、二审判决对双方争议的涂料厂产品质量无证据证实其合格.涂料厂厂长苟晓军向法院提交检验报告只能证明1990年该厂送检样品是合格品,被告张海欣提交了1989年施工前后两份由标准部门检查的检验报告,均证明涂料厂提供建筑队施工使用的为不合格产品.另外,根据标准部门规定:产品须经标准部门抽查两次以上均为合格方颁发产品合格证.现在涂料厂的产品已被工商部门列为伪劣产品.(二)涂料厂营业执照早在1988年就被伊宁市工商局收缴.苟晓军以涂料厂的名义非法生产和销售伪劣产品,违法签订合同,造成多处建筑工程返工.依据《经济合同法》第7条第1、2款的规定,属"采用欺诈、胁迫等手段所签订的合同",应追究其责任.原审判决对苟晓军的诉讼主体资格审查不清,直接影响本案的正确判决.(三)原一、二审判决适用法律错误,过错责任划分不当.根据《民法通则》第61条、第122条的规定,涂料厂苟晓军推销伪劣产品,造成建筑返工,应当依法承担主要责任.原一、二审判决将过错全部由建筑队一方承担,适用法律错误,显失公平.据此,1991年8月5日,伊犁州人民检察院依法向新疆维吾尔自治区高级人民法院伊犁州分院对该案作出再审判决:认定涂料厂1989年生产的涂料质量不合格,因而造成建筑队的返工损失,涂料厂应负主要责任.建筑队对产品未予严格审查,发现问题又未及时采取合法途径加以解决,也有一定责任.原一、二审判决认定的部分事实不清,责任不明,适用法律不当,伊犁州人民检察院抗诉成立,撤销该案的原一、二审判决,依法改判:(一)建筑队付涂料厂货款3525.60元;(二)双方合计损失为6373.26元(建筑队返工损失5803.07元,涂料厂货款利息损失590.19元),涂料厂承担70%,即4475.28元,建筑队承担30%,即1917.98元;(三)以上两项相抵,涂料厂应付建筑队949.68元;(四)该案诉讼费一、二审共计813.50元,涂料厂承担70%,建筑队承担30%.

案 例 分 析

某厂新建一车间,分别与市设计院和市建某公司签订设计合同和施工合同.工程竣工后厂房北侧墙壁发生裂缝,为此某厂向法院起诉市建某公司.经勘验裂缝是由于地基不均匀沉降引起.结论是结构设计图纸所依据的地质资料不准,于是某厂又诉讼市设计院.市设计院答辩,设计院是根据某厂提供的地质资料设计的,不应承担事故责任.经法院查证:某厂提供的地质资料不是新建车间的地质资料,而是与该车间相邻的某厂的地质资料,事故前设计院也不知该情况.

试分析:

(1)事故的责任者是谁?

(2)某厂所发生的诉讼费应由谁承担?

简析:

(1)该案例中,设计合同的主体是某厂和市设计院,施工合同的主体是某厂和市建某公司.根据案情,由于设计图纸所依据的资料不准,使地基不均匀沉降,最终导致墙壁裂缝事故,所以,事故所涉及的是设计合同中的责权关系,而与施工合同无关,即市建某公司没有责任.在设计合同中,提供准确的资料是委托方的义务之一,而且要对"资料的可靠性负责"(《条例》第八条),所以委托方提供假地质资料是事故的根源.委托方是事故的责任者之一;市设计院接对方提供的资料设计,似乎没有过错,但是直到事故发生前设计院仍不知道资料虚假，说明在整个设计过程中，设计院并未对地质资料进行认真的审查，使假资料滥竽充数，导致事故，否则，有可能防患于未然。所以，设计院也是责任者之一。由此可知：在此事故中，委托方（某厂）为直接责任者、主要责任者，承担方（设计院）为间接责任者、次要责任者。

（2）根据上述结论，某厂发生的诉论费，主要应由某厂负担，市设计院也应承担一小部分。

第五章 市政建设法律制度

第一节 市政建设法律概述

一、市政公用事业的概念及分类

（一）城市市政公用事业的概念

城市市政公用事业是指市政工程、公用事业、园林绿化、市容和环境卫生四大行业。城市市政公用事业包括供水、供气、供热、公共交通、园林绿化、市容和环境卫生、排水、防洪、道路、桥涵、路灯等与城市发展、人民生产、生活密切相关的事业。

（二）城市市政公用事业的分类

1. 市政工程业

市政工程业是指从事城市的道路、桥涵、排水、污水处理、防洪、路灯等建设的行业。市政工程可划分为：城市道路、城市排水、城市防洪三部分。

2. 城市公用事业

城市公用事业是指从事城市供水、供热、供气、公共交通（公共汽车、电车、地铁、轮渡、出租汽车及索道缆车）等建设与管理的行业。

3. 园林和绿化业

园林和绿化业是指从事城市各类园林、苗圃、树木、花草等城市绿化建设与管理的行业。

4. 市容和环境卫生业

市容和环境卫生业是指从事城市容貌、环境卫生设施、城市生活垃圾及卫生埋填、城市公共厕所等建设与管理的行业。

二、市政公用事业法律规范

（一）市政公用事业立法现状

我国目前还没有颁布规范城市市政公用事业的法典，但是已经颁布了一系列有关城市市政公用事业的法律、法规及规范性文件。

关于城市供水管理，除《中华人民共和国水法》外，于1994年7月19日颁布了《城市供水条例》，于1988年颁布了《城市节约用水管理规定》。另外，有关部门还制定了《城市地下水资源管理规定》、《饮用水水源保护区污染防治管理规定》、《城市节约用水奖励暂行办法》等部门规章。

关于城市供热、供气管理，国务院于1986年2月6日批转了城乡建设环境保护部、国家计委《关于加强城市集中供热管理工作报告》，建设部于1991年发布了《城市燃气安全管理规定》。

关于城市公共交通管理，除了《道路交通管理条例》以外，1983年12月20日建设部与公安部联合颁布了《城市公共交通车船乘坐规则》及《城市出租汽车管理暂行办法》、《城市公共交通当前产业政策实施办法》等。

关于城市园林绿化，1982年12月城乡建设环境保护部颁布了《城市园林绿化管理暂行条例》，国务院于1992年6月22日颁布了《城市绿化条例》。关于城市市容和环境卫生，1992年6月28日国务院颁发了《城市市容和环境卫生管理条例》。

关于城市排水和防洪，除《中华人民共和国水污染防治法》外，1982年8月城乡建设环境保护部颁发了《市政工程设施管理条例》。

（二）市政公用事业法规体系

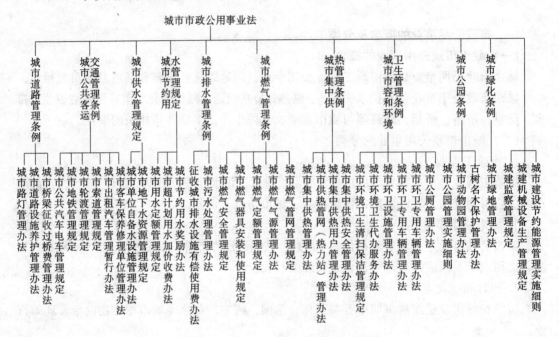

第二节　市政工程法律制度

一、城市道路（桥涵）交通工程

（一）城市道路的概念及范围

城市道路是城市的骨架，是城市社会、经济活动产生的人流、物流的运输载体，是城市赖以生存和发展的基础，是现代化城市的一个重要构成部分。城市道路包括：

（1）机动车道、非机动车道、人行道、广场、公共停车场、隔离带、路肩、路坡、路堤、边沟；

（2）桥梁（立体交叉桥、高架路）、隧道、涵洞、人行地下通道；

（3）路灯、路标、路牌以及城市道路其他附属设施；

（4）已征用的道路建设用地。

（二）城市道路建设

1．城市道路建设原则

（1）城市人民政府、城市建设行政主管部门应当会同有关部门根据城市总体规划，制定城市道路建设、改造规划和年度建设、改造计划，报城市人民政府批准实施。

（2）城市供水、排水、燃气、热力、供电、通信、消防、交通标志、交通信号、道路绿化等依附于城市道路建设的各种管线、标线和其他设施的建设、改造规划和年度建设、改造计划与城市道路的建设、改造规划和年度改造、建设计划相协调，并坚持先地下，后地上的施工原则，与城市道路同步建设。其他在城市道路范围内的设施，必须附合城市道路技术要求。

2. 城市道路建设资金

城市道路建设资金采取中央和地方投资、社会集资、国内外贷款、国有土地使用权有偿出让、发行债券、股票等多种渠道筹措解决。

随着人口的增加和车辆的增加，城市道路的发展与城市各项建设发展不相适应的问题越来越突出。而制约城市道路发展的一个核心问题就是资金问题。由于过去相当长一段时间，城市道路的建设主要是靠国家投资，建设资金极为有限。改革开放的体制确定后，国务院制定了若干政策，提出多渠道地解决城市道路的建设资金，改革过去由国家财政单一投资的局面。国务院在国发〔1987〕47 号文《关于加强城市建设工作的通知》中规定："对于确系生产、生活特别急需而城市政府一时又难以解决的市政公用设施，可以在受益单位自愿的前提下，适当组织人力、物力进行建设。"随着改革开放的不断发展，国有土地有偿出让、城市道路建设债券、股票的发行，对弥补城市道路建设资金，将起越来越重要的作用。

3. 城市道路建设的设计和施工

（1）承担城市道路设计和施工的单位，必须具备与所承担工程规模相应的资格（质）等级，必须取得有关行政主管部门颁发的资格（质）证书。并按规定的资格（质）等级承担设计和施工任务。

（2）城市道路的设计和施工，必须严格执行国家和地方规定的城市道路设计和施工技术标准、规范和规程，城市道路的工程质量必须接受城市人民政府指定的工程质量监督机构的监督检查。

（3）城市道路竣工必须由城市建设行政主管部门或有关部门组织验收。未经验收或者验收不合格的工程不得交付使用。

城市道路的建设是一个系统工程，它必须在城市规划具体安排下和各种地下管网的布局、道路与地下管网相互衔接，按照国家和地方规定的标准进行建设，形成有机的整体，才能保证建成后正常运转。而且，城市道路设计、施工难度大，情况复杂，必须由取得相应资格（质）的设计、施工单位才能承担其相应的任务。

城市道路的建设实行监督检查和竣工验收制度。其目的就是要促使设计和施工单位，严格按照国家规定的设计、施工技术标准、规范和规程进行设计和施工，以确保城市道路工程质量，防止不合格的工程交付使用。

4. 城市道路与铁路、自建道路、公路、河道的关系

（1）城市道路与铁路相交，道口技术条件必须符合城市道路与铁路双方现行的技术标准。有条件的地方应当优先考虑设置立体交叉。设置立交的规模和所需投资，按照国家有关规定由有关部门共同协商确定。

（2）单位投资建设的道路，必须经城市建设行政主管部门批准，按照城市道路技术规范进行建设。

（3）城市人民政府要有计划地按照城市道路技术标准，改建、拓宽城市道路和公路的结合部，所需资金，公路行政主管部门可根据工程规模从公路养路费中给予适当补助。

（4）建设跨越河江的桥梁和隧道，应当执行《河道管理条例》的有关规定，并符合国家规定的防洪标准、通航标准和其他有关的技术要求。

（5）城市道路施工影响交通时，城市建设行政主管部门应当事先与公安交通管理机关协商，共同制定疏导交通的措施。

正确处理好城市道路建设过程中与铁路、公路、河道和公安交通的关系，不仅可以避免职责不清造成管理的混乱，而且有利于各部门之间相互配合，加快城市道路的建设。

5. 过桥收费制度

利用贷款建设的大型桥梁（高架路和立体交叉桥）、隧道等可以采取征收车辆通行费的办法偿还贷款。

过桥收费制度是城市道路有偿使用的具体体现。早在 1987 年，国务院国发 [1987] 47 号文《关于加强城市建设工作的通知》中就提出了可以用过桥收费办法来解决城市道路建设资金不足的问题。李鹏同志在 1986 年全国城市建设工作会议讲话时也指出，部分市政工程设施要实行有偿使用，如用贷款建设的大型桥梁、隧道、渡口，收取车辆通过费是合理的。目前，我国已有广州等十几个城市实行了过桥收费制度，取得了很好的效果，对解决城市道路建设和养护维修资金不足的问题发挥了积极作用。过桥收费制度，在世界上早已被普遍实行。其主要原因是可以及早偿还建设资金，为新建城市道路提供资金来源，加快城市道路的建设速度，有效地缓解交通拥挤状况，其社会效益也是显而易见的。

（三）城市道路养护维修

1. 城市道路养护维修原则

城市建设行政主管应当按照管理与养护并重，预防和维修相结合的原则，加强城市道路的养护和维修工作，保证城市道路经常处于完好状态。

现在，城市道路失养失修情况严重，各级城市道路养护维修部门应当制定有效的养护维修制度。按照大、中、小修的养护维修周期，安排好计划，定期进行维修，确保城市道路的完好。

2. 养护维修资金

城市建设行政主管部门应当按照城市道路的技术等级、数量和养护维修定额逐年核定养护维修经费，并根据核定的经费数量，统一安排养护维修资金。

3. 养护维修施工管理

（1）养护维修施工应当规定修复期限，施工作业现场必须设置明显标志与和安全防围设施，保障行人和交通车辆安全。影响交通的，养护维修单位必须与公安机关协商，共同采取维护。临时不能通行的，应当事先发布通告。

（2）城市道路养护维修工程质量必须符合《城市道路养护技术规范》和有关的技术标准规范。

（3）从事城市道路检查、维修的专用车辆，应当使用统一标志。执行任务或者进行特殊施工作业时，在保证交通安全畅通的原则下，不受行驶路线、行驶方向的限制。

4. 城市道路养护维修职责划分

城市道路养护维修单位负责城市道路的养护维修工作。城市建设行政主管部门建设的广场、停车场，由城市道路养护维修单位负责管理和养护维修，其他部门建设的广场、停车场由建设单位负责管理和维修；经城市人民政府批准作封闭集贸市场的城市道路，由市场管理部门按照城市道路的养护标准负责养护维修，也可委托城市道路养护维修单位负责养护维修。

（四）城市道路的路政管理

1. 路政管理的任务

城市道路是城市基本的交通设施，在使用过程中受到交通荷载及自然条件的影响，会产生磨耗或损坏，一些人为的因素也会对城市道路的正常运行产生不利影响，如占用、挖掘城市道路和故意损坏城市道路设施等。城市道路路政管理的任务就是：制定城市道路管理规章，负责城市道路的日常管理，制止一切破坏城市道路和妨碍城市道路正常使用的行为。

城市建设行政主管部门负责城市道路的路政管理工作，并应当结合当地城建监察队伍设置情况，配备从事城市道路的监察执法人员，执行路政管理的各项具体工作，制止各种违反路政管理的行为。

2. 违反路政管理的行为

在城市道路范围内禁止下列行为：

（1）在人行道上行驶或停放机动车、畜力车；

（2）履带车、铁轮车及超重、超高、超长车辆擅自在城市道路上行驶；

（3）机动车在桥梁或非指定地点试刹车、停放；

（4）擅自建设永久性建筑物、构筑物；

（5）在桥梁上架设压力在 $3kg/cm^2$ 以上的煤气管道、10kV 以上高压电力线和其他易燃易爆管线；

（6）擅自侵占桥孔；

（7）擅自在桥梁和路灯设施上设置广告牌和其他悬挂物；

（8）擅自在城市道路上施工或堆放物料；

（9）其他损害、侵占城市道路的行为。

3. 城市道路占用、挖掘管理

（1）城市道路占用管理。目前，城市道路被占用情况十分严重，"马路市场"和摊点、停车场占道更为突出。改革开放以来，各类集贸市场、私人摊点发展迅速，但因经营场地不足，管理又不严，大量占用了城市道路。随着城市车辆的急剧增加，停车场严重短缺，于是造成大量车辆占用城市道路停放。而且，现在许多与城市道路养护维修无关的部门都在审批占用城市道路，管理体制混乱，造成了占用城市道路越批越多，越批越乱的局面。使本来已相当拥挤的城市交通更加混乱。为了切实加强城市道路管理，杜绝政出多门，《条例》中规定了城市道路占用的管理办法。

任何单位和个人未经城市建设行政主管部门批准，不得占用城市道路，因特殊情况需要临时占用城市道路的单位和个人，必须先到城市建设行政主管部门办理申请和审批手续，交纳城市道路占用费，并经公安机关审核同意后，方可按规定占用。临时占用城市道路期满，占用单位或者个人应当恢复城市道路原状，损坏城市道路的应予以修复或赔偿。根据城市建设的需要，城市建设行政主管部门有权对临时占用城市道路的单位和个人决定缩小使用面积和减少占用时间，或停止其使用。

城市人民政府应当加强对集贸市场的规划和建设，已批准占用城市道路作为封闭集贸市场的，要限期予以清退，恢复城市道路的功能。

（2）城市道路挖掘管理。由于目前我国城市道路和供水、排水、电力、热力、燃气、通信等各种需要占用道路的设施的建设资金的来源不同，往往不能同步进行建设，而这些设施的施工经常要破路进行，这就造成了城市道路建了挖、挖了填的现象，城市道路的反复挖掘，不但造成了浪费，造成了城市道路的严重损坏，交通不畅，而且造成下水系统堵塞，路基不均下沉等事故。因此，在《条例》中对城市道路挖掘管理作了如下规定：

任何单位和个人未经城市建设行政主管部门批准，不得挖掘城市道路。因特殊情况需要挖掘城市道路的单位和个人应持规划部门签发的批准文件和有关的设计文件到城市建设行政主管部门办理城市道路挖掘申请审批手续，交城市道路挖掘修复费，并经公安机关审批同意方可挖掘。新建、改建的城市道路五年内不准挖掘，大修后的城市道路三年内不准挖掘。经批准挖掘城市道路的单位和个人，应当在施工现场设置标志和安全防围设施，按期完工后应当清理现场，并通知城市建设行政主管部门检查验收。

（3）城市道路占用挖掘收费管理。为了加强城市道路的管理、严格控制占用挖掘道路行为，保障城市道路安全畅通和市容环境整洁，建设部、财政部、国家物价局1993年联合颁布了《城市道路占用挖掘收费管理办法》。对城市道路占用挖掘收费管理作了规定。

①县级以上地方人民政府城市建设行政主管部门负责道路占用挖掘收费管理工作。

②因特殊需要必须临时占用道路兴建各种建筑物、构筑物、基建施工、堆物堆料、停放车辆、搭建棚亭、摆设摊点、设置广告标志或者其他临时占道的单位和个人，必须交纳占道费。因施工、抢修地下管线或者其他情况需要挖掘道路的单位和个人，必须交纳道路挖掘修复费。

③占道费的收费标准按所占道路的等级、占道类型（经营性、非经营性或者其他占道）及使用性质等因素确定。挖掘修复费的收费标准按道路的结构、使用年限及当年材料费等因素确定。

④占道费由城市建设行政主管部门统一征收，作为预算外资金管理，实行财政专户储存，所收占道费用于道路养护维修和管理，专款专用，并按规定向财政部门报送财务收支报表。

⑤占道费具体收费标准由省级建设行政主管部门提出意见报同级财政、物价部门核定。挖掘修复费标准由各省、自治区建设行政主管部门制定，并报同级财政、物价部门备案。

（五）城市道路照明设施

城市道路照明设施，是指用于城市道路、不售票的公园和绿地等处的路灯配电室、变电器、配电箱、灯杆、地上、地下管线、灯具、工作井以及照明附属设备等。

建设部1992年11月发布了《城市道路照明设施管理规定》。根据这个规定，城市道路照明设施规划、建设和改造计划应当纳入城市道路建设、改造和年度建设计划，并与其同步实施。城市道路照明设施的改建和维护，应当按照现有资金渠道安排计划。住宅小区和旧城改造中的城市道路照明设施建设应当纳入城市建设综合开发计划。城市道路照明设施中的灯杆，可以分为专用杆和合用杆。对道路两侧符合城市道路照明设施条件 电力杆和无轨电车杆在不影响其功能和交通的前提下应当予以利用。

城市建设行政主管部门必须对城市道路照明设施管理机构建立严格的检查和考核制度，及时督促更换和修复破损的照明设施，使亮灯率不低于95%。

各地根据城市道路的行人、车辆流量等因素实行分时照明；对气体放电灯采取无功补偿；采用先进的停电、送电控制方式；推广和采用高光效光源，逐步取代低光效光源；采用节能型的镇流器和控制电器；采用高效率的照明灯具，并定期对照明灯具进行清扫，提高照明效果等节能措施。

任何单位和个人在进行可能触及、迁移、拆除城市道路照明设施或者影响其安全运行的地上、地下施工时，应当经城市建设行政主管部门审核同意后，由城市道路照明设施管理机构负责其迁移或拆除工作，费用由申报单位承担。

城市道路照明设施附近的树木距带电物体的安全距离不得小于1m。因自然生长而不符合安全距离标准影响照明效果的树木，城市道路照明设施的管理机构应当及时剪修，并同时通知城市园林绿化管理部门。

任何单位和个人在损坏城市道路照明设施后，应当保护事故现场，防止事故扩大，并立即通知城市道路照明设施管理机构及有关单位。

二、城市防洪设施工程

（一）城市防洪设施的范围

城市防洪设施包括：城市防洪堤岸、侧坝、防洪墙、排涝泵站、排洪道及其附属设施。

城市防洪是城市建设的重要组成部分，同时又是河流流域防洪规划的一部分，做好城市防洪工作，对确保城市各项建设的顺利进行和人民生命财产免遭洪水灾害至关重要。为了使城市防洪纳入依法管理的轨道，从1979年起到1993年，国务院建设行政主管部门多次发布加强城市防洪工作的通知，要求防汛、水利和城建部门要建立健全各项制度，做到有法必依，执法必严，违法必究。1982年城乡建设环境保护部颁发的《市政工程设施管理条例》设专章规定了城市防洪的管理。另外，国家颁发的许多法规如《城市规划法》、《水法》、《河道管理条例》等，也都对城市防洪管理做了规定。

（二）城市防洪设施的规划和建设

根据《城市规划法》第15条的规定，编制城市规划应当符合防洪的要求，在可能发生严重水害的地区，必须在规划中采取相应的防洪措施。因此，城市防洪设施规划，既要以江河流域规划为依据，又要密切配合城市建设总体规划的实际情况全面规划。

城市防洪设施的建设要根据轻重缓急、近远期相结合、分期分批建设城市防洪设施，真正充分起到抗御洪水灾害的作用。

应当注意城市防洪设施的综合效益，不但要建设防洪堤坝，而且还应当根据需要和可能修建排洪泵站、涵闸，还可以把建设堤防和城市道路建设、园林绿化建设结合起来。

（三）城市防洪设施的维护

（1）在城市防洪设施防护带内，禁止乱挖、乱填、搭盖、摊放物料，不准进行有损防洪设施的任何活动。任何单位和个人不得擅自利用堤坝进行与防洪无关的活动和修建作业。

（2）在城市防洪设施保护带内，禁止在非码头区装卸或堆放货物。机械装卸设备需要装设在护岸、防水墙或排洪道上时，应经当地城市建设行政主管部门和防汛部门同意。

（3）在城市防洪堤和护堤地，禁止建房、放牧、开渠、打井、挖窖、葬坟、晒粮、存放物料以及开展集市贸易活动。

（4）城市内河的故道、旧堤、原有防洪设施等，非经城市建设行政主管部门批准，不得填堵、占用或者拆毁。

（5）城市建设行政主管部门应当根据《水法》、《城市规划法》、《河道管理条例》制定各种管理制度。建立健全管理机构，并根据需要建立执法队伍，依法进行管理。

三、城市排水工程

（一）城市排水的概念

城市排水是指城市生活污水、工业废水、大气废水回流和其他弃水的收集、输送、净化、利用和排放。

城市排水工程包括城市污水和雨水输送管网的管道、暗渠、泵站、出水口、窨井及附属设施、污水处理厂、污泥处理场、调蓄排水的湖和排污河道等。

（二）城市排水的规划与建设

（1）城市建设行政主管部门应当根据城市规划和城市经济发展计划的需要编制城市排水设施建设规划和年度建设计划，报城市人民政府批准后实施。

（2）建设单位在城市中进行新建、改建、扩建项目的，应当对需要增加排水设施用量进行评估，编制排水设施用量报告书，并在项目立项前，向项目所在地的城市建设行政主管部门提出增加用量申请，城市建设行政主管部门审查同意后，由建设单位随建设项目计划书一并上报计划部门审批。

（3）城市排水设施的建设资金，采取国家和地方投资、受益者集资、国内外贷款以及实行排水设施有偿使用等多种渠道筹集，专款专用，任何单位和个人不得挪作他用。

（4）承担城市排水设施建设任务的设计和施工单位必须具备相应的资格（质）证书，严禁无证或者越级承担设计和施工任务。城市排水设施建设项目必须严格执行国家和地方技术规范和标准，城市排水设施须经城市建设行政主管部门验收合格后，方可投入使用。

（三）排水设施的维护

1. 排水设施的保护

（1）不准在排水设施的防护区内修建建筑物、构筑物或者设置有碍维护作业的设施。严禁拆动、破坏、堵、占压、窃取排水设施的行为。

（2）严禁其他管道、电缆穿越排水管道和附属设施。城市内各项建设项目在施工时，必须注意保护排水设施。建设工程管线与排水管道交叉或者近距平行时，必须报经城市建设行政主管部门审查同意后，方可施工。因敷设地下管线损坏排水设施时，由建设单位负责修复赔偿。

2. 排水设施有偿使用

凡在城市规划区范围内直接或者间接使用城市排水设施的国有、集体、个体工商企业、服务和经营性事业单位，应当交纳排水设施有偿使用费，作为城市排水设施维修养护、运行管理和更新改造的专项资金。由城市建设行政主管部门提出使用计划，经审核后安排使用，专款专用。

长期以来，由于城市排水设施建设和运营缺少资金，致使城市排水建设滞后于经济发展，与保护和改善生活环境、生态环境、防治污染的要求不相适应。要改变这一状况，就要实行排水设施的有偿使用。在各单位使用城市排水设施所获得的效益中，包含了城市排水设施的服务效益。因此，征收排水设施使用费也是合理的。通过排水设施有偿使用费的征收，可以弥补财政的缺口，有利于节约用水，减少污水排放量，有利于加快排水设施的建设。

3. 使用城市排水设施单位的管理

（1）使用城市排水设施的单位（以下简称排水单位）专用排水设施需要与城市排水设施连接的，应当报经城市建设行政主管部门批准，发给排放污水许可证后，方可排放。

（2）排水单位应当采取有利于减少污水量和污染物的技术和措施。推行雨污分流体制，发展高效低耗能源的污水处理技术，积极发展污水综合治理，在缺水地区发展污水净化再用和海水利用技术。

（3）排水单位排放污水，应当遵照国家规定的水质排放标准排放。因特殊情况需要超标准排放污水的单位，应当报经城市建设行政主管部门批准并限期治理。

（4）严禁向城市排水设施内排放腐蚀物质、剧毒物质、易燃易爆物质和有害气体。排水单位因发生事故和意外事件，排放或泄漏有毒有害污水、物料，造成或者可能造成影响排水设施正常运行的事故时，应当及时采取治理措施，并向当地城市建设行政主管部门和环境保护部门报告。

第三节　城市公用事业法律制度

城市公用事业包括城市供水、供气、供热、公共交通等行业，它们都是城市的重要基础设施，是城市生产和人民生活不可缺少的物质条件．规范管理好城市公用事业，对于提高社会经济和环境效益，促进国民经济的发展，有着重要意义．

一、城市供水管理

（一）城市供水的概念

《城市供水条例》第2条规定："本条例所称城市供水是指城市公共供水和自建设施供水。公共供水，是指城市自来水供水企业以公共供水管道及其附属设施向单位和居民的生活、生产和其他各项建设提供用水。自建设施供水，是指城市的用水单位以其自行建设的供水管道及其附属设施主要向本单位的生活、生产和其他各项建设提供用水。"

（二）城市供水工程建设

（1）城市工程的建设，应当按照城市供水发展规划及其年度建设计划进行。要执行国家规定的基本建设程序，建立健全并执行工程立项、设计文件和开工报告审批、施工监督检查及竣工验收制度。

（2）城市供水工程的设计、施工，应当委托持有相应资质证书的设计、施工单位承担，并遵守国家有关技术标准和规范。禁止无证或超越资质证书规定的经营范围承担城市供水工程的设计、施工任务。

（3）城市供水工程竣工后，应当按照国家规定组织验收；未经验收或者验收不合格的，不得投入使用。

（4）城市新建、扩建、改建工程项目需要增加用水的，其工程项目总概算应当包括供水工程建设投资；需要增加城市公共供水量的，应当将其供水工程建设投资交付城市供水行政主管部门，由其统一组织城市公共供水工程建设。

（三）城市供水水源

（1）县级以上城市人民政府应当组织城市规划行政主管部门、水行政主管部门、城市供水行政主管部门和地质矿产行政主管部门等共同编制城市供水水源开发利用规划，作为城市供水发展规划的组成部分，纳入城市总体规划。

（2）编制城市供水水源开发利用规划，应当从城市发展的需要出发，并与水资源统筹规划和水长期供求计划相协调；编制城市供水水源开发利用规划，应当根据当地情况，合理安排利用地表水和地下水；编制城市供水水源开发利用规划，应当优先保证城市生活用水，统筹兼顾工业用水和其他各项建设用水。

（3）县级以上地方人民政府环境保护部门应当会同城市供水行政主管部门、水行政主管部门和卫生行政主管部门等共同划定饮用水水源保护区，经本级人民政府批准后公布；划定跨省、市、县的饮用水水源保护区，应当由有关人民政府共同商定并经其共同的上级人民政府批准后公布。

（4）在饮用水水源保护区内，禁止一切污染水质的活动。

（四）城市供水的经营

（1）城市自来水供水企业和自建设施对外供水的企业，必须经资质审查合格并经工商行政管理机关登记注册后，方可从事经营活动。

（2）城市自来水供水企业和自建设施对外供水的企业；①应当建立、健全水质检测制度，确保城市供水的水质符合国家规定的饮用水卫生标准。②应当按照国家有关规定设置管网测压点，做好水压监测工作，确保供水管网的压力符合国家规定的标准。禁止在城市公共供水管道上直接装泵抽水。③应当保持不间断供水。由于工程施工、设备维修等原因确需停止供水的，应当经城市供水行政主管部门批准提前 24h 通知用水单位和个人；因发生灾害或紧急事故，不能提前通知的，应当在抢修的同时通知用水单位和个人，尽快恢复正常供水，并报告城市供水行政主管部门。④应当实行职工持证上岗制度。

（3）用水单位和个人应当按照规定的计量标准和水价标准按时缴纳水费。

（4）禁止盗用或者转供城市公共供水。

（5）城市供水价格应当按照生活用水保本微利、生产和经营用水合理计价的原则制定。

（五）城市供水设施维护

（1）城市自来水供水企业和自建设施供水的企业对其管理的城市供水的专用水库、引水渠道、取水口、泵站、井群、输（配）水管网、进户总水表、净（配）水厂、公用水站等设施，应当定期检查维修，确保安全运行。

（2）用水单位自行建设的与城市公共供水管道连接的户外管道及其附属设施，必须经城市自来水供水企业验收合格并交其统一管理后，方可使用。

（3）在规定的城市公共供水管道及其附属设施的地面和地下的安全保护范围内，禁止挖坑取土或者修建建筑物、构筑物等危害供水设施安全的活动。

（4）因工程建设确需改装、拆除或者迁移城市公共供水设施的，建设单位应当报经县级以上人民政府城市规划行政主管部门和城市供水行政主管部门批准，并采取相应的补救措施。

（5）涉及城市公共供水设施的建设工程开工前，建设单位或者施工单位应当向城市自来水供水企业查明地下水管网情况。施工影响城市公共供水设施安全的，建设单位或者施工单位应当与城市自来水供水企业商定相应的保护措施，由施工单位负责实施。

（6）禁止擅自将自建设施供水管网系统与城市公共供水管网系统连接；因特殊情况确需连接的，必须经城市供水企业同意，报城市供水行政主管部门和卫生行政主管部门批准，并在管道连接处采取必要的防护措施。

（7）禁止产生或者使用有毒有害物质的单位将其生产用水管网系统与城市公共供水管网系统直接连接。

二、城市节约用水

建设部 1988 年发布《城市节水用水管理规定》. 主要内容有：

（1）城市人民政府应当在制定城市供水发展规划的同时，制定节约用水发展规划，并根据节约用水发展规划制定节约用水年度计划。各有关行业行政主管部门应当制定本行业的节约用水发展规划和节约用水年度计划。各有关行业行政主管部门应当制定本行业的节约用水发展规划和节约用水年度计划。

（2）工业用水重复利用率低于 40%（不包括热电厂用水）的城市，新建供水工程时，未经上一级城市建设行政主管部门同意，不得新增工业用水量。

（3）单位自建供水设施取用地下水，必须经城市建设行政主管部门核准后，依照国家规定申请取水许可。

（4）城市的新建、扩建和改建工程项目，应当配套建设节约用水设施，城市建设行政主管部门应当参加节约用水设施的竣工验收。

（5）城市建设主管部门应会同有关行业主管部门制定行业综合用水定额和单项用水定额。

（6）城市用水计划由城市建设行政主管部门根据水资源统筹规划和长期供水计划制定，并下达执行。超计划用水必须缴纳超计划用水加价水费。超计划用水加价水费，应当从税后留利或者预算包干经费中支出，不得纳入成本或者从当年预算中支出。超计划用水加价收费的具体征收办法由省、自治区、直辖市人民政府制定。超计划用水加价水费必须按规定的期限缴纳。逾期不交纳的，城市建设行政主管部门除限期缴纳外，并按日加收超计划用水加价水费 5‰的滞纳金。

（7）生活用水按户计量收费。新建住宅应当安装分户计量水表，现有住户未装分户计量水表的，应当限期安装。拒不安装生活用水分户计量水表的，城市建设行政主管部门应当责令其限期安装；逾期不安装的，由城市建设行政主管部门限制其用水量，可以并处罚款。

（8）各用水单位应当在用水设备上安装计量水表，进行用水单耗考核，降低单位产品用水量；应当采取循环用水，一水多用等措施，在保证用水质量标准的前提下，提高水的重复利用率。

（9）水资源紧缺的城市，应当在保证用水质量标准的前提下，采取措施提高城市污水利用率。沿海城市应当积极开发利用海水资源。有咸水资源的城市，应当合理开发利用咸水资源。

（10）城市供水企业

自建供水设施的单位应当加强供水设施的维修管理，减少水的漏损量。

（11）各级统计部门、城市建设行政主管部门应当做好节约用水统计工作。

（12）城市新建、扩建和改建工程项目未按规定配套建设节约用水设施或者节约用水设施经验收不合格的，由城市建设行政主管部门限制其用水量，并责令其限期完善节约用水设施，可以并处罚款。

三、城市供热管理

（一）城市集中供热的方针

城市供热要因地制宜，广开热源，并且力求技术先进、经济合理。今后，集中供热要根据工业用热和生活用热的需要，采取热电联产，建设集中供热的锅炉房，充分利用工业余热和开发地热等多种方式，在城市总体规划的指导下，有计划、有步骤地分期实施。凡是新建住宅、公用设施和工厂用热，在技术经济合理的条件下，都应采取集中供热，一般不再建分散的供热锅炉房。

（二）城市集中供热的管理体制

按照国务院关于各部委业务分工的规定，由建设部归口管理，负责拟定城市供热工作的方针、政策和法规，指导城市供热的管理工作。

生活用热规模较大的城市可以设立热力公司，负责城市热网、集中锅炉房的建设和管理工作。各单位建设各类供热锅炉房，应由计划部门组织规划、环保、供热管理、劳动、煤炭供应等部门审查批准。各城市人民政府要加强对集中供热工作的领导，协调各方面的工作。以工业用热为主的蒸汽供热设施的管理工作可采取企业自管、电力部门管理和地方管理等多种形式。

（三）城市集中供热的建设资金

（1）地方自筹；

（2）向受益单位集资，受益单位也可根据具体情况，从自有的更新改造资金和生产发展基金中，适当拿出一部分用于供热建设；

（3）从城市维护建设税中适当拿出部分资金补助城市民用集中供热网的建设；

（4）国家根据情况，可给予部分节能投资，以补助热力建设。

四、城市燃气管理

（一）城市燃气的概念

城市燃气是指供给城市中生活、生产等使用的天然气、液化石油气、人工煤气等气体燃料。

（二）城市燃气的生产、储存和输配

（1）城市燃气生产单位向城市供气的压力和质量应当符合国家规定的标准，无臭燃气应当按照规定进行加臭处理。在使用发生炉、水煤气炉、油制气炉生产燃气及电捕焦油器时，其含氧量必须符合《工业企业煤气安全规程》的规定。

（2）对于制气和净化使用的原料应当按批进行质量分析；原料品种作必要变更时，应当进行分析试验。凡达不到规定指标的原料，不得投入使用。

（3）城市燃气生产、储存和输配所采用的各类锅炉、压力容器和气瓶设备，必须符合劳动部门颁布的有关安全管理规定，按要求办理使用登记和建立档案，并定期检验；其安全附件必须齐全、可靠，并定期校验。凡有液化石油气充装单位的城市，必须设置液化石油气瓶定期检验站。气瓶定期检验站和气瓶充装单位应当同时规划、同时建设、同时验收运行。气瓶定期检验工作不落实的充装单位，不得从事气瓶充装业务。气瓶定期检验站须经省、自治区、直辖市人民政府劳动部门审查批准，并取得资格证书后，方可从事气瓶检

验工作。

(4) 城市燃气管道和容器在投入运行前，必须进行气密试验和置换。在置换过程中，应当定期巡回检查，加强监护和检漏，确保安全无泄漏。对各类防爆设施和各种安全装置，应当进行定期检查，并配足够的备用设备、备品备件以及抢修人员和工具，保证其灵敏可靠。

(5) 城市燃气生产、储存、输配经营单位应当对燃气管道及设施进行定期检查，发现管道和设施有破损、漏气等情况时，必须及时修理或更换。城市燃气生产、储存、输配系统的动火作业应当建立分级审批制度，由动火作业单位填写动火作业审批报告和动火作业方案，并按级向安全管理部门申报，取得动火证后方可实施。在动火作业时，必须在作业点周围采取保证安全的隔离措施和防范措施。

(6) 城市燃气生产、储存、输配单位和管理部门必须制定停气、降压作业的管理制度，包括停气、降压的审批权限、申报程序以及恢复供气的措施等，并指定技术部门负责。涉及用户的停气、降压工程，不宜在夜间恢复供气。除紧急事故外，停气及恢复供气应当事先通知用户。

(7) 任何单位和个人严禁在城市燃气管道及设施上修筑建筑物、构筑物和堆放物品。确需在城市燃气管道及设施附近修筑建筑物、构筑物和堆放物品时，必须符合城市燃气设计规范及消防技术规范中的有关规定。凡在城市燃气管道及设施附近进行施工，有可能影响管道及设施安全运营的，施工单位须事先通知城市燃气生产、储存、输配、经营单位，经双方商定保护措施后方可施工。

(8) 城市燃气生产、贮存、输配经营单位应当对燃气管道及设施定期进行检查，发现管道和设施有破损、漏气的情况时，必须及时修理或更换。

(三) 城市燃气的使用

(1) 单位和个人使用城市燃气必须向城市燃气经营单位提出申请，经许可后方可使用。城市燃气经营单位应当建立用户档案，与用户签订供气、使用合同协议。

(2) 使用城市燃气的单位和个人需要增加安装供气及使用设施时，必须经城市燃气经营单位批准。

(3) 城市燃气经营单位必须制定用户安全使用规定，对居民用户进行安全教育，定期对燃气设施进行检修，并提供咨询等服务；居民用户应当严格遵守安全使用规定。城市燃气经营单位对单位用户要进行安全检查和监督，并负责其操作和维修人员的技术培训。

(4) 使用燃气管道设施的单位和个人，不得擅自拆、改、装燃气设施和用具，严禁在卧室安装燃气管道设施和使用燃气，并不得擅自抽取或采用其他不正当手段使用燃气。

(5) 用户不得用任何手段加热和摔、砸、倒卧液化石油气钢瓶，不得自行倒罐、排残和拆修瓶阀等附件，不得自行改换检验标记或瓶体漆色。

(四) 城市燃气用具的生产和销售

(1) 城市燃气用具生产单位生产实行生产许可制度的产品时，必须取得归口管理部门颁发的《生产许可证》，其产品受颁证机关的安全监督。

(2) 民用燃具的销售，必须经销售地城市人民政府城建行政主管部门指定的检测中心（站）进行检测，经检测符合销售地燃气使用要求，并在销售地城市人民政府城建行政主管部门指定的城市燃气经营单位的安全监督下方可销售。

(3) 凡经批准销售的燃气用具，其销售单位应当在销售地设立维修站点，也可以委托当地城市燃气经营单位代销代修，并负责提供修理所需要的燃气用具零部件。城市燃气经营单位应当对专业维修人员进行考核。

（4）燃气用具产品必须有产品合格证和安全使用说明书，重点部位要有明显的警告标志。

（五）违反城市燃气管理法规的行为及其处罚

1. 违反城市燃气管理法规的行为

（1）在城市燃气管道及设施上修筑建筑物、构筑物和堆放物品的；

（2）在城市燃气管道及设施附近进行施工，有可能影响管道及设施安全运营的；

（3）未经批准擅自增加安装供气及使用设施的；

（4）擅自拆、改、迁、装燃气设施和用具的；

（5）擅自加热、摔、砸、倒卧液化石油气钢瓶和自行倒罐、排残、拆修瓶阀等附件、改换检验标记或瓶体漆色的；

（6）破坏、盗窃、哄抢燃气设施，尚不够刑事处罚的。

2. 违法行为的处罚

依据《城市燃气管理规定》对第（1）种行为，城市燃气生产、储存、输配、经营单位有权加以制止，并限期拆除违章设施和要求违章者赔偿经济损失。对第（2）至第（5）种行为，城市燃气生产、储存、输配、经营单位有权加以制止，责令恢复原状，对于屡教不改或者危及燃气使用安全的，城市燃气生产、储存、输配、经营单位可以报城市人民政府城市建设行政主管部门批准后，采取暂停供气的措施，以确保安全。对第（6）种行为，由公安机关依照《中华人民共和国治安管理处罚条例》给予处罚；构成犯罪的，由司法机关依法追究其刑事责任。

五、城市公共交通管理

（一）城市公共交通发展的原则与措施

1. 城市公共交通发展的原则

城市公共交通的发展必须实行公共交通优先的方针，坚持全面规划、统一管理、多家经营、协调发展的原则。

2. 城市公共交通管理措施

（1）通过经济、法律和行政手段来规范城市公共交通市场，建立和完善平等竞争、规则健全的统一市场。

（2）发挥公共汽车、电车、地铁、轻轨、轮渡企业在城市公共交通中的主体和骨干作用，利用国内外的各种经济力量发展公共交通事业。

（3）实行对城市公共交通的经营单位和个人的资质认证制度，维护各类公共交通的正常运营秩序。

（4）加强对小型公共汽车、出租汽车的经营权有偿出让和转让管理，所收费用主要用于城市公共交通的发展。

（5）建立城市公共交通线路专营权制度，制定具体实施办法，规定专营单位的权利、义务及法律责任。

（二）城市公共交通的经营

1. 实行经营审批制度

城市建设行政主管部门对经营城市公共交通营运、维修业务的单位和个人实行经营审批制度。未经批准，任何单位和个人不得经营城市公共交通。凡申请经营城市公共交通的单位和个人，必须经过当地城市建设行政主管部门的资质审查，合格后方可到公安、工商、税务等部门办理车（船）检验及其他登记手续，并报请物价部门核定运价。办理上述手续后，才可以在确定的范围内营业。经营者停业、歇业或者变更注册项目，应当经原批准机关同意，并办理有关手续。

2. 实行线路专营权制度

为了维护交通秩序，保证城市公共交通主干线路的营运，城市人民政府可以对公共汽车、电车实行线路专营权制度，即由城市政府授权有经营资格的经营者，在一定线路一定期限内享有专项经营公共汽车、电车的权利。实行专营管理，是由政府与经营者签订专营合同，规定政府和经营者各自承担的权利、义务和责任，并保证专营经营者能获得合理的经济收益及规定线路站点等设施的专有使用权，同时要求其保证为社会提供优质的服务。

3. 实行城市公共交通经营权有偿出让和转让制度

（1）城市公共交通经营权有偿出让。城市公共交通有偿出让是指城市政府以所有者的身份将城市公共交通经营权在一定期限内有偿出让给经营者的行为。实行经营权有偿出让应该坚持公开、公平和公正的原则，不得搞双重标准和内部照顾。除城市出租汽车外，小公共汽车经营权必须实施定线管理，公共汽车、电车、地铁、轻轨和轮渡等实施专营管理后，方可实行经营权有偿出让。经营权可以协议、招标、拍卖和政府规定的其他形式出让。经营权有偿出让的期限由地方人民政府规定，不得搞永久经营权。实行经营权有偿出让的城市应具备下列条件：①有城市公共交通规划和行业现状调查及发展预测的详细报告；②有健全的行业管理机构；③有城市建设行政主管部门颁发的经营权有偿出让实施办法和资质审查规定。

（2）经营者获得经营权的程序。申请经营者必须符合当地城市人民政府制定的资质条件，并提供实施办法所要求的有关证件和资料；申请获得经营权后，凭经营权有偿出让合同和经营权证书到有关部门办理开业手续。

（3）城市公共交通经营权有偿转让。城市公共交通经营权有偿转让是指获得经营权的经营者将经营权再转移的行为。经营权的转让应在城市行政主管部门的组织下进行。获得经营权转让费的增值部分上缴城市建设行政主管部门的比例不得少于40%。

（三）城市出租汽车管理

1. 城市出租汽车的管理机构及其职责

城市客运出租汽车由当地人民政府主管公共交通的部门统一管理，并建立和完善客运交通管理机构。客运管理机构对出租汽车管理的职责是：

（1）对全市客运出租汽车的发展实行统一规划，制定有关出租汽车管理的规章制度；

（2）在出租汽车经营者向工商行政管理机关申请开业、歇业或停业前，对其情况进行审查并提出意见，制发有关出租汽车经营的证件；

（3）配合物价、税务部门制定出租汽车统一收费标准、收费方法和收费票据，出租汽车收费标准按国家旅游局和国家物价局制定的《中国国际旅游价格管理暂行规定》执行；

（4）配合公安部门加强对出租汽车行业的治安和交通安全管理；

（5）对出租汽车经营者的活动，依照有关规定进行监督、检查、指导；

（6）负责处理乘客的投诉；

（7）检查本办法的执行情况，对违反本办法有关规定者进行教育、处罚。

2. 城市客运出租汽车的开业、停业管理

申请经营出租汽车业务的单位和个人，必须履行下列手续：

（1）单位持上级主管机关证明，个人持户籍证明和居住地街道办事处或乡、镇人民政府的证明，向客运管理机构提出申请。

（2）凭客运管理机构同意经营的证明和申请牌照的证件，向公安部门办理车辆检验登记备案；

（3）按照国家登记管理法规的有关规定，向工商行政管理机关申领营业执照，同时办理税务登记、第三者责任保险和乘客意外伤害保险，并报请物价管理部门核定所经营车辆的租价标准；凡接待涉外旅行团出租汽车业务者，须符合涉外旅游汽车接待标准。

（4）凭取得的上述证件向客运管理机构领取准运证件和服务标志，并办理统一收费凭证。

出租汽车经营者停业或歇业，须于10日前向客运管理机构申报，经批准后缴销有关出租汽车运营证件，向公安部门办理车辆停驶手续。办理歇业的，还须向工商行政管理机关办理注销登记手续，向公安部门办理注销登记和车辆停驶手续

3. 城市客运出租车辆管理。

出租汽车除应当符合公安部门对机动车辆的统一规定外，还必须符合下列规定：

（1）在车顶安装出租汽车标志灯，装置显示空车待租的明显标志（大客车和经批准的特殊用车除外）；

（2）在明显部位有经营者名称或标记；

（3）应安装经公安部门鉴定合格的报警装置；

（4）安装经计量部门鉴定合格的收费计价器，在车内张贴经当地物价部门确定的租价标准；

（5）保持车辆技术性能完好、车容整洁。

4. 对城市出租汽车经营者的管理。

（1）出租汽车经营者必须严格遵守国家法律和各项法规，接受当地客运管理、公安、旅游、物价、税务、计量部门和工商行政管理机关的管理、指导、监督和检查。

（2）出租汽车经营者必须执行当地物价部门制定的统一收费标准，使用统一票据。任何单位和个人不得擅自定价、改变收费方法或印制票据。

（3）出租汽车经营者要按照"安全第一、优质服务"的原则，建立、健全各项规章制度，并认真执行。

（4）出租汽车经营者要对本单位从业人员经常进行遵纪守法、职业道德教育和专业培训，不断提高从业人员的素质．对有严重不良行为经教育不改正的驾驶人员，应坚决调离、辞退或除名。

（5）出租汽车经营者必须执行客运管理机构协调运营业务的各项措施，及时调度车辆，完成外事、抢救、救灾等特殊任务。

5. 对城市出租汽车驾驶员的管理

出租汽车驾驶人员在运营服务时必须遵守下列规定：

（1）遵守国家治安、交通法规及有关各项规章制度；

（2）佩戴准运证件和服务标志；

（3）按计价器照章收费，不得以任何方式直接或变相多收车费，不得暗示、索要、私收礼物和小费；

（4）遵守国家外汇管理规定，不得收取和索要外币，不得与乘客套汇、换汇，营业中收取的外汇人民币应按国家规定上缴；

（5）接受客运管理稽查人员和公安、工商行政管理、物价等部门的检查，遵守营业场所秩序，服从调度人员调派，在公安部门同意停靠的路段，遇招手即停车；

（6）夜间去远郊或出市运营，要到营业站点登记；

（7）仪表端庄、服装整洁、热情服务、礼貌待客，不论里程远近，无正当理由不得拒载；

（8）发现违法犯罪分子或有违法犯罪嫌疑的人，应及时报告公安部门和本单位保卫部门，不得知情不报；

（9）严禁利用出租汽车运载赃物、违禁品和进行流氓、赌博等犯罪活动。

（四）城市公共交通车船乘坐管理

1. 城市公共交通车船的概念

城市公共交通车船是指在城市中供公众乘用的公共汽车（含中、小型公共汽车）、电车、地铁列车、旅游客车、出租汽车、索道缆车以及城市水上客运船只。乘客乘坐城市公共交通车船是要遵守一定乘坐秩序的，以保障城市交通安全和畅通，从而进一步加强城市公共交通管理。

2. 城市公共交通车船乘坐规则

乘客乘坐城市公共交通车船的应当遵守社会公德，讲究文明礼貌，服从乘运人员的管理，共同维护乘坐秩序。乘客必须遵守下列乘坐秩序：

（1）乘坐车、船，须在站台、码头或者指定的地点依次候乘，不准在车行道上招呼出租汽车，待车、船停稳后先下后上，依次登乘，不准强行上下；

（2）赤膊者、醉酒者、无人监护的精神病患者及无成年人带领的学龄前儿童，不准乘坐车、船；

（3）老、幼、残、孕妇及怀抱婴儿者优先上车、船，其他乘客应该主动给他们让座；

（4）乘坐车、船时，不得将身体的任何部位伸出车、船外；不准躺、卧、占据和蹬踏座席；不准打闹、斗殴；不准自行开关车、船门；不准损坏车、船设备、设施或者进行其他妨碍车、船行驶、停靠和乘客安全的行为；

（5）在车、船运行中，不准进入驾驶部位和其他有碍安全的部位，不得与驾驶员闲谈；

（6）在车、船内禁止吸烟，不准向车、船内外吐痰、乱扔杂物；

（7）车、船因故不能继续运行时，应当服从乘运人员的安排或者换乘其他车、船；

（8）到达票额规定的站或者车、船终点站后，必须离开车、船，不准越站乘坐或者随车、船返乘。

3. 票务管理

乘客乘坐城市公共交通车、船，必须遵守下列票务管理规定：

（1）主动照章购票或者出示月票，并接受乘运人员的查验；

（2）身高110cm（含110cm）以上的儿童必须购票，每一名乘客可以免费携带一名身高不足110cm的儿童乘坐车、船，超过一名的按超过人数购票。儿童集体乘坐车、船，应当按实际人数购票。

（3）车、船票限当次乘坐有效，但由乘运人员安排换乘的，所持车、船票继续有效；

（4）车、船票出售后，不予退票。

4. **法律责任**

乘客乘坐城市公共交通车、船，有下列行为之一的，由经营城市公共交通车、船的单位依照当地人民政府或者城市建设行政主管部门的规定对乘客给予补票或者数倍补票处理。

（1）无票乘坐的；

（2）越站乘坐的；

（3）使用废票或者过期月票乘坐的。此外，对拒绝乘运人员验票或者使用伪造票、他人月票或者私换月票照片的乘客，城市建设主管部门或者其授权单位可依据当地人民政府的有关规定处以罚款。乘坐城市公共交通车、船的乘客造成城市公共交通设备、设施损坏或者乘客、乘运人员财物损失、人身伤害的，由经营城市公共交通车、船的单位责令其停止违法行为，限期修复、赔偿经济损失。对构成违反治安管理行为的，由公安机关依据《中华人民共和国治安管理处罚条例》予以处罚。构成犯罪的，由司法机关依法追究刑事责任。

（五）城市客运车辆保养修理单位的管理

1. 管理机构及职责。

国务院建设行政主管部门主管全国城市客车保修管理工作。省、自治区人民政府建设行政主管部门负责本行政区域城市客车保修管理工作。县级以上城市人民政府公共交通行政主管部门负责本行政区域城市客车保修管理工作。

城市人民政府公共交通行政主管部门依照所在省、自治区人民政府建设主管部门和直辖市人民政府公共交通行政主管部门规定的开业条件对申请者进行资质审查，在接到申请之日起30日内作出审查决定。对已经从事城市客车保修业务的单位也要按照《城市客运车辆保养修理单位管理办法》的规定和所在省、自治区人民政府建设行政主管部门和直辖市公共交通行政主管部门制定的开业条件进行审查。审查不合格的，责令限期整顿；整顿后仍不合格的，不能继续经营城市客车保修业务。城市公共交通行政主管部门还应当对本行政区域内经营城市客车保修业务单位的资质条件、保养修理的质量和经营范围情况进行监督检查。

2. 城市客运车辆保养修理单位的权利义务。

经营城市客车保修业务的单位，应当按照核定的经营范围进行经营，如果需要变动城市客车保修业务，应当经城市公共交通行政主管部门审查同意后，按照有关规定办理变更登记。经营城市客车保修业务的单位，应当执行国家有关部门发布的国家标准或国务院建设行政主管部门等批准发布的行业标准。建立质量安全保证制度，执行城市客车保养修理工艺规范，保持设备完好。

从事整车保修、车身保修的单位应当对修理出厂的车辆实行保修制度。在保修期内因修理质量出现机件事故而造成人身伤亡和经济损失，由承修者负责。经营城市客车保修业

138

务的单位，应当使用套印税务机关发票监制章的统一发票，结算保修费用。

第四节　城市市容和环境卫生法律制度

一、城市市容管理

（一）建筑物和城市设施的市容管理

1. 建筑物和城市设施应当符合国家规定的城市容貌标准

城市中的建筑物和设施，应当符合国家规定的城市容貌标准。1986年城乡建设环境保护部批准发布的城市容貌标准要求：新建、扩建、改建一切建筑物，应当讲究建筑艺术，注意美观，其造型、装饰应当与周围环境相协调。城市中的市政公用设施，应当与周围环境相协调，例如：新建架空管线设施，应当避免跨越道路上空架设，避免因架空管线影响城市的景观；交通信号灯、噪声监测器、照明设施、电信设施等应当标志明显、整洁美观。已经建成的市政公用设施，应当维护和保持设施的完好、整洁。道路应当保持平坦，便于通行；路面出现坑凹、碎裂、隆起、溢水、塌方等情况，应当及时修复；地面设置的各种井盖应当保持齐备完好；给水、排水、排污管道应当保持畅通，自来水、污水、污物不得外溢，雨水积水应当及时排除；交通场、站应当平整、清洁，不得裸露土面。

2. 建筑物和城市设施应符合城市规划要求

（1）建筑物和城市设施的市容管理应始于城市规划阶段。《城市规划法》规定：编制城市规划应加强城市绿化建设和市容环境卫生建设。保护历史文化遗产、城市传统风貌、地方特色和自然景观。对外开放城市、风景旅游城市和有条件的其他城市，可以结合本地具体情况，制定严于国家规定的城市容貌标准；建制镇可以参照国家规定的城市容貌标准执行。

（2）建设项目竣工验收时，各类建筑物的平面位置、立面造型、装修色调等符合批准的规划设计要求。城市中的市政公用设施，应当与周围环境相协调，并维护和保持设施完好、整洁。例如：城市道路管理要求：凡在道路上新建或改建管线，埋设各种标志、杆件，搭设棚、亭、画廊、存车处等设施者，应报经市政工程管理部门同意，并由城市规划部门发照后，方准施工；铁路与道路平面交叉道口，应与城市道路接平，各种管线或检查窨井，应与路面衔接好。城市排水设施管理要求：不得在排水管道上，圈占用地或兴建构筑物，不得向排水明沟、检查井、雨水口内倾倒垃圾、粪便、渣土等杂物；排水系统采取分流制的，不准将雨水管和污水管混接。城市中的一切单位和个人都应保持建筑物的整洁、美观。在城市人民政府规定的街道的临街建筑物的阳台和窗外，不得堆放、吊挂有碍市容的物品。搭建或者封闭阳台必须符合城市人民政府市容环境卫生行政主管部门的有关规定。

（二）户外广告等的市容管理

在城市中设置户外广告、标语牌、画廊、橱窗等，应当内容健康、外型美观，并定期维修、油饰或者拆除。所谓内容健康要求：不得进行反动宣传；不得妨碍社会公共秩序和违背社会良好风尚；不得妨碍社会安定和危害人身、财产安全，损害社会公共利益；不得含有淫秽、迷信、恐怖、暴力、丑恶的内容；不得含有民族、种族、宗教、性别歧视的内容；不得出现法律、行政法规规定禁止的其他情形。

大型户外广告的设置必须征得城市人民政府市容环境卫生行政主管部门同意后，按照有关规定办理审批手续。市容环境卫生主管部门应当对大型广告牌设置的地点、位置、造型等是否影响城市容貌进行审查，以保证大型广告牌的设置不影响城市的容貌。

有下列情形之一的，不得设置户外广告：

（1）利用交通安全设施、交通标志的；

（2）影响市政公共设施、交通安全设施、交通标志使用的；

（3）妨碍生产或者人民生活，损害市容市貌的；

（4）国家机关、文物保护单位和名胜风景点的建筑控制地带；

（5）当地县级以上地方人民政府禁止设置户外广告的区域。

任何单位和个人不得在建筑物、设施以及树木上擅自涂写、刻画或者张贴。如果确要在城市中利用一些建筑物、设施搞一些标语、广告，张贴一些宣传画等活动，除要经过有关部门和单位的批准外，还必须得到市容和环境卫生行政主管部门的批准。经批准张贴的广告、标语、宣传画等，在污损和破损时应及时清理和更换，以保证这类活动不影响城市容貌。

（三）街道两侧和公共场地的市容管理

主要街道两侧的建筑物前，应当根据需要与可能，选用透景、半透景的围墙、栅栏或者绿篱、花坛（池）、草坪等作为分界，除特殊情况外，不得设置实体围墙。

临街树木、绿篱、花坛（池）、草坪等，应当保持整洁、美观，栽培、整修或者其他作业留下的渣土、枝叶等，管理单位、个人或者作业者应当及时清除。管理单位、个人与作业者应当在作业开始前即明确清除责任，以免日后发生纠纷。

任何单位和个人都不得在街道两侧和公共场地堆放物料，搭建建筑物、构筑物或者其他设施。因建设等特殊需要，在街道两侧和公共场地临时堆放物料，搭建非永久性建筑物、构筑物或者其他设施的，必须征得城市人民政府市容环境卫生行政主管部门同意后，按照有关规定办理审批手续。例如，在街道两侧和公共场地临时堆放物料的地点、时间、数量等是否影响市容，汽车候车站的设置是否美观，自行车存放处、汽车停车场、马路边商亭的设置是否影响街景等，必须经过市容和环境卫生行政主管部门审查同意后才能进行；同时，这些活动还需得到规划、工商、交通等有关行政主管部门的批准。

各地人民政府市容和环境卫生行政管理部门应根据法律、法规的要求，加强对临街建筑物的市容管理，对临街建筑物阳台封闭的设计、规格、材料、颜色等作出统一规定。

（四）交通运输工具的市容管理

在市区运行的交通运输工具，应当保持外型完好、整洁。

货运车辆运输的液体、散装货物，应当密封、包扎、覆盖，避免泄漏、遗撒。遵守这方面的规定，既是市容管理的需要，同时也涉及交通安全问题。机动车载物，要求：装载须均衡平稳，捆扎牢固；大型货运汽车载物，高度从地面起不准超过 4m，宽度不准超出车厢，长度前端不准超出车身，后端不准超出车厢 2m，超出部分不准触地；大型货运汽车挂车和大型拖拉机挂车载物，高度从地面起不准超过 3m，宽度不准超出车厢，长度前端不准超出车厢，后端不准超出车厢 1 米；载质量在 1000kg 以上的小型货运汽车载物，高度从地面起不准超过 2.5m，宽度不准超出车厢，后端不准超出车厢 1m；载质量不满 1000kg 的小型货运汽车、小型拖拉机挂车、后三轮摩托车载物，高度从地面起不准超过 2m，后端不准超出车厢 50cm；载物长度未超出车厢后栏板时，不准将栏板平放或放下，超出时，货物栏板不准遮挡号牌、转向灯、制动灯、尾灯。另外，货运机动车不准人、货混载。各种机动车辆标志不齐全，车体严重破损变形，车容明显不洁的不得在市区内行驶。城郊结合部主要路口应设置车辆冲洗站，净化车容。畜力车应当挂带粪兜，洒落的粪便应及时清理。

（五）工程施工现场的市容管理

目前，我国的城市建设正处于大发展时期，工程施工现场管理好坏对市容有很大的影响。城市的工程施工现场的材料、机具应当堆放整齐，渣土应当及时清运；临街工地应当设置护栏或者围布遮挡；停工场地应当及时整理并作必要的覆盖；竣工后，应当及时清理和平整场地。

建设部1991年12月5日发布的《建筑工程施工现场管理规定》对此有较为具体的规定：项目经理全面负责施工过程中的现场管理，建立施工现场管理责任制；施工应当在批准的施工场地内组织进行；施工单位应该保证施工现场道路畅通，排水系统处于良好的使用状态；保持场容场貌的整洁，随时清理建筑垃圾；在车辆、行人通行的地方施工，应当设置沟井坎穴覆盖物和施工标志。

二、城市环境卫生管理

（一）城市环境卫生设施的建设和设置

城市中的环境卫生设施，应当符合国家规定的城市环境卫生标准。环境卫生设施包括楼内垃圾道、楼外化粪池、垃圾站、公共厕所、小区环卫专用车辆停放场地和工人休息室。城市规划和设计部门，要把环境卫生设施列入规划，积极支持环卫设施的建设。在城市总体规划中，应当安排环境卫生专用车辆场、废弃物转运设施、无害化处理场和填埋用地。在详细规划中，则应当根据国家规定建设公共厕所、垃圾站、市容环境卫生工作用房。对此，《城市规划定额指标暂行规定》有明确的规定。

城市人民政府在进行城市新区开发或者旧区改造时，应当依照国家有关规定，建设生活废弃物的清扫、收集、运输和处理等环境卫生设施，所需经费应当纳入建设工程概算。在新区开发和旧区改建中环境卫生设施建设的经费应当在整个工程概算中保持适当的比例。

多层和高层建筑应当设置封闭式垃圾通道或者垃圾贮存设施，并修建清运车辆通道。城市街道两侧、居住区或者人流密集地区，应当设置封闭式垃圾容器、果皮箱等设施。

一切单位和个人都不得擅自拆除环境卫生设施；因建设需要必须拆除的，建设单位必须事先提出拆迁方案，报城市人民政府市容环境卫生行政主管部门批准。

（二）公共厕所的管理

城市公共厕所是指供城市居民和流动人口共同使用的厕所，包括公共建筑（如车站、码头、商店、饭店、影剧院、体育场馆、展览馆、办公楼等）附设的公厕。对公共厕所的管理主要依据《城市市容和环境卫生管理条例》和建设部1990年12月31日发布的《城市公厕管理办法》进行。

1. 城市公厕的规划

城市公厕应当按照"全面规划、合理布局、改建并重、卫生适用、方便群众、水厕为主、有利排运"的原则，依照《城市公共厕所规划和设计标准》及公共建筑设计规范进行规划建设。

下列城市公共场所应当设置公厕，并应当设立明显的标志或指路牌：

（1）广场和主要交通干道两侧；

（2）车站、码头、展览馆等公共建筑物附近。

城市公厕应当修建在明显易找、便于粪便排放或机器抽运的地段。新修建的公厕外观应当与周围环境相协调。

2. 城市公厕的建设和维修管理

城市人民政府市容环境卫生行政主管部门应按照规定的标准建设、改造或者支持有关单位建设、改造公共厕所。公厕的建设和维修管理，按照下列分工，分别由城市环境卫生单位和有关单位负责：

（1）城市主次干道两侧的公厕由城市人民政府环境卫生行政主管部门指定的管理单位负责；

（2）城市各类集贸市场的公厕由集贸市场经营管理单位负责；

（3）新建、改建居民楼群和住宅小区的公厕由其主管部门或经营管理单位负责；

（4）风景名胜、旅游点的公厕由其主管部门或经营管理单位负责；

（5）公共建筑附设的公厕由产权单位负责。

上述（2）、（3）、（4）、（5）项中的负责单位，可以与城市环境卫生单位商签协议，委托其代建和维修管理。新建公厕应当以水冲式厕所为主。对于原有不符合卫生标准的旱厕，应当逐步进行改造。

影剧院、商店、饭店、车站等公共建筑没有附设公厕或者原有公厕及其卫生设施不足的，应当按照城市人民政府环境卫生行政主管部门的要求进行新建、扩建或者改造。

3. 城市公厕的保洁和使用管理

城市人民政府市容环境卫生行政主管部门，应当配备专业人员或者委托有关单位和个人负责公共厕所的保洁和管理；有关单位和个人也可以承包公共厕所的保洁和管理。对公厕负有保洁和使用管理责任的单位也可与城市环境卫生单位商签协议，委托代管。

城市公厕的保洁，应当逐步做到规范化、标准化，保持公厕的清洁、卫生和设备、设施完好。城市人民政府环境卫生行政主管部门应当对公厕的卫生及设备、设施等进行检查，对于不符合规定的，应当予以纠正。

在旅游景点、车站、繁华商业区等公共场所独立设置的较高档次公厕，可以适当收费。

（三）公共场所和主要街道、广场、公共水域的环境卫生管理

公共场所和主要街道、广场、公费水域等的环境卫生管理，主要依据《城市市容和环境卫生管理条例》以及《城市道路和公共场所清扫保洁管理办法》等进行。

1. 环境卫生责任制

公共场所、主要街道、广场、公共水域等涉及的单位多，人员杂，国家为此规定了环境卫生责任制：

（1）按国家行政建制设立的主要街道、广场和公共水域的环境卫生，由环境卫生专业单位负责；

（2）居住区、街巷等地方由街道办事处负责组织专人清扫保洁；

（3）飞机场、火车站、公共汽车始末站、港口、影剧院、博物馆、展览馆、纪念馆、体育馆（场）和公园等公共场所，由本单位负责清扫保洁；

（4）机关、团体、部队、企事业单位，应当按照城市人民政府市容环境卫生行政主管部门划分的卫生责任区负责清扫保洁；

（5）城市集贸市场，由主管部门（工商行政管理部门）负责组织专人清扫保洁；

（6）各种摊点，由从业者负责清扫保洁；

（7）城市港口客货码头作业范围内的水面，由港口客货码头经营单位责成作业者清理保洁；

（8）在市区水域行驶或者停泊的各类船舶上的垃圾、粪便，由船上负责人依照规定处理。

2. 城市道路和公共场所清扫保洁管理办法

城市道路和公共场所的清扫、保洁工作应当与城市道路和公共场所的建设、改造相协调。城市建设行政主管部门应当把城市道路和公共场所的清扫、保洁所需经费纳入城市维护建设资金使用计划，并根据需要，每年适当增加或调整。

城市人民政府市容环境卫生行政主管部门应当不断改善道路和公共场所清扫作业条件，积极开展机械化清扫，有条件的城市要对道路、公共场所地面实行水洗和建立进城车辆清洗站。在炎热季节，适时组织对重点道路实行洒水、降温、压尘。

负责清扫、保洁本责任区的道路和公共场所的单位，应当配备足够的垃圾容器和运输工具。城市清扫的垃圾、冰雪，应当运到指定的堆放场地。城市中的所有单位和市民，应按照城市市容环境卫生行政主管部门划分的卫生责任区，承担扫雪等义务劳动。

凡从事城市道路和公共场所经营性清扫、保洁和进城车辆冲洗等经营性服务的单位和个人，必须向城市市容环境卫生行政主管部门申请资质审查，经批准后方可从事经营性服务。

城市中的单位和个人，必须维护城市道路和公共场所的清洁，并严格遵守下列规定：

（1）不随地吐痰、便溺，不乱丢烟蒂、纸屑、瓜果皮核及各类包装等废弃物；

（2）不在道路和公共场所堆放杂物；

（3）车辆运载散体、流体物资时，不准沿街撒落；

（4）凡在道路和公共场所作业产生的废弃物、渣土等，必须及时清除，并运到指定地点；

（5）施工现场的运输车辆禁止夹带泥土，保持道路清洁。

城市人民政府市容环境卫生行政主管部门的监察队伍或检查人员，负责对各单位（包括环境卫生专业单位、服务经营公司）、个人分工负责的道路和公共场所清扫、保洁、进行监督和检查。对违反清扫保洁规定的单位和个人，有权责令其停止违法行为，并视其情节轻重，给予批评、警告、赔偿损失、罚款等处罚。

（四）生活废弃物的收集、运输和处理

生活废弃物即生活垃圾，是指城市中的单位和居民在日常生活及为生活服务中产生的废弃物，以及建筑施工活动中产生的垃圾。建设部 1993 年 7 月 21 日发布了《城市垃圾管理办法》，加强对生活废弃物的管理。城市人民政府市容环境卫生行政主管部门对城市生活废弃物的收集、运输和处理实施监督管理。

1. 城市生活垃圾的倾倒

城市居民必须按当地规定的地点、时间和其他要求，将生活垃圾倒入垃圾容器或者指定的生活垃圾场所。

对城市生活废弃物应当逐步做到分类收集、运输和处理。在城市生活垃圾实行分类、袋装收集的地区，应当按当地规定的分类要求，将生活垃圾装入相应的垃圾袋内投入垃圾容器或者指定的生活垃圾场所。废旧家具等大件废弃物应当按规定时间投放在指定的收集场所，不得随意投放。

单位处理产生的生活垃圾，必须向城市市容环境卫生行政主管部门申报，按批准指定的地点存放、处理，不得任意倾倒。无力运输、处理的，可以委托城市市容环境卫生管理单位运输、处理。

单位和个人不得将有害废弃物混入生活垃圾中。

城市中的所有单位和居民都应当维护环境卫生，遵守当地有关规定，不得乱倒、乱丢垃圾。

2. 城市生活垃圾的无害化处理和综合利用

对垃圾、粪便应当及时清运，并逐步做到垃圾、粪便的无害化处理和综合利用。

国家鼓励发展城市生活垃圾的回收利用，逐步实行城市生活垃圾治理的无害化、资源化和减量化。

3. 城市生活垃圾存放、运输的设施、车辆

存放生活垃圾的设施、容器必须保持完好，外观和周围环境应当整洁。未经城市市容环境卫生行政主管部门批准，任何单位和个人不得任意搬动、拆除、封闭和损坏。

生活垃圾运输车辆必须做到密闭化，经常清洗，保持整洁、卫生和完好状态。城市生活垃圾在运输途中，不得扬、撒、遗漏。

4. 禁止行为

有下列行为之一的，由城市市容环境卫生行政主管部门或者其委托的城市市容环境卫生管理单位分别给予警告、责令其限期改正、赔偿经济损失，并处以罚款：

（1）未经城市市容环境卫生行政主管部门批准，从事城市生活垃圾经营性清扫、收集、运输、处理等服务的；

（2）将有害废弃物混入生活垃圾中；

（3）不按当地规定地点、时间和其他要求任意倾倒垃圾的；

（4）影响存放垃圾的设施、容器周围环境整洁的；

（5）随意拆除、损坏垃圾收集容器、处理设施的；

（6）垃圾运输车辆不加封闭、沿途扬、撒、遗漏的；

（7）违反城市生活垃圾管理办法其他行为的。

（五）环境卫生管理的社会化服务

《城市市容和环境卫生管理条例》规定：环境卫生管理应当逐步实行社会化服务。这是在市场经济条件下，社会分工专业化、社会化的必然趋势。环境卫生管理的社会化服务，根据不同的情况，可以有以下两个途径：

1. 成立环境卫生专业单位

有条件的城市，可以成立环境卫生服务公司。凡委托环境卫生专业单位清扫、收集、运输和处理废弃物的，应当交纳服务费。

2. 由物业管理公司进行环境卫生管理

目前物业管理是房地产管理中在推行的制度。物业管理公司需对各类房屋建筑和附属配套设施及场地，以经营的方式进行管理。其管理涉及多个方面，环境卫生管理也是其重

要的一环。物业管理公司可以直接雇人进行环境卫生管理，也可委托环境卫生专业单位进行环境卫生管理。

环境卫生管理的社会化服务，可以使环境卫生管理职业化、专业化，从而提高管理水平。同时，还可以减轻政府和单位的经济压力。因为环境卫生管理的社会化服务是有偿服务，所收费用可以解决环境卫生管理经费的不足。

三、违反城市市容和环境卫生管理的法律责任

违反城市市容和环境卫生管理的行为应承担的法律责任主要是行政责任，如构成犯罪的，则应承担刑事责任。对违反城市市容和环境卫生管理的行为进行行政处罚时，应根据不同的具体情况分别进行处理。

（一）责令纠正违法行为、采取补救措施，并处警告、罚款

有下列行为之一者，城市人民政府市容环境卫生行政主管部门或者其委托的单位除责令其纠正违法行为、采取补救措施外，可以并处警告、罚款：

（1）随地吐痰、便溺，乱扔果皮、纸屑和烟头等废弃物的；

（2）在城市建筑物、设施以及树木上涂写、刻画或者未经批准张挂、张贴宣传品等的；

（3）在城市人民政府规定的街道的临街建筑物的阳台和窗外，堆放、吊挂有碍市容的物品的；

（4）不按规定的时间、地点、方式，倾倒垃圾、粪便的；

（5）不履行卫生责任区清扫保洁义务或者不按规定清运、处理垃圾和粪便的；

（6）运输液体、散装货物不作密封、包扎、覆盖，造成泄漏、遗撒的；

（7）临街工地不设置护栏或者不作遮挡、停工场地不及时整理并作必要覆盖或者竣工后不及时清理和平整场地，影响市容和环境卫生的。

（二）责令限期处理，可并处罚款

未经批准擅自饲养家畜家禽影响市容和环境卫生的，由城市人民政府市容环境卫生行政主管部门或者其委托的单位，责令其限期处理或者予以没收，并可处以罚款。

（三）责令停止违法行为，限期清理、拆除或者采取其他补救措施，可并处罚款

对下列行为，可责令其停止违法行为，限期清理、拆除或者采取其他补救措施，可并处罚款：

（1）未经同意擅自设置大型户外广告，影响市容的；

（2）未经城市人民政府市容环境卫生行政主管部门批准，擅自在街道两侧和公共场地堆放物料，搭建建筑物、构筑物或者其他设施，影响市容的；

（3）未经批准擅自拆除环境卫生设施或者未按批准的拆迁方案进行拆迁的。

凡不符合城市容貌标准、环境卫生标准的建筑物或者设施，由城市人民市容环境卫生行政主管部门会同城市规划行政主管部门，责令有关单位和个人限期改造或者拆除；逾期未改造或者未拆除的，经县级以上人民政府批准，由城市人民政府市容环境卫生行政主管部门或者城市规划行政主管部门组织强制拆除，并可处以罚款。

（四）责令其恢复原状，可并处罚款

损坏各类环境卫生设施及其附属设施的，城市人民政府市容环境卫生行政主管部门或者其委托的单位除责令其恢复原状外，可以并处罚款。

（五）治安处罚、行政处分和刑事责任

盗窃、损坏各类环境卫生设施及其附属设施，应当给予治安管理处罚的，依照《治安管理处罚条例》的规定处罚；构成犯罪的，依法追究刑事责任。

侮辱、殴打市容和环境卫生工作人员或者阻挠其执行公务的，依照《治安管理处罚条例》的规定处罚；构成犯罪的，依法追究刑事责任。

城市人民政府市容环境卫生行政主管部门工作人员玩忽职守、滥用职权、徇私舞弊的，由其所在单位或者上级主管机关给予行政处分；构成犯罪的，依法追究刑事责任。

（六）对行政处罚的复议和起诉

当事人对行政处罚决定不服的，可以自接到处罚通知之日起15日内，向作出处罚决定机关的上一级机关申请复议，上一级机关应当依法作出复议决定。对复议决定不服的，可以自接到复议决定书之日起15日内向人民法院起诉。当事人也可以自接到处罚通知之日起15日内直接向人民法院起诉。此类诉讼为行政诉讼，应依照《行政诉讼法》的有关规定进行。当事人如果直接向人民法院提起诉讼，则作出处罚决定的行政机关为被告；如果经复议，复议机关决定维持处罚的，仍以原行政机关为被告，复议机关改变原处罚决定的，则应以复议机关为被告。当事人期满不申请复议、也不向人民法院起诉、又不履行处罚决定的，由作出处罚决定的机关申请人民法院强制执行。对治安管理处罚不服的，依照《治安管理处罚条例》的规定办理。

第五节　城市园林绿化法律制度

一、城市绿化管理

（一）城市绿化管理体制

根据《城市绿化条例》第7条规定，城市绿化管理体制是：

（1）国务院设立全国绿化委员会，统一组织领导全国城乡绿化工作，其办公室设在国务院林业行政主管部门。

（2）国务院城市建设行政主管部门和国务院林业行政主管部门等，按照国务院规定的职权划分，负责全国城市绿化工作。

（3）地方绿化管理体制，由省、自治区、直辖市人民政府根据本地实际情况规定。

（4）城市人民政府城市绿化行政主管部门主管本行政区域内城市规划区的城市绿化工作。

（5）在城市规划区内，有关法律、法规规定由林业主管部门等管理的绿化工作，依照有关法律、法规执行。

（二）城市绿化的规划与建设

（1）城市人民政府应当组织城市规划行政主管部门和城市绿化行政主管部门等共同编制城市绿化规划，并纳入城市总体规划。

（2）城市绿化规划应当从实际出发，根据城市发展需要，合理安排同城市人口和城市面积相适应的城市绿化用地面积；城市人均公共绿地面积和绿化覆盖率等规划指标，由国务院城市建设行政主管部门根据不同城市的性质、规模和自然条件等实际情况规定。

（3）城市绿化规划，应当根据当地的特点，利用原有的地形、地貌、水体、植被和历史文化遗址等自然、人文条件，以方便群众为原则，合理设置公共绿地、居住区绿地、防护绿地、生产绿地和风景林地等。

（4）城市绿化工程的设计，应当委托持有相应资格证书的设计单位承担。所谓"相应资格证书的设计单位"是指国家或地方主管部门根据统一标准和业务范围按照一定程序评定合格，并取得相应等级的设计资格证书的设计单位。根据有关规定，城市绿化工程专业设计资格分为甲、乙、丙、丁四级，并对具有这四级资格的设计单位的业务范围分别作了相应规定，如具有甲级设计资格的设计单位业务范围不受限制；具有乙级设计资格的设计单位可承担中、小型园林绿化工程设计，地区不限；具有丙级设计资格的设计单位可承担单位所在地范围内的中、小型园林绿化工程设计；具有丁级设计资格的设计单位可承担所属地区范围内的小型园林绿化工程设计。甲级设计资格评定由国务院建设行政主管部门负责，乙级以下设计资格评定由省、自治区、直辖市建设行政主管部门和下属行政主管部门负责。工程建设项目的附属绿化工程设计方案，按照基本建设程序审批时，必须有城市人民政府城市绿化行政主管部门参加审查。工程建设项目的附属绿化工程，是指所有在城市中进行的新建、扩建、改建的工业、民用、公共建筑等工程建设项目中的有关建设的子项目，或者是属于单位附属绿地的绿化建设项目。此外，对城市的公共绿地、居住地、风景林地和干道绿化带等绿化工程的设计方案，必须按照规定报城市人民政府城市绿化行政主管部门或者其上级行政主管部门审批。

城市绿化工程的设计，应当借鉴国内外先进经验，体现民族风格和地方特色。城市公共绿地和居住区绿地的建设，应当以植物造景为主，选用适合当地自然条件的树木花草，并适当配置泉、石、雕塑等景物。

（5）城市绿化工程的施工，是城市绿化建设的重要实施阶段，对提高城市绿化水平具有举足轻重的作用。因此，《城市绿化条例》第16条规定："城市绿化工程的施工，应当委托有相应资格证书的单位承担。绿化工程竣工后，应当经城市人民政府城市绿化行政主管部门或者该工程的主管部门验收合格后，方可交付使用。"

城市新建、扩建、改建工程项目和开发住宅区项目，需要绿化的，其基本建设投资中应当包括配套的绿化建设投资，并统一安排绿化施工，在规定的期限内完成绿化任务。

（三）城市绿化的保护和管理

（1）城市公共绿地、风景林地、防护绿地、行道树及干道绿化带的绿化，由城市人民政府城市绿化行政主管部门管理；各单位管界内的防护绿地的绿化，由该单位按照国家有关规定管理；单位自建的公园和单位附属绿地的绿化，由该单位管理；居住区绿地的绿化，由城市人民政府城市绿化行政主管部门根据实际情况确定的单位管理；城市苗圃、草圃和花圃等，由其经营单位管理。

（2）任何单位和个人都不得擅自改变城市绿化规划用地性质或者破坏绿化规划用地的地形、地貌、水体和植被。任何单位和个人都不得擅自占用城市绿化用地；占用的城市绿化用地，应当限期归还。因建设或者其他特殊需要临时占用城市绿化用地，须经城市人民政府城市绿化行政主管部门同意，并按照有关规定办理临时用地手续。对于未经同意擅自占用城市绿化用地的，由城市绿化行政主管部门责令限期退还、恢复原状，可以并处罚款；造成损失的，应负赔偿责任。

（3）任何单位和个人都不得损坏城市树木花草和绿化设施。砍伐城市树木，必须经城市人民政府城市绿化行政主管部门批准，并按照国家有关规定补植树木或者采取其他补救措施。城市的绿地管理单位，应当建立、健全管制制度，保护树木花草繁茂及绿化设施完好。为保证管线的安全使用需要修剪树木时，必须经城市人民政府城市绿化行政主管部门批准，按照兼顾管线安全使用和树木正常生长的原则进行修剪。承担修剪费用的办法，由城市人民政府制定。因不可抗力至使树木倾斜危及管线安全时，管线管理单位可以先行修剪、扶正或者砍伐树木，但是，应当及时报告城市人民政府城市绿化行政主管部门和绿地管理单位。对城市古树名木（百年以上树龄的树木，稀、珍贵树木，具有历史价值或者重要纪念意义的树木）实行统一管理，分别养护。城市人民政府城市绿化行政主管部门，应当建立古树名木的档案和标志，划定保护范围，加强养护管理。在单位管界内或者私人庭院内的古树名木，由该单位或者居民负责养护，城市人民政府城市绿化行政主管部门负责监督和技术指导，严禁砍伐或者迁移古树名木。因特殊需要迁移古树名木，必须经城市人民政府城市绿化行政主管部门审查同意，并报同级或者上级人民政府批准。根据《城市绿化条例》第 27 条规定，对损坏城市树木花草的，擅自修剪或者砍伐城市树木的，砍伐、擅自迁移古树名木或者因养护不善致使古树名木受到损伤或者死亡的，损坏城市绿化设施的，由城市人民政府城市绿化行政主管部门或者其授权的单位责令停止侵害，可以并处罚款，造成损失的，应当负赔偿责任；应当给予治安管理处罚的，依照《中华人民共和国治安管理处罚条例》的有关规定处罚；构成犯罪的，依法追究刑事责任。

（4）根据《城市绿化条例》第 22 条之规定，在城市的公共绿地内开设商业、服务摊点的，必须向公共绿地管理单位提出申请，经城市人民政府城市绿化行政主管部门或者其授权的单位同意后，持工商行政管理部门批准的营业执照，在公共绿地管理单位指定的地点从事经营活动，并遵守公共绿地和工商行政管理的规定。

（5）未经同意擅自在城市公共绿地内开设商业、服务摊点的，由城市人民政府城市绿化行政主管部门或者其授权的单位责令限期迁出或者拆除，可以并处罚款；造成损失的，应负赔偿责任。对不服从公共绿地管理单位管理的商业、服务摊点，由城市人民政府城市绿化行政主管部门或者其授权的单位给予警告，可以并处罚款；情节严重的，由城市人民政府城市绿化行政主管部门取消其设点申请批准文件，并可以提请工商行政管理部门吊销营业执照。

二、城市园林管理

（一）城市园林及城市园林绿地

1. 城市园林

城市园林是指在城市区域内运用工程技术和艺术手段，通过改造地形、种植树木花草、营造建筑和布置园路等途径创造而成的美的自然环境和游憩境域。园林包括庭园、宅园、小游园、花园、公园、植物园、动物园等。

2. 城市绿地

城市园林绿地，包括以下六类：

（1）公共绿地。指供群众游憩观赏的各种公园、动物园、植物园、陵园以及小游园、街道广场的绿地。

（2）专用绿地。指工厂、机关、学校、医院、部队等单位和居住区内的绿地。

（3）生产绿地。指为城市园林绿化提供苗木、花草、种子的苗圃、花圃、草圃等。

（4）防护绿地。指城市中用于隔离卫生、安全等防护目的林带和绿地。

（5）风景林地。指具有一定景观价值，对城市整体风貌和环境起作用，但尚未完善游览、休息娱乐等设施的绿地。

（6）居住区绿地是指居民区内除公园以外的其他绿地。

（二）园林的规划建设

1. 城市园林的规划

（1）城市园林绿化规划是城市总体规划的组成部分，由城市规划部门会同园林部门共同编制，园林部门组织实施。凡规划确定的绿地，不得改作他用。如确需变动时，应报经原审批部门批准。

（2）城市园林绿化规划要根据当地特点和条件，合理布局，远、近期结合，点、线、面结合，构成完整的绿地系统。每个城市都要有与人口相应的绿地面积，不断提高绿化覆盖率。近期内凡有条件的城市，要把绿化覆盖率提高到 30%；公共绿地面积达到每人 $3\sim5m^2$。本世纪末，城市中一切可以绿化的地方都要绿化起来，做到"黄土不露天"；公共绿化面积达到每人 $7\sim11m^2$。

（3）城市新建区的绿化用地，应不低于总用地面积的 30%；旧城改建区的绿化用地，应不低于总用地面积的 25%。

2. 城市园林的建设

（1）城市园林绿化建设，必须按规划有计划地进行。各类绿地在施工前要做出设计，并按基本建设程序经过审查批准。绿化建设所需投资应纳入基本建设计划。各单位新建、扩建项目和统建居住小区的投资，应包括绿化费用。城市给水规划和建设计划中，应包括绿化用水的管网和计入绿化用水量。

（2）园林建设要继承和发扬我国优秀园林艺术传统，注意吸收国外先进经验，努力创造适应现代生活的新型园林风格。要从实际出发，按照园林的性质、要求和当地条件，精心设计，精心施工。要提倡主要以植物材料造园，园林建筑和其他设施应安排适度，不要过多。园林建设既要讲求艺术，又要经济合理，做到投资省、效果好。

（3）动物园的建设要严格控制。新建或扩建动物园必须具备饲养、医疗、防疫等物质设备和技术条件，不可盲目发展，不要片面追求动物品种数量。笼舍建设要朴素自然，尽量适应动物的生活习惯，不要华而不实。

（4）有条件的城市应建设和发展植物园，作为园林植物科学研究和科普教育的基地，也可开放供观赏游览。要大力收集植物品种，搞好引种驯化，培育适宜本地生长的优良品种，丰富园林绿化的植物材料。

（5）苗木是园林绿化建设的物质基础，要重视城市园林苗圃建设，逐步做到苗木自给。园林苗圃用地面积应为城市建成区面积的 2%～3%。园林部门在搞好专业苗圃建设的同时，还应支持和帮助有条件的工厂、机关、部队、学校等单位开展群众育苗。

（6）绿化工程要加强技术管理，严格按技术规程施工，保证栽植质量，提高树木花草成活率和保存率。

（三）园林绿地、植物的管理

（1）城市的公共绿地、生产绿地、防护绿地、风景名胜区由城市园林部门经营管理。专用绿地和其他单位营造、管理的防护林带，由各单位自行管理，园林部门在业务上进行指导、检查和监督。绿化任务大的单位，应有专业队伍或专职人员负责专用绿地的养护管理工作。

（2）城市园林绿地，不准任何单位及个人占用，已被占用的绿地，要限期退还。

（3）城市公共绿地是广大群众观赏游憩的场所，必须保护树木花草繁茂，园容整洁美观，设施完好，并不断充实植物品种，提高园艺水平。为保证公共绿地有良好的秩序，确保游人及园林设施的安全，园林部门要建立健全各项管理办法和游览制度，并严格执行。

（4）公共绿地内的饮食、照相、小卖部等服务业，由园林部门经营管理，业务上接受商业服务部门的指导。

（5）园林绿地内的文物古迹，要认真加以保护，要保持历史特点，维持其原有面貌，不得随意改建、拆迁。文物古迹及古典园林的周围，不准建设高度、体量、色彩、风格不协调的建筑物及其他设施。

（6）园林绿地内的植物应妥善保护。任何个人和单位都不许在园林绿地内毁损花木、倾倒污物、堆置物品、挖沙采石、割草取土、放牧捕猎、开荒垦殖。为保证园林植物生长繁茂，要切实搞好养护管理，适时松土、灌溉、施肥、修剪和防治虫病害。

（7）百年以上的木树和稀有、名贵树种以及具有历史价值和纪念意义的树木，统称古树名木。古树名木是活的文物，是国家的宝贵财富，树权为国有。要建立档案和标志，进行重点保护，严禁砍伐破坏。城市中的古树名木，由园林部门负责管理。散生于各单位范围内的，由各单位负责养护，园林部门负责监督和技术指导。

（8）城市园林部门管辖范围内的树木，归园林部门所有。各单位在其管界内自行种植养护的树木，树权和收益归单位所有。居住区内的树木，树权和收益归负责此居住区绿化的部门所有。私有庭院个人种植养护的树木，树权和收益归个人所有。

（9）城市植树的主要目的是维护生态平衡、改善环境、美化城市，所有树木都要加以保护。无论公有或私有树木的砍伐，均需报园林部门审查批准；未经园林部门许可，任何单位和个人都不得砍伐。

（10）行道树及干道上的绿化带，由园林部门负责管理。行道树与架空线路、地下管线发生矛盾需要修剪时，由线路管理单位与园林部门协商进行修剪。

（11）建设单位经申请批准砍伐非本单位所有的树木时，应按园林部门规定的标准补偿绿化费。申请伐树单位，须按规定补植树木。

（12）引进种苗必须进行检疫，不符合检疫标准的种苗不准引进。珍稀和濒于灭绝的苗木及其种质资源的交换、引进，须按国家有关规定办理。

【案例1】

××市××进出口公司××经营部，坐落于××市××区张贵庄路××号，该经营部将原有经营工艺品改为经营家电商品后，其临街门脸商业用房在原有基础上进行装饰粉刷，1996年3月份进行外檐装修、更换牌匾。经核查，该经营部没有办理有关市容审批手续，属于无照施工。张贵庄路属××市整修后道路。

鉴于以上情况，××城市建设管理监察河东中队决定对××市××进出口公司××经营部处以300元罚款，并限期将违章状况改正并前往市容管理机构补办手续，写出书面检查。

《城市市容和环境卫生管理条例》规定："一切单位和个人都应当保持建筑物的整洁美观。""单位和个人在城市建筑物、设施上张挂、张贴宣传品等，须经城市人民政府市容环境卫生行政主管部门或者其他有关部门批准。"《××市市容管理处罚规定》第十二条规定为："对未经批准擅自拆改整修后的街道两侧建筑物、围墙、或改变建筑物、围墙的外檐结构造型、装饰、色调、以及损坏装饰、私开门脸的，责其停止违章行为、恢复原状、赔偿经济损失，并视情节处 500 元以下罚款。"同时还规定：对违反市容环境管理制度的行为，除有关管理部门依法查处外，市市容卫生管理委员会可以责成城市建设管理监察队进行处罚。

根据以上规定，××城市建设管理监察河东中队作出了处理决定。

【案例 2】

原告：某街道办事处

被告：某绿化委员会办公室

1986 年，某街道办事处经某绿化办主任黄某同意，在某区绿化带上兴建清扫队办公室及仓库用房。1986 年 11 月 1 日，某街道办事处将建房报告送某区城建局审批，该局在报告上签署了："根据上述情况，经研究同意建 50m²，用于民办清扫队的临时设施，树木由建方移栽"的意见。1987 年 1 月 20 日，某街道先在绿化带的另一位置打桩放线，后因位置太窄等原因，又在原确定的位置施工。在现场施工的绿化带打了长 14.6m，宽 4.2m，面积为 61.32m² 的钢筋混凝土基础，并将该地的 17 棵水杉树移栽到北面绿化带上。由于该位置建房会影响有关单位的通风、安全及垃圾运出，后在某市规划办、市政管理处等单位制止下，某街道办事处于同年 2 月 25 日停止施工。所移栽的 17 棵树林，成活 10 棵，死亡 7 棵。9 月 3 日，某绿化办公室认为某街道办事处，一无市规划办的建设许可文件，二无市绿化办移（砍）树木的审批手续，擅自毁坏某塘坝绿化带定植的 17 棵水杉树，因此发某绿办字 (87) 第 11 号《绿化损坏罚款通知书》对某街道办罚款 3600 元，对某街道负责人张某罚款 100 元。某街道办事处不服，向某市某区人民法院提起诉讼。

某区人民法院经审理后认为：原告在建房，移栽树木前，虽然取得了某区城建局的同意，但并未办理施工和移栽树木的许可证，在施工中又擅自扩大建房面积，并将临时设施建成永久性用房，因此，对绿化带的损失应负主要责任。某区城建局越权批准建临时设施，无权批移栽树木，其批示无效，对本案应负一定责任。但当该局主要负责人在知道自己所批示的属违章建筑时，及时派员与有关单位制止了施工；又在被告处理原告的会议上，主动承担了责任，故不予追究。被告的处罚决定部分事实认定不准，适用法律不当。根据《中华人民共和国森林法》之规定，判决：（一）变更被告某绿办字 (87) 第 11 号《绿化损坏罚款通知书》；（二）由原告（某街道办事处）负责赔偿移栽树木费 210 元，在被损坏的绿化带上补种胸径 5cm 以上的水杉树 21 棵，并保证成活。判决后，被告不服，遂向中级人民法院上诉。

中院经审理认为，某区城建局同意某街道办事处在绿化带上建 50m² 的临时设施和移栽树木，是一种越权行为，其批示无效，对所批 50m² 以内的水杉树被移栽负主要责任，被告将此责任全部裁决由原告承担不妥。"但原告未到有关部门办理施工和移栽树木许可证，对 50m² 内的水杉树受损应负一定责任，对擅自扩大的 11.32m² 内的绿化带受损应负全部责任。一审法院对原告不予处罚不妥，根据《中华人民共和国森林法》有关规定，判决：（一）维持区人民法院的一、二项内容；（二）对原告擅自扩大建筑中移栽的水杉树 3 棵，罚款 96 元。

简析：本案二审人民法院的判决认定事实清楚，分清了责任，适用法律恰当，处理较好。本案某区城建局应对其越权行为造成的后果负主要责任，这种后果也是本案全部违法行为中的主要部分，对主要责任人不予处罚，显失公平。所以有关行政机关、行政复议机和人民法院都可对作出错误决定和许可的行政机关进行处罚。

【案例 3】

原告：××工程承发包公司

被告：××节约用水办公室

1984 年，××区计划委员会与××工程承发包公司协议双方联合建宿舍。协议规定：承发包公司负责拆迁工作。1987 年 2 月，建设单位在××区房管局办理征用撤管手续。房管局撤管后，原房管局与居民住房的租赁管理关系解除。属于拆迁地区的房屋及附属设施的维修管理均由负责拆迁的承发包公司承担。

1989 年 12 月，拆迁进展到 49 号和 47 号院。两院居民陆续搬迁，仅剩 47 号院一户居民未搬（对安置有意见）。1990 年 2 月，49 号院被拆除，由于院墙共用，使 47 号院中一水龙头暴露在街面上。不久，该水龙头滑扣，开始跑漏水。此事一直无人管理。从自来水公司查表收费卡片记载的水量流失情况看，47 号院用水 1990 年 1 月为 5t，2 月增为 49t，3 月为 25t，4 月为 48t。附近居委会见状曾向区急修站和建设单位作过反映。4 月 18 日，区节水办得知漏水，遂派两名执法人员会同承发包公司的同志共同勘查了现场，看到水管滑扣，一碰就全开，全开时水流很冲，承发包公司的人员亦在现场检查笔录上签了字。4 月 20 日，由承发包公司将水龙头修复。

1990 年 4 月 21 日，区节水办以承发包公司对属于其管理的 47 号院水龙头失修失养，致使漏水为由，适用市《城镇用水浪费处罚规定》中用水管道失修漏水罚则之规定，决定处以承发包公司 1382.40 元的罚款，行政处罚下达后，承发包公司不服，并于 1990 年 11 月 9 日，以自己不是责任主体等为由，向区人民法院提起行政诉讼，要求撤销该行政处罚决定。

法院审理认为：区节水办认定，该处漏水由承发包公司承担责任并无不当，但同时又认为，该处水龙头系居民生活用水设备，应比照《城镇用水浪费处罚规定》中居民用水龙头漏水处罚之规定处罚。此案属于适用法律不当，据此，判决撤销了区节水办的处罚决定，并令其重新作出具体行政行为。

区节水办不服一审判决，上诉市中级法院，请求撤销原判，维持行政机关处罚决定。二审法院审理认为：1. 浪费用水的责任主体是承发包公司。2. 承发包公司应承担失修失养之责。3. 罚款数额计算准确。4. 从宏观大局考虑，本市水资源紧缺，应全力支持行政机关对水资源浪费行为的查处。二审判决：撤销原判，维持区节水办行政处罚决定。

简析：本案中涉及到的水龙头设施，在拆迁期，转由承发包公司负责，因此，公司不仅仅有对该地区进行拆迁的权利，同时又负有管理、养护、维修一切设备的义务。区节水办认定承发包公司在拆迁期间，对 47 号院水龙头设备失修失养，以至漏水，造成水源浪费负有责任是正确的。一审法院认定区节水办适用法律不当，并据此撤销具体行政行为不妥，二审法院认定行政机关的行政行为证据确实，适用法律正确，并决定撤销原判，维护行政机关合法的具体行政行为是正确的。

第六章　房地产法律制度

第一节　房地产法概述

一、房地产与房地产法概念

（一）房地产的概念

房地产是房产与地产的合称。房产是指固定于土地上的具有独立使用功能并且有一定经济意义的房屋及其附属建筑物和构筑物。地产是指作为土地所有权或土地使用权客体的，具有一定经济意义的土地及其附属物。

（二）房地产法的概念

1. 房地产法的概念

房地产法是指确立和调整国家、集体、公民、法人及其他社会组织在城市规划区内进行房地产开发用地、房地产开发、房地产交易、房地产管理以及房地产使用、修缮、服务等活动中的地位以及相互权利义务关系的法律规范的总称。

房地产法有狭义与广义之分。狭义的房地产法是指 1994 年 7 月 5 日第八届全国人民代表大会常务委员会第八次会议通过的《中华人民共和国城市房地产管理法》（以下简称《城市房地产管理法》），该法共 7 章 72 条，规定了总则、房地产开发用地、房地产开发、房地产交易、房地产权属登记等内容，并于 1995 年 1 月 1 日施行。广义的房地产法是指与房地产法有关的一切法律、法规、条例、规定和办法等。

2. 房地产法的适用范围

房地产法的适用范围又称房地产法的效力范围，它是指在什么时间、于什么地点，对什么人有效的问题。

（1）时间效力。是指房地产法的生效时间。按《城市房地产管理法》的规定，该法于 1995 年 1 月 1 日起生效。

（2）空间效力。是指在中华人民共和国城市规划区国有土地范围内取得房地产开发用地的土地使用权，从事房地产开发、房地产交易，实施房地产管理的，均应遵守《城市房地产管理法》。

（3）对人的效力。《城市房地产管理法》对人的效力未加以明确规定，但根据适用法律的一般原则，该法所规定的各项权利和义务，均应适用于包括外国人在内的任何单位和个人。

二、房地产法立法目的

（一）加强对城市房地产的管理

（1）房地产法确定了房地产的管理者，并赋予了房地产管理者的权利和义务；

（2）房地产法确定管理者的对象，即在城市规划区国有土地范围内取得房地产开发用地的土地使用权、从事房地产开发、房地产交易等活动时，必须接受房地产管理部门的管理；

（3）房地产法确定了管理的方式，即通过权属证书、价格评估、登记管理等方式对全部房地产活动进监督管理。

（二）维护房地产市场秩序

（1）房地产法确定了房地产市场的范围，即土地使用权出让和房地产开发市场、房地产交易市场；

（2）房地产法确定了房地产市场的行为规则；

（3）房地产法确定了市场主体资格。

（三）保障房地产权利人的合法权益

保障房地产权利人的合法权益是宪法原则在房地产法中的具体体现。房地产法不仅规定了参与房地产活动的所有人所享有的权利，同时还在法律责任中规定了侵犯这些权利时所应受到的处罚。

（四）促进房地产业的健康发展

房地产法正是通过立法的形式，来加强管理制度，实现房地产管理的规范化、法制化。通过规范市场，保障国家利益在内的各方面利益，最终实现促进房地产业健康发展的目的。

第二节　房地产开发用地

根据《城市房地产管理法》第二章的规定，房地产开发用地的供地方式有两种，一是土地使用权出让，二是土地使用权划拨。

一、土地使用权出让制度

（一）土地使用权出让的概念

土地使用权出让是指国家将国有土地使用权在一定年限内出让给土地使用者，由土地使用者向国家支付土地使用权出让金的行为。

（二）土地使用权出让的方式

（1）拍卖出让。指出让人在指定的时间、地点，组织符合条件的土地使用权受让人到场，就出让的地块公开叫价竞投，按‘价高者得’的原则确定土地受让人的出让方式。其特点是，竞争具有公开性，价格是确定受让人的唯一条件。

（2）招标出让。指国家确定土地规划和开发任务后，由符合条件的申请人以书面形式竞争某块土地的使用权，国家根据一定的要求，择优确定土地受让人的出让方式。其特点是，引入竞争机制，但不以土地投标价格为唯一选择土地使用人的条件，而是既要充分考虑投标报价，又要考虑规划设计方案，企业业绩，在综合评比的基础上择优而定。

（3）协议出让。指土地使用人的申请人直接向政府提出有偿使用土地的愿望，由政府和申请使用人进行一对一的谈判、磋商，从而出让土地使用权的方式。其特点是，申请使用人在获取土地使用权过程中竞争少，对合同的主要条款有较大的发言权，特别是对出让金有较大的讨价还价的余地。

以上三种方式，《城市房地产管理法》明确规定，商业、旅游、娱乐和豪华住宅用地，有条件的，必须采取拍卖、招标方式；没有条件，不能采取拍卖、招标方式的，可以采取双方协议的方式。但采取协议方出让土地使用权的，其土地使用权出让金，不得低于国家规定所确定的最低价。

（三）土地使用权出让合同

1. 土地使用权出让合同的概念

土地使用权出让合同是指土地使用权出让人与受让人之间为确定出让土地使用权而产生的权利和义务所签订的合同。

2. 土地使用权出让合同的主要内容

（1）标的，即出让的土地的使用权；

（2）使用期限，即使用人使用土地的年限。合同中土地使用权出让的最高年限《出让条例》做了如下规定：①居住用地七十年；②工业用地五十年；③教育、科技、文化、体育用地五十年；④商业、旅游、娱乐业用地四十年；⑤综合或其他用地五十年。

（3）价款，即出让金；

（4）使用条件，即使用土地的建设规划和设计等；

（5）担保方式及违约责任；

（6）其他内容。

（四）土地使用权的终止与续期

1. 土地使用权的终止

（1）土地使用权终止的概念

土地使用权的终止是指因一定的法律事实的出现，使得土地使用人不再享有土地使用权，并由此解除了土地使用人与国家之间在使用土地时存在的权利义务关系。

（2）土地使用权终止的情形：①土地出让合同规定的使用期限界满；②国家提前收回，即国家根据社会公共利益的需要，可以依照法定程序提前收回土地使用权，但应根据土地使用者使用的年限和开发、利用土地的实际情况给予相应的补偿；③国家强制收回，即土地使用者未按合同规定的期限和条件开发利用土地的，市县人民政府土地管理部门应当给予纠正，并根据情节可以给予警告、罚款，直至无偿收回土地使用权。④因土地灭失而终止。

（3）土地使用权终止后的法律结果

土地使用权终止后，土地使用权及其地上建筑物、附着物的所有权由国家无偿取得。土地使用权终止，土地使用者应当交回使用证，办理注销登记手续。

2. 土地使用权续期

（1）土地使用权续期的概念。土地使用权续期是指土地出让合同规定的土地使用期限届满后，依新的土地出让合同由原土地使用人继续使用该块土地的行为。

（2）土地使用权续期的条件：①该块土地的用途与期满时的城市规划不相矛盾；②使用人有继续使用该块土地的必要；③继续使用该块土地不影响其他的社会公共利益。

（3）土地使用权续期的时间。土地使用权续期，应当至迟于土地使用权出让合同的使用年限届满前一年申请，除根据社会公共利益需要收回该块土地的，应当予以批准。经批准准予续期的，应当重新签订土地使用权出让合同，依照规定支付土地使用权出让金。

二、土地使用权划拨制度

（一）土地使用权划拨的概念

土地使用权划拨，是指县级以上人民政府依法批准，在土地使用者缴纳补偿、安置等费用后将该块土地交付其使用，或者将国有土地使用权无偿交付给土地使用者使用的行为。

（二）土地使用权划拨的适用对象

下列建设用地的土地使用权，确属必须的，可以由县级以上人民政府依法批准划拨：

（1）国家机关用地和军事用地；

（2）城市基础设施用地和公益事业用地；

（3）国家重点扶持的能源、交通、水利等项目用地；

（4）法律、行政法规规定的其他用地。

三、土地征用

（一）土地征用的概念

土地征用是指政府或政府授权的机关，依照法律规定将农村集体所有的土地收为国有的行为。

（二）征用土地的审批权限

（1）征用耕地1000亩以上，其他土地2000亩以上，由国务院批准；

（2）征用耕地3亩以上1000亩以下，其他土地10亩以上2000亩以下，由省级人民政府批准；

（3）征用耕地3亩以下，其他土地10亩以下，由县级人民政府批准。

（三）土地征用的补偿费用

1．土地补偿费

（1）征用耕地的土地补偿费按该耕地被征用前三年的平均产值的三至六倍计算；

（2）征用其他土地的补偿标准，由省、自治区、直辖市参照征用耕地的补偿标准规定。

2．附着物、青苗补偿费

（1）被征用土地上的附着物和青苗的补偿标准，由省、自治区、直辖市规定；

（2）征用城市郊区菜地，建设单位还应当按照国家的有关规定缴纳新菜地开发基金。

（四）安置补助费和剩余劳动力的安置

1．安置补助费

安置补助费以征地范围内的人均占有土地数量来计算。一般的，每一个需要安置的农业人口，其补助标准为该耕地被征用前三年平均每亩年产值的二到三倍，一般不得超过十倍。

2．特殊补偿

即土地补偿费和安置补偿费不足以使需要安置的农民保持原有的生活水平的，经省、自治区、直辖市政府批准，可以给予特殊补偿，即增加安置补助费。但土地补偿、安置补助费和特殊补偿三项总和不得超过土地被征用前三年平均年产值的二十倍。

3．劳动力安置

（1）对征用土地造成的多余劳动力，由政府组织征地、被征地和其他有关单位，通过发展农副业生产或举办乡镇企业来安置；

（2）安置不完的，可以安排符合条件的人员到用地单位或其他单位就业；

（3）土地被全部征用的，经省、自治区、直辖市政府审查批准，原有农业户口可转为非农业户口，有关征地补偿费用于组织生产和就业人员的生活补助，不得私分。

第三节 房 屋 拆 迁

一、城市房屋拆迁的概念

城市房屋拆迁是指对城市原有的房屋及其附属物等物质环境，不适应经济、社会发展需要的部分进行拆除重建，使城市的整体功能得到改善和提高的建设活动。

二、房屋拆迁补偿

（一）补偿对象

房屋被拆迁将对被拆除房屋的所有人造成一定的财产损失。因此，应对被拆迁房屋及其附属物的所有权人而不是使用权人予以补偿。

（二）补偿形式

房屋拆迁补偿有下列三种形式：

1. 产权调换

产权调换是拆迁人以原地或易地建设的房屋补偿给被拆迁房屋的所有人，继续保持其对房屋的所有权。产权调换的面积按照被拆迁房屋的建筑面积计算。

2. 作价补偿

作价补偿是指拆迁人将拆除房屋的价值，以货币结算方式补偿给被拆迁房屋的所有人。作价补偿金额的计算，按照被拆除房屋建筑面积的重置价格结合成新因素计算。

3. 产权调换和作价补偿相结合

产权调换和作价补偿相结合是指拆迁人按照被拆除房屋的建筑面积数量，以其中一定面积的房屋补偿被拆除房屋的所有人，其余面积按照作价补偿折合货币支付给被拆除房屋的所有人。

（三）结算房屋结构差价

以产权调换形式补偿的房屋，要结算房屋的结构差价。它是按照被拆除房屋的重置价格扣除成新因素与补偿房屋造价之间的结构差价，由拆迁当事人双方中的一方向另一方以货币形式支付。

三、房屋拆迁安置

（一）安置对象

拆迁人在拆迁活动中除了对被拆迁房屋的所有人给予补偿外，还应对被拆除房屋的使用人给予安置，以切实保障被拆除房屋使用人的使用权。由此可见，安置的对象是被拆除房屋的使用人，而不是其所有人。

（二）安置的形式

1. 一次性安置

一次性安置是指被拆除房屋的使用人直接迁入安置房，没有周转过渡期，拆迁人与被拆迁安置对象就房屋问题一次处理完毕。

2. 过渡安置

过渡安置是指拆迁人不能一次解决安置用房，可以由拆迁人先对被拆迁安置对象进行临时安置，过渡一段时间后再迁入安置房。因此，临迁房的提供和过渡期的长短在过渡安置中就是要重点解决的问题。

（三）安置地点与标准的确定

1. 安置地点的确定

（1）原地安置。就是在原来被拆除房屋所在地范围内，待新的工程建好后再迁回原地。

（2）异地安置。就是在原来被拆除房屋所在地以外的地区进行安置。

至于是在原地安置还是在异地安置，应当根据城市规划对建设地区的要求和建设工程的性质，按照有利于实施城市规划和旧城改造的原则来确定。

2. 安置标准的确定

拆迁安置基本原则是拆一还一。

（1）拆除非住宅房屋。按照被拆除房屋的建筑面积安置；

（2）拆除住宅房屋。根据具体情况，可按照被拆除住宅的建筑面积，也可按照其使用面积或居住面积计算。

第四节 房地产开发

一、房地产开发概念

房地产开发是指在依法取得国有土地使用权的土地上进行的基础设施和房屋建设行为。

二、房地产开发原则

在房地产开发的过程中，应坚持下列原则：

1. 坚持经济效益、社会效益和环境效益相统一的原则

经济效益是房地产开发赖以生存和发展的必要条件，社会效益是房地产开发对全社会产生的效果和利益，环境效益是房地产开发为城市作出的最好贡献。三种效益是辩证统一的关系，既是矛盾的，又是统一的，因此，在房地产开发时，一定要处理好这三种效益，不能有所偏废。

2. 严格执行城市规划原则

城市规划是城市发展的纲领，也是房地产开发和城市各项建设的依据。《城市规划法》对建设项目与城市规划的关系已作出明确规定，"城市规划区内的建设工程的选址和布局必须符合城市规划，服从城市规划的管理"。《城市房地产管理法》是按照《城市规划法》确定的原则，进一步强调了房地产开发与城市规划的关系，明确规定'房地产开发必须严格执行城市规划'。因此，在房地产开发活动中，必须坚持执行城市规划，任何违反规划的行为，都将受到制裁。

3. 按照土地使用权出让合同约定的用途、动工开发期限开发土地

坚持这一原则，目的在于规范房地产开发利用土地的行为，维护土地使用权出让合同的权威性、严肃性。因此，《城市房地产管理法》明确规定，'以出让方式取得土地使用权进行房地产开发的，必须按照土地使用权出让合同约定的土地用途、动工开发期限开发利用土地。超过出让合同约定的动工开发期限满一年未动工开发的，可以征收相当于土地使用权出让金百分之二十以下的土地闲置费；满二年未动工开发的，可以无偿收回土地使用权"。所以，在进行房地产开发时，必须做到按合同约定的用途和动工开发期限来开发、利用土地。

4. 开发项目的设计、施工必须符合标准和规范；项目竣工验收合格后方可投入使用

严格执行国家关于设计、施工的各项标准和规范，是一切工程建设都必须遵循的原则，对于房地产开发项目也是如此。竣工验收是施工建设过程中的最后一个程序，它是检验工程质量的重要环节。因此，房地产开发项目，必须经过竣工验收合格后，方可使用。

三、房地产开发企业

（一）房地产开发企业的概念

房地产开发企业是以营利为目的，从事房地产开发和经营的企业。

（二）房地产开发企业的设立条件

（1）有自己的名称和组织机构；

（2）有固定的经营场所；

（3）有符合国务院规定的注册资本。即注册资本一百万元以上，且流动资金不低于一百万元。

（4）有足够的专业技术人员。即有四名以上持有专业证书的房地产、建筑工程专业的专职技术人员，两名以上持有专业证书的专职会计人员。

（5）法律、行政法规规定的其他条件。

（三）房地产开发企业设立程序

（1）申请。即由申请设立房地产开发企业的负责人持有关批准文件向工商行政管理部门提出申请。

（2）审核批准。工商行政管理部门对房地产开发企业提出的设立申请予以审核，对不符合条件的，不予登记。

（3）登记备案。即房地产开发企业在领取营业执照后的一个月内，应到登记机关所在地的县级以上地方人民政府规定的部门备案。

第五节　房地产交易

一、房地产交易概念

房地产交易是指房地产转让、房地产抵押和房屋租赁的活动。具体有如下几种：

（1）产权转移型的交易。包括房地产买卖、房地产交换和房地产赠与。

（2）产权维护型交易。如房屋租赁等。

（3）产权不确定型的交易。包括房地产抵押和房屋典当等

二、房地产交易制度

1. 房地产价格评估制度

由于房地产属于不动产，这就决定了相同结构和标准的房屋，在不同的城市，甚至在同一城市的不同地段，其价格差别很大。因此，交易价格的确定，对于当事人和国家来说都十分重要。《城市房地产管理法》第33条规定："国家实行房地产价格评估制度"。"房地产价格评估，应遵循公正、公平、公开的原则，按照国家规定的技术标准和评估程序，以基准地价、标定地价和各类房屋的重置价格为基础，参照当地的市场价格进行评估"。实行这一制度，目的是为进行各类经济活动的民事主体，提供一个公平、合理的价格标准，同时也为国家征收税费划定基数。

2. 房地产成交价格申报制度

《城市房地产管理法》第34条规定，"国家实行房地产成交价格申报制度"。"房地产权利人转让房地产，应当向县级以上地方人民政府规定的部门如实申报成交价格，不得瞒报或做不实申报。"这一制度就是要求房地产交易的当事人或其代理人在买卖、交换房地产时，应当向房屋所在地的房地产管理部门如实申报成交价。由于房地产成交价格是多种税（如契税、土地增值税）的计税基础，所以，如果交易人隐瞒交易额或少报交易额，都会给国家税费造成损失。因此，房地产法规定了国家实行房地产成交价格申报制度，目的是禁止房地产交易人利用瞒价来偷税。此外，《城市房地产转让管理规定》在第7条、第14条中也规定，房地产转让当事人应当在房地产转让合同签订后30日内持房地产权属证书、当事人的合法证明、转让合同等有关文件向房地产所在地的房地产管理部门提出申请，并申报成交价格。房地产转让应当以申报的房地产成交价作为缴纳税费的依据。成交价格明显低于市场价格的，以评估价格作为缴纳税费的依据。房地产转让当事人对评估价格有异议的，可以在接到评估价格通知书后15日内向房地产管理部门申请复核；对复核结果仍有异议的，可以在接到复核结果15日内申请仲裁或向人民法院起诉。

3. 房地产价格评估人员资格认证制度

由于房地产价格评估关系到国家的税费和当事人的重大权益，同时房地产价格评估又需要有一定的工作经历、工作经验、专业理论和良好的职业道德，因此，《城市房地产管理法》法第58条规定，国家实行房地产价格评估人员资格认证制度。即对房地产估价的专业人员，应通过资格考试，取得资格，并进行注册后，方可持证上岗。

三、房地产交易方式

（一）房地产转让

1. 房地产转让的概念

房地产转让是指房地产权利人通过买卖、赠与或其他合法方式将其房地产转移他人的行为。

2. 房地产转让的条件

（1）以出让方式取得土地使用权的转让条件。《城市房地产管理法》第38条对此规定的条件是：①按照出让合同约定已经支付全部土地使用权出让金，并取得土地使用权证书；②按照出让合同约定进行投资开发，属于房屋建设工程的，完成投资开发总额的25％以上，属于成片开发用地的，形成工业用地或其他用地条件。

（2）以划拨方式取得土地使用权的转让条件：①以划拨方式取得土地使用权的，转让房地产时，应当按照国务院规定，报有批准权的人民政府审批。有批准权的人民政府准予转让的，应当由受让方办理土地使用权出让手续，并按照国家有关规定缴纳土地使用权出让金；②以划拨方式取得土地使用权的，转让房地产时，有批准权的人民政府按照国务院规定可以不办理土地使用权出让手续的，转让方应当按照国务院规定将转让房地产所获得收益中的土地收益上缴国家或作其他处理。

3. 不得转让的房地产

（1）以出让方式取得的土地使用权，不符合本法第38条规定的条件的；

（2）司法机关和行政机关依法裁定、决定查封或以其他形式限制房地产权利的；

（3）依法收回土地使用权的；

（4）共有房地产，未经其他共有人书面同意的；

（5）权属有争议的；

（6）未依法登记领取权属证书的；

（7）法律、行政法规规定禁止转让的其他形式。

4. 房地产转让合同

（1）房地产转让合同的概念。指土地使用者或房屋所有者将土地使用权或房屋所有权通过买卖、赠与或其他合法形式转移给受让方的协议。

（2）房地产转让合同的主要内容：①标的；②价款；③用途；④使用年限；⑤转让方式；⑥履行期限、地点；⑦支付方式；⑧违约责任。

5. 房地产转让的程序

《城市房地产转让管理规定》第 7 条规定，房地产转让，应当按照下列程序办理：

（1）房地产转让当事人签订书面转让合同；

（2）房地产转让当事人在房地产转让合同签订后 30 日内持房地产权属证书、当事人的合法证明、转让合同等有关文件向房地产所在地的房地产管理部门提出申请，并申报成交价格；

（3）房地产管理部门对提供的有关文件进行审查，并在 15 日内做出是否受理申请书面答复；

（4）房地产管理部门核实申报的成交价格，并根据需要对转让的房地产进行现场查勘和评估；

（5）房地产转让当事人按照规定缴纳有关税费；

（6）房地产管理部门核发过户单。

6. 商品房预售：

（1）商品房预售的概念。是指房地产开发经营企业将正在建设中的房屋预先售给承购人，由承购人支付定金或房屋款的行为。

（2）商品房预售的条件：

①已交付全部土地使用权出让金，取得土地使用权证书；

②持有建设工程规划许可证；

③按提供预售的商品房计算，投入开发建设的资金达到工程建设总投资的 25％以上，并已经确定施工进度和竣工交付日期；

④向县级以上人民政府房产管理部门办理预售登记，取得商品房预售许可证明。

（二）房地产抵押

1. 房地产抵押的概念

房地产抵押，是指抵押人以其合法的房地产以不转移占有的方式向抵押权人提供债务担保的行为。当债务人不履行债务时，抵押权人有权以抵押的房地产拍卖所得的价款优先受偿。

2. 抵押物的条件

《城市房地产管理法》第 47 条规定："依据取得的房屋所有权连同该房屋占用范围内的土地使用权，可以设定抵押权。""以出让方式取得的土地使用权，可以设定抵押权"。由此可见，无论土地使用权是来源于出让还是划拨，只要权属合法，房地即可一同抵押。

3. 禁止抵押的房地产

《城市房地产抵押管理办法》第 8 条规定，下列房地产不得设定抵押：

（1）权属有争议的房地产；

（2）用于教育、医疗、市政等公用福利事业的房地产；

（3）列入文物保护的建筑物和有关重要纪念意义的其他建筑物；

（4）已依法公告列入拆迁范围的房地产；

（5）被依法查封、扣押、监管或者以其他形式限制的房地产；

（6）依法不得抵押的其他房地产。

4. 抵押合同

房地产抵押，抵押当事人必须签订书面抵押合同。房地产抵押合同应当载明下列主要内容：

（1）抵押人、抵押权人的名称或者个人姓名、住所；

（2）主债权的种类、数额；

（3）抵押房地产的处所、名称、状况、建筑面积、用地面积；

（4）抵押房地产的价值；

（5）抵押房地产的占用管理人、占用管理方式、占用管理责任以及意外损毁、灭失的责任；

（6）抵押期限；

（7）抵押权灭失的条件；

（8）违约责任；

（9）争议解决方式；

（10）抵押合同的时间与地点；

（11）双方约定的其他事项。

5. 房地产抵押登记

《城市房地产抵押管理办法》第四章对房地产抵押做了明确规定。

（1）办理抵押登记的时间规定。房地产抵押合同自签订之日起 30 日内，抵押当事人应当到房地产所在地的房地产管理部门办理房地产抵押登记。

（2）房地产抵押登记的效力。房地产抵押合同自抵押登记之日起生效。

（3）办理抵押登记应提交的文件。办理房地产抵押登记，应当向登记机关交验下列文件：①抵押当事人的身份证明明或法人资格证明；②抵押登记申请书；③抵押合同；④《国有土地使用权证》、《房屋所有权证》或《房地产权证》，共有的房屋还必须提交《房屋共有权证》和其他共有人同意抵押的证明；⑤可以证明抵押人有权设定抵押权的文件与证明材料；⑥以证明抵押房地产价值的资料；⑦登记机关认为必要的其他文件。

6. 抵押房地产的处分

（1）抵押权人有权要求处分抵押房地产的情形：①债务履行期满，抵押权人未受清偿的，债务人又未能与抵押权人达成延期履行协议的；②抵押人死亡，或者被宣告死亡而无人代为履行到期债务的；或者抵押人的继承人、受遗赠人拒绝履行到期债务的；③抵押人被依法宣告解散或者破产的；抵押人违反有关规定，对擅自处分抵押房地产的；④抵押合同约定的其他情况。

（2）对抵押房地产处分的方式。有上述情形之一的，经抵押当事人协商可以通过拍卖等合法方式处分抵押房地产。协议不成的，抵押权人可以向人民法院提起诉讼。

（3）对抵押房地产的受偿。①同一房地产设定两个以上抵押权时，以抵押登记的先后顺序受偿。②处分抵押房地产时，可以依法将土地上新增的房屋与抵押财产一同处分，但对处分新增房屋所得，抵押权人无权优先受偿。③以划拨方式取得的土地使用权连同地上建筑物设定的房地产抵押进行处分时，应当从处分所得的款额中缴纳相当于应缴纳的土地使用权出让金的数额后，抵押权人方可优先受偿。④处分抵押房地产所得金额，依下列顺序分配：*a.* 支付处分抵押房地产的费用；*b.* 扣除抵押房地产应缴纳的税款；*c.* 偿还抵押权人债权本息及支付违约金；*d.* 赔偿由债务人违反合同而对抵押权人造成的损失；*e.* 剩余金额交还抵押人，不足部分，抵押权人有权向债务人追偿。

（三）房屋租赁

1. 房屋租赁的概念

房屋租赁是指房屋所有权人作为出租人将其房屋出租给承租人使用，由承租人向出租人支付租金的行为。

2. 禁止租赁的房屋

《城市房屋租赁管理办法》第 6 条规定，有下列情形之一的房屋不得出租：

（1）未依法取得《房屋所有权证》的；

（2）司法机关和行政机关依法裁定、决定查封或者以其他形式限制房地产权利的；

（3）共有房屋未取得共有人同意的；

（4）属于违章建筑；

（6）不符合安全标准的；

（7）已抵押，未经抵押权人同意的；

（8）不符合公安、环保、卫生等部门有关规定的。

3. 房屋租赁合同

房屋租赁，出租人与承租应签订书面租赁合同。租赁合同应载明下列条款：

（1）当事人姓名或名称及住所；

（2）房屋的座落、面积、装修及设施状况；

（3）租赁用途；

（4）租赁期限；

（5）租金及交付方式；

（6）房屋修缮责任；

（7）转租的规定；

（8）变更和解除合同的条件；

（9）当事人约定的其他条款。

4. 房屋租赁登记

房屋租赁实行登记备案制度。当事人应在签订合同之日起 30 日内持下列文件到直辖市、市、县人民政府房地产管理部门办理登记备案手续：

（1）书面租赁合同；

（2）房屋所有权证书；

（3）当事人的合法证件；

（4）城市人民政府规定的其他文件。

出租共有房屋，还须提交其他共有人同意出租的证明。出租委托代管房屋，还必须提交委托代管人授权出租的证明。

四、房地产中介服务机构

（一）房地产中介服务机构的种类

房地产中介服务机构包括房地产咨询机构、房地产价格评估机构、房地产经纪机构。

1. 房地产咨询机构

房地产咨询机构是指为从事房地产活动的当事人提供法律、法规、政策、信息、技术等方面服务的机构。

2. 房地产价格评估机构

房地产价格评估机构是指对房地产进行测算，评定其经济价值和价格。

3. 房地产经纪机构

房地产经纪机构是指为委托人提供房地产信息和居间代理业务的机构。

（二）房地产中介机构设立的条件

（1）有自己的名称和组织机构；

（2）有固定的服务场所；

（3）有必要的财产和经费；

（4）足够数量的专业技术人员；其中从事房地产咨询业务的具有房地产及相关专业中等以上学历、初级以上专业技术职称人员须占总人数的 50% 以上；从事房地产评估业务的，须有规定数量的房地产估价师；从事房地产经纪业务的，须有规定数量的房地产经纪人。

（5）法律、行政法规规定的其他条件。

设立房地产中介服务机构，应当向工商行政管理部门申请设立登记，领取营业执照后，方可开业。

第六节 物业管理

一、物业管理概念

到目前为止，有关物业管理尚未形成法定的概念。简单地说，任何投入人力和物力来处理房产因居住使用而产生的活动都可称之为物业管理。

国际上通行的物业管理最早产生于 19 世纪 60 年代的英国。我国的物业管理起步较晚，但随着我国房地产的兴起和发展，物业管理方面的立法已提到日程上来。到目前为止，建设部已颁布了《城市新建住宅小区管理办法》、《城市住宅小区物业管理服务收费暂行办法》、《物业管理合同示范文本》等规范性文件，使新建住宅小区的物业管理基本上做到了有法可依。

二、城市新建住宅小区管理

（一）新建住宅小区管理概念

1. 新建住宅小区的概念

新建住宅小区的建筑达到一定规模、基础设施配套比较齐全（含居住小区、住宅组团，以下简称住宅小区）。

2. 住宅小区管理的概念

住宅小区管理，是指对住宅小区内的房屋建筑及其设备、市政公用设施、绿化、卫生、交通、治安和环境容貌等管理项目进行维护、修缮与整治。

（二）小区管理的主要内容

1. 管理体制

房地产行政主管部门负责小区管理的归口管理工作；市政、绿化、卫生、交通、治安、供水、供气、供热等行政主管部门和住宅小区所在地人民政府按职责分工，负责小区管理中有关工作的监督与指导。

2. 小区管理模式

（1）住宅小区应当逐步推行社会化、专业化的管理模式，由物业管理公司统一实施专业化管理；

（2）房地产开发企业在出售住宅小区房屋前，应当选聘物业管理公司承担住宅小区的管理，并与之签订物业管理合同。住宅小区在物业管理公司负责管理前，由房地产开发企业负责管理。

3. 小区管理委员会

（1）小区管理委员会的组成。住宅小区应当成立住宅小区管理委员会。管委会是在房地产行政主管部门指导下，由住宅小区内房地产产权人和使用人选举的代表组成，代表和维护住宅小区内房地产产权人和使用人的合法权益。

（2）小区管理委员会的权利。①制定管委会章程，代表住宅小区内的产权人、使用人，维护房地产产权人和使用人的合法权利；②决定选聘或续聘物业管理公司；③审议物业管理公司制订的年度管理计划和小区管理服务的重大措施；④检查、监督各项管理工作的实施及规章制度的执行。

（3）小区管理委员会的义务。①根据房地产产权人和使用人的意见和要求，对物业管理公司的管理工作进行检查和监督；②协助物业管理公司落实各项管理工作；③接受住宅小区内房地产产权人和使用人的监督；④接受房地产行政主管部门、各有关行政主管部门及住宅小区所在地人民政府的监督指导。

4. 物业管理公司

（1）物业管理公司的权利。①根据有关法规，结合实际情况，制定小区管理办法；②依照物业管理合同和有关规定收取管理费用；③依照物业管理合同和管理办法对住宅小区实施管理；④有权制止违反规章制度的行为；⑤有权要求管委会协助管理；⑥有权选聘专营公司（如清洁公司、保安公司等）承担专项管理业务；⑦可以实行多种经营，以其收益补充小区管理经费。

（2）物业管理公司的义务。①履行物业管理合同，依法经营；②接受管委会和住宅小区内居民的监督；③重大的管理措施应当提交管委会审议，并经管委会认可；④接受房地产行政主管部门、有关行政主管部门及住宅小区所在地人民政府的监督指导。

5. 物业管理合同

物业管理公司对小区实施管理应当签订书面合同，该合同应报房地产行政主管部门备案。物业管理合同应载明下列条款：

（1）管理项目；

（2）管理内容；

（3）管理费用；

（4）双方权利和义务；

（5）合同期限；

（6）违约责任；

（7）其他。

三、住宅小区物业管理服务收费

（一）物业管理服务收费的概念及原则

1. 概念

物业管理服务收费，是指物业管理单位接受物业产权人、使用人委托对城市住宅小区内的房屋建筑及其设备、公用设施、绿化、卫生、交通、治安和环境容貌等项目开展日常维护、修缮、整治服务及提供其他与居民生活相关的服务所收取的费用。

2. 收费原则

物业管理单位开展物业管理服务收费应当遵循合理、公开及与物业产权人、使用人的承受能力相适应的原则。

国家鼓励物业管理单位开展正当的价格竞争，禁止价格垄断和牟取暴利行为。

（二）物业管理服务收费价格的种类

（1）政府定价和政府指导价。主要适用于为物业产权人、使用人提供的公共卫生清洁、公用设施的维修保养和保安、绿化等具有公共性的服务以及代收代缴水电费、煤气费、有线电视费、电话费等公众代办性质的服务收费。

（2）经营者定价。凡属为物业产权人、使用人个别需求提供的特约服务，除政府物价部门规定统一收费标准者外，服务收费实行经营者定价。

（三）住宅小区公共性服务收费的费用构成

（1）管理服务人员的工资和按规定提取的福利费；

（2）公共设施、设备日常运行、维修及保养费；

（3）绿化管理费；

（4）清洁卫生费；

（5）保安费；

（6）办公费；

（7）物业管理单位固定资产折旧费；

（8）法定税费。

上述（2）～（8）项费用支出是指除工资及福利费以外的物资损耗和其他费用开支。

（四）对物业管理服务收费的监督管理

（1）物业管理服务收费实行明码标价，收费项目、标准及收费办法应在经营场所或收费地点公布。

（2）物业管理单位应向住户提供质价相称的服务。不得只收费不服务或多收费少服务。

第七节　房地产权属登记管理

一、土地使用权、房屋所有权登记发证制度

（一）土地使用权、房屋所有权登记机关

1. 土地使用权、房屋所有权登记机关

《城市房地产管理法》第60条规定，土地使用权、房屋所有权的登记机关分别由土地所在地的县级以上地方人民政府土地管理部门和房屋所在地的县级以上地方人民政府房产管理部门负责。

2. 同一机构负责

《城市房地产管理法》第62条规定，县级以上地方人民政府由一个部门统一负责房产管理和土地管理工作，由同一机构负责登记、发证。

（二）土地使用权、房屋所有权登记的程序

1. 初始登记程序

（1）以出让或划拨方式取得土地使用权的，应当向县级以上地方人民政府土地管理部门申请登记，经县级以上地方人民政府土地管理部门核实，由同级人民政府颁发土地使用权证书。

（2）在依法取得的房地产开发用地上建成房屋的，应当凭土地使用权证书向县级以上地方人民政府房产管理部门申请登记，由县级以上地方人民政府房产管理部门核实并颁发房屋所有权证书。

2. 变更登记程序

房地产转让或变更时，应当向县级以上地方人民政府房产管理部门申请房产变更登记，凭变更后的房屋所有权证书向同级人民政府土地管理部门申请土地使用权变更登记，经同级人民政府土地管理部门核实，由同级人民政府更换或更改土地使用权证书。

二、房地产抵押登记制度

房地产属于不动产，不动产在设立抵押时必须办理登记制度，这样，才能使抵押权人在抵押人不履行义务时也能得到清偿，有效地保护债权人的合法权益。因此，《城市房地产管理法》第61条规定，房地产抵押时，应当向县级以上地方人民政府规定的部门办理抵押登记。

如果因抵押人不履行义务而抵押权人处分了抵押的房地产，从而取得了土地使用权、房屋所有权的，则应按本法的规定，办理有关过户登记的手续。

【案例】

案情：1988年12月，某国防厂因迁厂留有闲置房251间，某县造纸厂了解情况后，经其业务上级主管部门同意，双方达成《有偿房地产协议书》（简称协议），1989年1月经该县公证处公证生效。协议商定：某国防厂将其闲置的251间房地产转让给造纸厂，房地产四界明确，并附有房地产平面图，造纸厂付给某国防厂房地产价款人民币18万元。协议生效后，造纸厂于1989年6月底付清了房地产价款，并在1989年7月10日起对该房地产行使了管理。1990年1月，该县土地局以丰土发（90）84号文件对上列双方转让房地产作出

行政处理决定：（1）宣布"协议"无效；（2）没收某国防厂非法转让土地价款；（3）收回"协议"中四界之内土地使用权；（4）251间房屋所有权归该县人民政府。某国防厂和造纸厂不服决定，向该县人民法院起诉，因案性重大，政策性强，县人民法院报请地区中级人民法院审理。

地区中级人民法院审理认为企业有权在法律授权的范围内处分其闲置多余的固定资产，遂作出判决：撤销该县土地局（90）84号处理决定。案件受理费980元由该县土地局承担。该县土地地局不服原判决，以程序违法、事实不清和运用法律不当向某省高级人民法院提起上诉，请求撤销原判决。

省高级人民法院依法组成合议庭进行了审理，作出终审判决：（1）撤销丰南地区中级人民法院原审判决；（2）某国防厂与造纸厂转让土地协议无效；某国防厂收取造纸厂房地产转让款18万元，应予退回；（3）协议中的国有土地交由该县人民政府土地管理部门统一管理，县人民政府土地管理部门负责由新的用地单位给予某国防厂在该土地上的房屋以合理的补偿；（4）分别对某国防厂和造纸厂罚款人民币3500元，诉讼费亦由它们各分担一半。

简析：省高级人民法院的二审判决是非常正确的，因为：买卖、租赁土地是严重的违反宪法的行为。《中华人民共和国宪法》规定：任何组织或者个人不得侵占、买卖、出租或者以其他形式非法转让土地。"《中华人民共和国土地管理法》第二条第三款也作了类似的规定，第六条规定一切土地归国家所有，明确了土地的国有性质。第四十七条还规定："买卖或者以其他形式非法转让土地的，没收非法所得，限期或者没收在买卖或者以非法转让的土地上新建的建筑物和其他设施，并可以对当事人处以罚款；对主管人员由其所在单位或者上级机关给予行政处分。"这是执法机关在处理这类案件时的法律依据。

本案中某国防厂转让的土地，所有权属于国家，某国防厂只有使用权，无权转让。造纸厂需要使用国有土地，应当依照法定程序申请取得。某国防厂与造纸厂通过有偿转让房屋自行转让国有土地使用权，违反《土地管理法》和《城市房地产管理法》的有关的规定。对于这种违法行为，丰南县人民政府土地管理部门依法进行管理和处罚，是正确的，法院理应支持。而原审人民法院认定地产属于企业固定资产，可以自行转让，缺乏依据，应当予以撤销。同时，对违法双方给予必要的处罚，承担一定的法律责任，也是正确的。

第七章　企业权利保护法

第一节　企业主张权利的基本制度

一、企业保护权利的基本方式

（一）企业权利的存在形式

就一个建设企业来说，其权利可以归结为以下三大类：

1. 企业内部基于管理而形成的权利

这些权利包括：企业的独立经营权，即企业依法独立享有的物资采购权、产品销售权、产品定价权、劳动用工权等；经营中的承包发包权，即依法将企业所属部门或项目采取承包经营的权利；企业资产处分权，即企业依法在保证资产保值、增值的基础上处分其资产的权利。

2. 企业外部基于市场而形成的权利

这些权利包括：在采购和销售过程中形成的合同权利；在生产经营过程中形成的工业产权；在市场竞争中形成的反不正当竞争权；在企业联营过程中形成的其他权利。

3. 企业在国家管理过程中形成的权利

这些权利包括：拒绝摊派的权利；要求国家机关保护企业合法权利不受非法侵犯的权利；对国家公职人员违法犯罪行为控告的权利；对国家行政机关、司法机关的处分、处罚申诉、上诉的权利。

（二）企业保护权利的基本方法

针对企业权利的存在形式，建设企业保护自身权利的方式也是多种多样的。一般地，当企业依法经营时，其权利也能顺利地实现，但在许多时候，企业的权利受到了侵犯，这就带来了如何保护自身合法权益的问题了。

当一个企业的自身权利受到侵犯时，保护权利的基本方式有：调解、协商、仲裁、诉讼、控告、检举和申诉（具体概念见有关章节）。其中，最常见和常用的方式就是仲裁和诉讼。本章主要围绕这两种方式展开介绍。

二、诉讼参加人和诉讼代理制度

（一）诉讼参与人和诉讼参加人

在刑事诉讼活动中，没有诉讼参加人的概念，而只有诉讼参与人；在民事诉讼和行政诉讼活动中，才有诉讼参加人。

1. 诉讼参与人

诉讼参与人是指在刑事诉讼活动中除司法人员以外所有参加诉讼、享有一定诉讼权利并承担一定诉讼义务的人的统称。它包括当事人和其他诉讼参与人。

当事人是指被害人、自诉人、犯罪嫌疑人、被告人、刑事附带民事诉讼的原告人和被告人。其他诉讼参与人有法定代理人、辩护人、证人、鉴定人和翻译人员。

2. 诉讼参加人

在民事诉讼、经济诉讼和行政诉讼中,诉讼参加人是指因形成权利义务关系纠纷,诉讼结果与其产生利害关系的参加人。它包括:

(1)原告和被告。也称当事人,是指民事或行政上的权利义务关系发生纠纷,以自己的名义进行诉讼,并受人民法院裁判拘束的利害关系人。其中,原告是指认为自己权利受到侵犯而向人们法院提出诉讼请求的当事人;被告是指受到原告指控侵犯其合法权益,而被人民法院通知应诉的当事人。当事人可以是公民、法人、组织和国家机关。在行政诉讼中,被告只能是国家行政机关或组织。

(2)共同诉讼人。是指当事人一方或双方为二人以上的诉讼。如原告方为二人以上的,称为共同原告;如被告方为二人以上的,称为共同被告。共同诉讼分为必要的共同诉讼和普通的共同诉讼两种。必要的共同诉讼是指当事人一方或双方为二人以上,有共同的诉讼标的或者因作出同一具体行政行为而产生的共同诉讼。普通的共同诉讼是指当事人一方或双方为二人以上,因诉讼标的属于同一种类或因同样具体行政行为而形成的诉讼。

(3)第三人。是指对他人之间的诉讼标的享有请求权或者案件处理结果与其有直接利害关系,因而参加到他人已开始的诉讼中,以维护自己的合法权益的人。

除此之外,共同诉讼的代表人、诉讼代理人也属于诉讼参加人。

(二)诉讼代理制度

在我国的诉讼制度中,诉讼代理制度是一个重要的制度,刑事诉讼中的自诉人、被害人、附带民事诉讼的原告人、被告人,以及民事诉讼和行政诉讼中的当事人、第三人都可以委托代理人参加诉讼,维护自身的合法权益。我们重点介绍两种特殊的代理。

1. 诉讼代表人

(1)诉讼代表人的概念。诉讼代表人是指在群体诉讼中,代表众多的当事人进行诉讼的人。群体诉讼的主要特点是:一是一方或双方当事人人数众多,一般都在 10 人以上,因此不可能使每个成员都参加诉讼,而只能由其中的一人或数人作为代表参加诉讼;二是诉讼群体成员之间有着共同的诉讼利益,代表人能够代表其他人进行诉讼;三是法院判决不仅对代表人发生法律效力,而且对未参加诉讼的群体成员也发生效力。所以说,诉讼代表人是一种特殊的代理人,他一方面代表着整个诉讼群体实施诉讼行为,另一方面诉讼结果不仅影响被代表的其他人的利益,也影响诉讼代表人自身的利益。从实践看,群体诉讼多发生于职工与企业之间、企业与国家行政机关之间,房地产开发企业与动迁户之间的纠纷中。

(2)诉讼代表人的种类。根据《中华人民共和国民事诉讼法》的规定,群体诉讼代表人可分为人数确定的代表人和人数不确定的代表人。

①人数确定的代表人。是指在诉讼时,诉讼群体的人数已经明确,由该群体推选出的诉讼代表人。这类代表人的人数一般应为 2～5 人,每位代表人还可以委托代理人 1～2 人。人数确定的代表人可以由全部当事人共同推选,也可以由部分当事人自己推选自己的代表人。当代表人产生后,由其代表当事人全体,行使诉讼权利,履行诉讼义务,其所实施的诉讼行为视为全体当事人的诉讼行为,对所代表的全体当事人发生法律效力。但是,代表人变更、放弃诉讼请求,或者承认对方当事人的诉讼请求,进行和解等,必须经被代表的当事人同意。

②人数不确定的代表人。是指在起诉时,当事人群体的人数尚未确定时而选出的代表

人。这类代表人的产生可以由已在人民法院登记的群体当事人中推选产生，也可以由人民法院与参加登记的群体当事人一起商定代表人。协商不成的，由人民法院在登记的当事人中指定代表人。人数不确定的代表人的其他权利义务与人数确定的代表人相同。

2. 律师代理诉讼制度

律师代理诉讼制度是指在民事、经济、刑事诉讼中，律师接受委托担任代理人或辩护人，在代理权限内代理诉讼，以维护委托人的合法权益，保证国家法律正确实施的诉讼制度。

律师代理制度主要由《中华人民共和国律师法》等有关法律、法规组成。律师代理诉讼的范围主要是民事、经济和行政诉讼的一审、二审和再审程序，他们可以是法人（包括中国法人和外国法人）、自然人（包括中国公民、外国人和无国籍人）以及具有诉讼主体资格的其他组织。委托可以是当事人（诉讼中的原告和被告）、第三人、共同诉讼人、诉讼代表人、法定代理人、法定代表人或其他组织的负责人。

律师代理之所以是一种特殊的代理，就在于律师在诉讼活动中享有普通代理人没有的权利，即查阅案件、调查案情和搜集证据。但是，律师在作为行政诉讼被告人的代理人时，因行政诉讼的特殊性，律师的权利受到了法律的限制：一是没有起诉权和反诉权，因为行政诉讼的被告只能是行政机关，而且行政行为在起诉前已经执行。所以，作为行政机关的代理人，律师无权起诉和反诉原告；二是收集证据的权利受到限制，因为行政机关作出决定本身就必须依据事实和法律。如果行政决定缺乏证据或证据不足，进入行政诉讼后，行政机关和律师不得自行向原告和证人收集证据；三是没有和解权，在行政诉讼中，当事人对行政法律关系的权利和义务是基于法律、法规形成的，因而当事人无权自由处分，双方都不得随意放弃权利或相互免除义务。

在律师代理诉讼中，需要注意的是委托人的授权范围。根据授权内容的不同，律师代理权可以分为一般授权和特别授权。一般授权主要包括代理起诉、应诉，提供有关证据，发表综合性代理词，参加法院与当事人的谈话、调解的诉讼活动，进行一般性辩论等。特别授权是指必须由委托人明确表态，授权代理人可以对委托的实体权利作出决定的授权。特别授权包括承认、放弃或变更诉讼请求、进行和解、提起反诉或者上诉等。

此外，律师在代理过程中，经委托人同意，律师还可以将委托事项转委托给其他律师代理，或者根据案情需要经与委托人协商变更代理事项。

三、合议制度和回避制度

（一）合议制度

我国诉讼中审判组织主要采取独任制和合议制。

1. 独任制

独任制是指由审判员一人审理案件的制度。这只适用于第一审的刑事诉讼和民事诉讼的简易程序。对于行政诉讼、二审和发回重审程序以及依照审判监督程序提起的再审均不能适用独任制，而必须适用合议制度。

2. 合议制

合议制是指由数名审判员和陪审员集体审判的制度。基层人民法院和中级人民法院在审判第一审案件时由审判员3人或者由审判员和人民陪审员共3人组成合议庭进行。高级人民法院和最高人民法院审理第一审案件时由审判员3～7人或者由审判员和人民陪审员

3～7 人组成合议庭进行。人民法院在审理二审案件时只能由审判员 3～5 人组成合议庭。合议庭人数必须是单数。

合议庭的组成人员只能是经过合法程序任命的本法院审判员、助理审判员和人民陪审员。合议庭由人民法院院长或者庭长指定审判员一人担任审判长。院长或者庭长参加审判案件时，自己担任审判长。

合议庭在庭审结束后，应当对案件进行评议，并制作评议笔录。评议时合议庭每个成员都有平等的发言权，最终按多数人的意见作出决定。遇有疑难、复杂、重大的案件，合议庭认为难以作出决定的，可提交院长决定或提交审判委员会讨论决定。

（二）回避制度

回避制度是指在诉讼过程中，同案件有某种利害关系的审判人员及其他人员不得参与本案审理等活动的诉讼制度。回避制度的核心目的就是为了保证案件的公正审理。

回避主要适用的对象是法庭的组成人员、鉴定人、翻译人、勘验人以及刑事诉讼中的检察人员和侦察人员。

回避的理由：一是本案的当事人或当事人、诉讼代理人的近亲属；二是与本案的处理结果有利害关系；三是与本案的当事人有其他关系，可能影响案件的公证审理。如与案件的当事人有特殊的亲密或仇恨；担任过本案的证人、鉴定人、辩护人或代理人；曾违反规定会见当事人及其代理人或者接受过当事人及其委托的人请客送礼的等等。

回避的提出应当在法庭开始审理时。应当回避的人员自己主动提出回避要求的是自行回避；由当事人或其代理人对有关人员提出回避要求的为申请回避。回避申请提出后，应当由人民法院院长、人民检察院检察长或公安机关负责人决定应否回避。对该决定，申请回避的可以在接到决定时申请复议一次。

被申请回避的人员在人民法院作出是否回避的决定前，应暂停参与本案的工作，但遇有紧急需要的除外。对于法院驳回回避申请，当事人要求复议的，复议期间，被申请回避的人员不得停止参与本案的工作。

四、期间和送达

（一）期间

1. 期间的概念

期间是指司法机关、诉讼当事人及其他参与人进行或完成某种诉讼行为的期限。法律规定期间的意义就在于有利于诉讼活动的顺利的进行，保证当事人和其他诉讼参与人行使诉讼权利，维护法律的严肃性和权威性。

2. 期间的种类

（1）法定期间。是指由法律明确规定的期间，法定期间内实施的诉讼行为具有法律效力。司法机关不得依当事人的申请或依职权予以变更。如民事判决必须在送达后 15 日内可以提出上诉，15 日内不提出上诉的，判决方可生效。

（2）指定期间。是指司法机关根据审理案件的具体情况和需要，依职权决定当事人及其他诉讼参与人实施某种诉讼行为的期间。指定期间可以根据具体情况撤销原决定的期间而重新指定，也可以作适当的延长或缩短。

3. 期间的计算

期间以时、日、月、年计算。在计算期间时应注意：一是期间开始的时和日不计算在期间内，以日计算的各种期间均从次日起计算。二是期间届满的最后一日是节假日的，以节假日后的第一日为期间届满日期。三是期间不包括邮件在路途上的时间，诉讼文书在期满前交邮的，不算过期。四是当事人在法定期间内因正当事由未能完成诉讼行为时，可以在障碍消除后 10 日内向人民法院申请期间顺延，把当事人因障碍而耽误的期间补足。

（二）送达

1. 送达的概念

送达是指司法机关依照法定的方式和程序将诉讼文书送交给当事人和其他诉讼参与人的行为。

2. 送达的方式

《中华人民共和国民事诉讼法》规定了六种送达方式：

（1）直接送达。是指人民法院直接将法律文书送交当事人的送达方式。这是最常见的送达方式。直接送达时，受送达人是公民的，由本人签收；本人不在的，交与其同住的成年家属签收。受送达人是法人或其他组织的，由法定代表人或组织负责人或负责收件的人签收。受送达人有诉讼代理人的，也可以由诉讼代理人签收；受送达人已向司法机关指定代收人的，应送交代收人签收。在送达回证上签收的日期为送达日期。

（2）留置送达。是指受送达人拒绝签收送达文书时，送达人依法将送达文书留在受送达人住所的送达方式。需要注意的是：一是留置送达时需要有关见证人签字盖章，并记载拒收事由和日期。如果见证人不愿签名盖章的，应当记明情况。二是留置送达不适用于民事、经济调解书。

（3）委托送达。是指司法机关送达法律文书有困难时而委托其他有关司法机关代为送达的方式。办理委托送达应当有委托单位出具的委托函。送达日期为受送达人在送达回证上的签字日期。

（4）邮寄送达。是指司法机关直接送达有困难的情况下，通过邮局将诉讼文书用挂号信邮寄给送达人的送达方式。邮寄送达以挂号信回执上的日期为送达日期。

（5）转交送达。是指司法机关将诉讼文书交受送达人所在机关、单位代收后转交受送达人的送达方式。这种方式只适用于三种情况：一是受送达人是军人的，通过其所在部队团以上单位的政治机关转交；二是受送达人是被监禁的，通过其所在的监所或劳改单位转交；三是受送达人是被劳动教养的，通过其劳动教养单位转交。

（6）公告送达。是指司法机关在受送达人下落不明或采取其他方式无法送达时，采取的一种以公告形式送达的方式。公告送达可以在法院的公告栏、受送达人原所在地张贴公告，也可以在报纸上刊登公告。公告在发出 10 日后即视为送达。

3. 送达产生的法律后果

送达后产生的法律后果，在程序上视为诉讼行为已经实施。如，经传票传唤，当事人无正当理由拒不到庭的，是原告，按撤诉处理；是被告，则法院可以缺席判决。在实体上，则可以实现权利。如判决书送达后，当事人不上诉的，则应当执行判决。

五、管辖

（一）管辖概述

管辖是指司法机关在直接受理案件方面和在审判第一审案件方面的职权分工。在刑事诉讼中分为立案管辖和审判管辖。在民事诉讼和行政诉讼中则只存在着审判管辖。审判管辖中又包括级别管辖和地域管辖。

刑事诉讼中的立案管辖是指公、检、法三机关在直接受理刑事案件方面的职权分工。其中，人民法院直接受理的第一审刑事案件有：告诉才处理的刑事案件；被害人有证据证明的轻微刑事案件；被害人对有证据证明被告人侵犯自己的人身、财产权的行为，虽应当依法追究被告人的刑事责任，但公安或检察机关不予立案的案件。人民检察院直接受理的刑事案件包括贪污贿赂犯罪，国家公职人员渎职犯罪，国家机关工作人员利用职权实施的非法拘禁、刑讯逼供、报复陷害、非法搜查等侵犯公民人身权利、民主权利的犯罪，同时，对应当由公安机关受理而公安机关不予受理的案件，人民检察院认为有必要的也可以直接受案。除此以外的其他案件均由公安机关受理侦察。（其中间谍、特务案件由国家安全机关受理侦察）。

（二）级别管辖

级别管辖是指各级人民法院在审判第一审案件上的职责分工。详细规定，请见下表：

各级人民法院审判第一审案件级别管辖表

	刑事案件	民事案件	行政案件
基层法院	普通的刑事案件	普通的民事案件	普通的行政案件
中级法院	1. 可能判处无期徒刑、死刑的案件 2. 外国人犯罪的案件	1. 重大涉外案件 2. 在本辖区内有重大影响的案件 3. 最高人民法院确定由中级人民法院管辖的案件	1. 确认发明专利权的案件；海关处理的案件 2. 对国务院各部门或省级人民政府作出的具体行政行为提起诉讼的案件 3. 本辖区内重大、复杂的案件
高级法院	全省（自治区、直辖市性的重大刑事案件	本辖区内有重大影响的案件	本辖区内重大、复杂的案件
最高法院	全国性的重大型事案件	1. 在全国有重大影响的案件 2. 认为应当由本院审理的案件	全国范围内重大、复杂的案件

（三）地域管辖

地域管辖是指同级人民法院在审判第一审案件时的职责分工。

1. 刑事案件的地域管辖

刑事案件的地域管辖采取以犯罪地人民法院管辖为主原则。

这种管辖存在着特殊的情况，即：

（1）由被告人居住地的法院管辖更为合适的，可由被告人居住地法院管辖。

（2）在飞机上犯罪的，由飞机最先着陆地的法院管辖。

（3）中国公民在驻外使、领馆内犯罪的，由该公民主管单位所在地或原户口所在地法院管辖。

（4）正在服刑的犯罪发现其犯罪前仍有其他犯罪没被判决，或者服刑期间又犯罪的，由服刑地人民法院管辖。

2. 民事、经济案件的地域管辖

民事案件的地域管辖分为普通地域管辖和特殊地域管辖两类。

（1）普通地域管辖。普通的民事案件采取原告就被告的原则确定管辖，即由被告所在地法院管辖。所谓被告所在地是指公民的户籍所在地、经常居住地、法人的住所地、主要营业地或主要办事机构所在地、注册登记地等。

（2）特殊管辖。我国民事诉讼法及其相关法规规定了民事、经济诉讼的特殊管辖。

①关于合同纠纷案件的管辖。a. 因合同纠纷提起的诉讼由被告住所地或者合同履行地法院管辖；b. 因保险合同纠纷提起的诉讼，由被告住所地或者保险标的物所在地法院管辖。③因票据纠纷提起的诉讼，由票据支付或法院管辖；d. 因运输合同纠纷提起的诉讼，由运输的始发地、目的地和被告人所在地法院管辖。

②关于侵权案件的管辖。a. 因侵权行为提起的诉讼，由侵权行为地或被告住所地法院管辖。b. 因产品质量造成的损害赔偿诉讼，由产品制造地、销售地、侵权行为地和被告住所地法院管辖。c. 侵犯名誉权的案件，由侵权行为地和被告住所地法院管辖。d. 因运输事故发生的损害赔偿诉讼，由事故发生地、运输工具最先到达地或被告住所地法院管辖。

③关于专利侵权案件的管辖。a. 未经专利权许可而以生产经营为目的制造、使用、销售专利产品的，由该产品的制造地法院管辖；制造地不明的，由该专利产品的使用地或销售地法院管辖。b. 未经专利权人许可而以生产经营目的使用专利方法的，由该专利方法使用人所在地法院管辖。c. 未经专利权人授权而许可或委托他人实施专利的，由许可方或委托方法院管辖；如果被许可方或受委托方实施了专利，从而双方构成共同侵权的，由被许可方或受委托方所在地法院管辖。d. 专利共有人未经他人同意而许可他人实施专利或越权转让专利的，由许可方或转让方所在地法院管辖；如果被许可方实施了专利或受转让方受让了专利，从而构成共同侵权的，由被许可方或受让方所在地的法院管辖。e. 假冒他人专利，造成损害的，由假冒行为地或损害结果发生地法院管辖。

④协议管辖。是指合同双方当事人在纠纷发生前或发生后，采用书面的形式选择解决争议的管辖法院。在适用协议管辖时应注意：一是协议管辖只能确定一审法院，而且只能确定一个法院。二是协议管辖只能涉及合同纠纷和涉外财产纠纷，而且不能变更专属管辖。三是协议管辖仅限于选择原告或被告所在地、合同签订地、履行地、标的物所在地的法院，对于选择与合同没有关系法院的协议是无效的。四是管辖协议虽然可以在事前签订也可以在事后达成，但均必须采取书面形式达成协议。

3. 行政案件的地域管辖

我国行政诉讼法规定，行政诉讼案件，由最初作出具体行政行为的行政机关所在地法院管辖；经复议的案件，复议机关改变原具体行政行为的，也可以由复议机关所在地法院管辖。对限制人身自由的行政强制措施不服提起的诉讼，由被告所在地或者原告所在地法院管辖。

4. 专属管辖

（1）专属管辖的概念。专属管辖是指法律规定的某些案件必须由特定的法院管辖，其他法院无权管辖，当事人也不得协议变更专属管辖。

（2）专属管辖的情形

①现役军人和军内在编职工的刑事案件由军事法院管辖。发生在铁路运输系统中的刑事案件，有铁路运输法院管辖。

②与铁路运输有关的合同纠纷和侵权纠纷，由铁路运输法院管辖。因水上运输合同纠纷和海事损害纠纷提起的诉讼，我国有管辖权的，由海事法院管辖。

③法律规定的其他专属管辖还有：*a.* 因不动产纠纷提起的诉讼，由不动产纠纷所在地法院管辖；*b.* 因港口作业中发生纠纷提起的诉讼，由港口所在地法院管辖。

5. 管辖中特殊情况的处理

（1）共同管辖。共同管辖是指两个以上法院都有管辖权的管辖。此时，由最先立案的法院管辖。

（2）指定管辖。指定管辖是指上级法院依照法律规定，指定其辖区内的下级法院对某一具体案件行使管辖权。这主要包括三种情况：

①有管辖权的法院因特殊原因不能行使管辖权的；

②两个均有管辖权的法院发生争议而协商不成的；③接受移送的法院认为移送的案件依法不属于本院管辖的。

（3）移送管辖：

①案件的移送。是指人民法院受理案件后，发现本院对该案没有管辖权，而将案件移送给有管辖权的法院受理。

②管辖区的转移。是指由上级人民法院决定或者同意，把案件的管辖权由下级法院转移给上级法院，或者由上级法院转移给下级法院审理。

六、两审终审和公开审判制度

（一）两审终审制

两审终审制度是指人民法院的一审判决送达后，不能立即生效，而必须给被告人、当事人上诉的期限，在上诉期内，被告人、当事人不上诉，检察机关也未抗诉的，一审判决方可生效。一旦被告人、当事人上诉，或者检察机关抗诉，则一审判决不能生效，而必须由作出一审判决的上级人民法院进行二审。二审判决一经作出后立即生效。

需要注意的是：一是被告人、当事人对一审判决上诉理由不论是否正确，只要是在上诉期间内提出的，都必须进入二审程序。二是上诉期间有严格的规定，在刑事诉讼中，对法院判决不服的上诉期为送达后十日内，对裁定不服上诉期为送达后五日内，请求检察机关对刑事判决或裁定提出抗诉的为送达后的五日内。在民事、经济和行政诉讼中，对法院判决不服的为送达后十五日内，对法院裁定不服的为送达后十日内。三是被告人、当事人的上诉状即可以交给一审法院，也可以交给有管辖权的二审法院。但在民事、经济诉讼中，上诉时必须缴纳上诉费。四是上诉时，应当提交上诉状。

二审法院对上诉或抗诉案件必须组成合议庭进行审理，对一审判决正确的，应裁定驳回上诉或抗诉，维持原判；对一审判决错误的，应当依法改判；对一审判决认定事实不清、证据不足的，应当裁定撤销原判决，发回重审，或者查清事实后直接改判。

此外，对已生效的判决，被告人或当事人仍可向作出判决的人民法院或其上级人民法院提出申诉，依法请求对案件重新审理，即进行再审。只是再审时必须提出足够的理由，而且不影响已生效判决的执行。

（二）公开审判制度

公开审判制度是指人民法院在审理各类案件时应当向当事人和社会公开。它包括，向当事人公开定案的证据，允许公民旁听审理情况，判决向社会公开。但是，涉及个人隐私的案件、涉及国家及有关组织秘密的案件和未成年人犯罪的刑事案件不能公开审理。对于不公开审理的案件也应当公开宣判。

七、或裁或审制度

或裁或审制度是指在处理与合同相关的纠纷过程中所执行的一种特殊的制度。"审"即指人民法院的审判活动；"裁"即指仲裁机构的仲裁活动。所以，"或裁或审"的完整含义是指，在处理合同纠纷时，当事人有权按照自己的意志选择审判方式或选择仲裁方式来解决问题。但是，不论选择哪一种方式，只能选择其一，不可全选。

仲裁方式具有快速、简捷、一裁终局、便于执行的特点。国际上对于合同纠纷一般都通过仲裁方式解决。我国《民事诉讼法》和《仲裁法》也将这一在实践中行之有效的制度规范下来。

在运用或裁或审制度中需要注意：第一，使用仲裁方式必须具有一定的前提条件，即合同双方当事人具有仲裁协议，如果双方当事人没有仲裁协议，则不能使用仲裁方式；第二，仲裁要求一裁终局，即裁决后发生法律效力，当事人间没有上诉、申诉、申请复议的权利；第三，裁决可以通过人民法院予以撤销。当仲裁协议无效或仲裁活动违反《仲裁法》的有关规定时，一方面当事人可以向人民法院申请撤销裁决，并可直接向人民法院起诉。

第二节 建设活动中的证据

一、证据概述

（一）证据的概念

证据是指能够证明案件事实的一切材料。在企业维护自身权利的过程中，根本的目的就是要明确对方的责任和自身的权利，减轻自己的责任和减少、甚至消除对方的权利。但这一切都必须依法进行。因为我国的法律都明确规定了哪一种行为应当承担什么样的后果，所以，确定自己和对方实施了什么样的行为，形成一个什么样的案件事实，便成了保护权利的核心问题。不论是在诉讼中，还是在仲裁、调解、谈判中，案件事实都是确定权利和责任的核心问题。然而，一个行为或一项事实要依靠什么来判断其是否存在呢？依靠的就是证据。因此，证据是企业维护权利的基础。

在实践中，许多企业的合法权利不能得到及时、有效的保证和实现，直接的问题就反映在了不能提供充分的、明确自己权利的证据上。

（二）证据的种类

根据我国刑事诉讼法、民事诉讼法和行政诉讼法的规定，可以作为证据使用的材料有以下七种：

（1）书证。是指以其文字或数字记载的内容起证明作用的书面文书和其他载体。如合同文本、财务帐册、欠据、收据、往来信函以及确定有关权利的判决书、法律文件等。

（2）物证。是指以其存在、存放的地点、外部特征及物质特性来证明案件事实真相的证据。如购销过程中封存的样品，被损坏的机械、设备，有质量问题的产品等。

（3）证人证言。是指知道、了解事实真相的人所提供的证词，或向司法机关所作的陈诉。

（4）视听材料。是指能够证明案件真实情况的音像资料。如录音带、录像带等。

（5）被告人供述和有关当事人陈述。它包括：犯罪嫌疑人、被告人向司法机关所作的承认犯罪并交待犯罪事实的陈诉或否认犯罪或具有从轻、减轻、免除处罚的辩解、申诉。被害人、当事人就案件事实向司法机关所作的陈述。

（6）鉴定结论。是指专业人员就案件有关情况向司法机关提供的专门性的书面鉴定意见。如，损伤鉴定、痕迹鉴定、质量责任鉴定，等等。

（7）勘验、检验笔录。是指司法人员或行政执法人员对与案件有关的现场、物品、人身等进行勘察、试验、实验或检查的文字记载。这项证据也具有专门性。

（三）证据的特点

作为可以证明案件事实的证据，必须具备三个特点：

（1）真实性。即证据必须符合客观实际情况，能够用来证明真实情况。虚假的材料是不能用来作为证据使用的。

（2）联系性。也称相关性，是指各个证据之间相互能够印证，共同证明事实。它一方面要求每一个证据都与整个事实或其中的一部分有密切的联系，可以反映事实的内容；另一方面还要求各个证据之间相互衔接、相互印证，形成完整的证据体系。比如甲乙方各自所持两个合同文本，其内容不同时，则任何一个合同文本都不能直接作为证据使用。只有在用其他证据排除其中一个合同文本后，另一个合同文本才能作为证据使用。

（3）合法性。只有依据合法的形式和手段取得的材料才能作为证据使用。采用非法的手段，如刑讯逼供、欺诈等形式取得的证据都是无效的证据。

二、建设活动中证据的特殊性

建设企业的权利主要产生在建设活动中，所以在建设活动中如何维护自身的权利至关重要，充分地认识建设活动中的证据则也显得尤为突出了。在建设活动中，也存在着诉讼中所常使用的七种证据，只是建设活动中的证据，有它自己的特点。

（一）体系庞杂

由于基本建设活动本身是一个庞大的系统工程，环节较多，涉及的企业权利在各个方面都存在着，所以需要的证据也是一个庞杂的体系。如有以合同、签证、财务帐目为代表的书证，以建筑原材料为代表的物证，以管理人员、中介人员、监督人员为代表的证人证言，以技术鉴定为代表的鉴定结论，以现场调查为代表的勘验检查笔录，以现场录像、照相为代表的视听证据等等。

（二）内容繁多

由于建设工程涉及方方面面的问题，这就决定了建设活动中的证据所反映的内容也是繁杂的，它包括：工程承发包方面的证据，施工组织与管理方面的证据，原材料采购方面的证据，涉及国家行政监督方面的证据，工程结算证据等等。

（三）证据易逝、难以获取

由于施工中隐蔽工程多、工期长等原因，往往造成了其中的证据被湮没，获取证据的难度明显增加。

（四）专业性强

建设专业是一个独立的专业，其中又涉及到多方面的专业知识，加之现场复杂、环节多变等因素，对于建设活动中的证据往往靠普通的勘查检验或技术鉴定难以得出真实的结论。这就需要组织较强的专业技术人员进行收集证据的活动。

除此之外，就我国而言，涉及建设活动的法律法规繁多且易变化，这也带来了建设活动中证据收集时目的不易明确、证据运用时矛盾较多等困难。

三、证据的收集和保全

（一）证据的收集和保全的含义

从狭义上讲，证据的收集单指司法机关在办案过程中，围绕案件事实收集证据的活动。但民事诉讼法把举证责任归为主张权利的当事人以后，证据的收集就不仅仅是司法机关的工作了，它还包括当事人自己在具体工作中为维护自身的合法权益而收集的有关证明材料。这就是广义的证据收集。

在现实的生活中，有许多证据是不易收集的。或者由于其自身的因素，或者由于人为的因素，这些证据往往一闪即逝，不注意保管证据，在真正需要它的时候，便后悔莫及了。从广义上讲，证据保全就是司法机关即企事业单位和公民个人，为了维护合法权益、查明案件事实，对容易灭失或难以取得的证据所采取的固定、保护措施。它包括对书证的拍照、复制，对物证的勘验、绘图、拍照、录像和保存。对证人证言的笔录、文书、录音等措施，等等。

（二）建设企业收集和保全证据的原则

就建设企业而言，在收集和保全证据过程中，必须明确一个指导思想，即企业在生产经营过程中收集和保全证据不仅仅是为了打官司。因为企业的权利涉及到了诸多方面的行为，收集和保全各种证据的核心目的就是要维护企业自身的合法权益。不论是通过谈判、调解，还是通过仲裁、诉讼，都要依靠事实和法律来处理问题。所以收集和保全证据，如同协商、诉讼一样，仅仅是维护企业权益、实现权利的手段而已。在实践中，许多企业为了强调合作，往往碍于情面或因为其他的人为因素，对该索取的证据不予索取，对该保全的不予保全，结果让对方钻了空子，造成不该赔偿的赔偿，应该实现的权利没有实现。

（三）企业收集和保全证据的方法

在建设企业中，收集和保全证据的最佳方法就是加强企业管理，建立、健全文书流转制度，及时、全面、准确记载有关情况。最重要的有：

1. 加强以合同为代表的文书档案管理

（1）要加强合同文本管理。在合同订立中坚持签订合法有效的合同，对无效的合同既不能签订也不能执行；合同订立时不仅要明确合同的主要内容，对具体操作细节也应当予以明确；对难以确定的内容，应当在合同中载明，以双方代表临时确认的签字为依据。

（2）在执行合同过程中，对变更的内容应坚持依法变更登记、备案。

（3）要注意保存与业务相关的往来信函、电报、文书，不能业务刚刚结束，就将其销毁、扔掉。

（4）要建立业务档案，将涉及具体业务的相关资料集中分类归档，定期销毁。

（5）对采取以合同方式授权代理的合同，一定要在合同标的或项目名称中详细载明标的内容及授权范围；或者在合同中注明该合同在使用中必须以授权方式或含有授权内容的介绍信同时使用方能生效。

（6）要加强单位公章、法定代表人名章和合同专用章的管理，不能乱扔、乱放，随便授之以人。

2. 加强以收支票据为代表的财务管理

对于每一项收支必须要有完整的帐目记录，详细记载资金来源及使用目的，资金取向及用途，并附之以有关票据，特别是对于暂付、暂借等款项，绝不能简单地凭所谓的信誉或感情用事而不要收据或欠据。

3. 加强施工中的证据固定工作

对施工的进度情况、停工原因、租赁设备的使用情况，应当坚持日记制度，而且每一项日记都应坚持甲乙双方代表签字。对施工中发现的质量问题应当及时进行现场拍照，必要时可及时聘请有关技术监督部门迅速作出技术鉴定和勘验检查笔录，或者将有关情况详细记录在日记中，并由甲乙双方签字。

（四）企业在收集和保全证据时需要注意的几个问题

（1）对重要的文件、书证，要注意留有备份，以防止遗失。

（2）对遗失的有关文件、书证要根据情况分别处理：对可能涉及对方不承认的情况时，要注意保密，防止对方篡改有关证据或否认事实而侵犯自身的权利；在可能的情况下，应从对方重新复制、索取有关文件，或找到有关知情人及时回忆，形成书面证言予以保留；对涉及隐蔽工程，现场已遭破坏等情况时，应及时聘请有关专业人员重新勘验，确定原因。

（3）对涉及到的重要知情人，要记载清楚其下落、联系方式，以便随时请其出证。

（4）在开始诉讼时，对于那些对自己有利而对方不愿提供的证据，要及时请求法院采取强制性的证据保全措施。

四、证据的运用

（一）证据的运用的概念

证据的运用就是为了要形成事实以用来维护自身的权利。运用证据在各种保护权利的方式中，都可能碰到。由于运用证据的方式是相同的，在此我们完整地介绍诉讼中的运用证据。

（二）举证责任

举证责任是指司法机关、行政机关及当事人为证明案件事实而向人民法院提供证据的责任。我国法律规定，负有举证责任的人不能提供足够证据来证明案件事实时，则其所阐述的事实不能被法庭所认可，当然其权利也不可能得到保护了。

在刑事诉讼中，检察机关负有举证责任。它负责对犯罪嫌疑人的犯罪事实提供证据。对犯罪嫌疑人的辩解，它必须提出肯定或否定的证据。

在民事和经济诉讼中，主张权利者负有举证责任。原告人在起诉时必须提供其权利受到侵犯的证据；被告人在答辩时或提出反诉时也必须提供自己不应承担责任或对方应当承担责任的证据。

在行政诉讼中，作为被告人的行政机关负有举证责任。它必须提供作出具体行政行为时所依据的事实和法律文件等有关证据。

（三）运用证据的基本原则

建设企业在运用证据时，首先要注意的是，案件事实与客观事实往往存在着一定的误差。这主要是由于法律规定的较为笼统，客观事实又较为复杂等原因造成的。所以，运用证据的核心目的就是排除或削减对方的权利，形成对自己有利的案件事实。这样，在运用证据时，就必须结合具体案情和涉及该案的有关法律，充分地利用各种证据对案件定性提出意见。

在使用证据时，必须仅仅围绕着证据的三个特点进行，即提供的证据应当是真实的，不能提供伪证；提供的证据应当全面，能够互相印证，而不是相互矛盾；提供的证据必须是经合法手段取得的。其中，证据的联系性尤为重要。

具体使用证据时，则应提供出涉及案件客观事实的证据，事实与对方的关系，事实与自己的关系等证据，将其组合成一个证据体系来证明事实，明确责任。比如，若要起诉对方产品质量不合格给乙方造成损失而请求赔偿时，则首先应提供购货证据，如购销合同、协议、付款凭证，以证明产品从对方处购买或系对方生产的。其次应提供产品质量瑕疵的证据，如产品和损坏部位的照片、录像带，被封存的损坏的产品，关于质量问题的技术鉴定结论等；第三，应提供造成损失情况的证据，如产品的购价证明、对现场破坏情况的照片、录像带，恢复原状时的支付明细，对造成人身伤亡时的医疗证明，延误工期的施工日记，等等。

（四）运用证据时需要注意的几个问题

由于在民事、经济和行政诉讼中，往往要互相质证，各自提供有利于自己的证据，因此经常出现双方之间证据的矛盾，此时需要注意以下几点问题：

（1）要设法否定对方的证据效力，使对方的证据不能够作为证据使用。一是注意对方的证据是否是假的伪证；二是注意对方所提供的证据之间是否存在矛盾，相互间能否印证；三是注意对方的主要证据能否证明完整的事实，对于各具体情节间的联系，是否存在着漏洞；四是注意对方所提供的证据是否通过合法手段取得的，有无法律效力。

（2）证人证言带有较大的主观性，视听证据具有模糊、不准确的一面，鉴定结论、勘查记录也有疏漏的时候。针对这些情况，结合具体案情，当发现自己的权利因错误的证据而受到侵犯时，可以采取请证人出庭，当庭质证，对视听证据请求鉴定真伪，要求重新鉴定或重新勘验等。

（3）在认定事实时，应将双方的证据同时考虑，以去伪存真，特别要注意对方提供的对自己有利的证据，将其结合到自己的证据体系中。

（4）与此案相关的他案事实，或有关政策、法规往往也可以成为此案的证据。如因甲方违约造成了乙方对丙方的违约，则丙方向乙方主张权利的诉讼文书就成为了乙方向甲方索赔的证据之一。再如，国家有关具体法规和政策的调整，也可以成为违约方免责的证据。

第三节　企业主张权利适用的基本程序法

一、民事诉讼法

（一）民事诉讼法概念

1. 民事诉讼的概念

民事诉讼是指人民法院和一切诉讼参与人，在审理民事案件过程中所进行的各种诉讼活动，以及由此产生的各种诉讼关系的总和。诉讼参与人，包括原告、被告、第三人、证人、鉴定人、勘验人等。

2. 民事诉讼法的概念

民事诉讼法就是规定人民法院和一切诉讼参与人，在审理民事案件过程中所进行的各种诉讼活动，以及由此产生的各种诉讼关系的法律规范的总和。它的适用范围包括：

（1）地域效力。即在中国领域内，包括我国的领土、领水和领空，以及领土的延伸范围内进行民事诉讼活动，均应遵从本法。

（2）对人的效力。包括中国公民、法人和其他组织；居住在中国领域内的外国人、无国籍人，以及外国企业和组织；申请在我国进行民事诉讼的外国人、无国籍人以及外国企业和组织。

（3）时间效力。《中华人民共和国民事诉讼法》（以下简称《民事诉讼法》）于1991年4月9日生效，《中华人民共和国民事诉讼法（试行）》同时废止。《中华人民共和国民事诉讼法》没有溯及力。

（二）民事诉讼法特有的原则

1．当事人诉讼权利平等原则

我国《民事诉讼法》第8条规定"民事诉讼当事人有平等的诉讼权利。人民法院审理民事案件，应当保障和便利当事人行使诉讼权利，对当事人在适用法律上一律平等"。该法第5条款又规定："外国人、无国籍人、外国企业和组织在人民法院起诉、应诉，同中华人民共和国公民、法人和其他组织有同等的诉讼权利、义务"。这就表明，该项原则，既适用于中国人，也适用外国人。当然，如果外国法院对中国公民的民事诉讼权利加以限制的，人民法院对该国公民实行对等原则，同样加以限制。

2．调解原则

人民法院审理民事案件，对于能够调解的案件，应采用调解方式结案；调解应当自愿、合法；调解贯穿于审判过程的始终；对于调解不成的，不能只调不决，应当及时判决。

3．辩论原则

辩论原则是指双方当事人可以采取书面或口头的形式，提出有利于自己的事实和理由，相互辩驳，以维护自己的民事实体权利的原则。该原则是民诉活动的一项重要民主原则，认真贯彻该原则，对保护当事人的诉讼权利，准确认定案情，都是十分重要的。

4．处分原则

《民事诉讼法》第13条规定："当事人在法律规定的范围内处分自己的民事权利和诉讼权利"。根据这一原则，当事人对自己享有的民事权利和诉讼权利，可以行使，也可放弃；诉讼当事人可以委托代理人，也可以不委托代理人；可以对法院的判决提出上诉，也可以不上诉。但当事人在处分这些权利时，不能违背法律的规定。这种有限制的处分权，对保护当事人处分的自由和防止某些人滥用处分权，损害国家、集体和他人的合法权益都很有必要。

5．人民检察院对民事审判活动实行法律监督

《民事诉讼法》第14条规定："人民检察院有权对民事审判活动实行法律监督"。根据这一规定，人民检察院有权对民事审判活动进行监督。其监督的方式，为对法院已经生效的判决、裁定，如有认定事实的主要证据不足的，适用法律有错误的等情况，按审判监督程序提出抗诉。

6．支持起诉的原则

《民事诉讼法》第15条规定："机关、社会团体、企业事业单位对损害国家、集体或个人民事权益的行为，可以支持受损害的单位或个人向人民法院起诉"。根据这一规定，只要当事人的行为侵犯了国家、社会、团体、企事业单位都可以支持起诉，但个人无权支持起诉。这种支持起诉的规定可以调动社会力量，同违法行为作斗争，促进社会的精神文明建

设。

（三）民事诉讼的受案范围

《民事诉讼法》第3条规定："人民法院受理公民之间、法人之间、其他组织之间以及它们相互之间因财产关系和人身关系提起的民事诉讼，适用本法的规定"。根据这一规定，人民法院对民事案件的主管范围只能是财产关系发生纠纷的案件和人身关系发生纠纷的案件，具体来说主要有两种：

（1）民法、婚姻法、继承法等民事实体法调整的财产关系和人身关系发生纠纷的案件。

（2）劳动法调整的劳动关系所产生的，并且依照劳动法的规定，由人民法院依照民事诉讼法规定的程序审理的案件。

经济法调整的财产关系与经济纠纷的案件，广义上也属于民事案件，也适用《民事诉讼法》的程序。

（四）起诉与答辩

1. 起诉

（1）起诉的概念：

起诉是指原告向人民法院提起诉讼，请求司法保护的诉讼行为。

（2）起诉的条件：

①原告是与本案有直接利害关系的公民、法人和其他组织；

②有明确的被告；

③有具体的诉讼请求、事实和理由；

④属于人民法院受理民事诉讼的范围和受诉人民法院管辖。

（3）起诉的方式：

①书面形式。《民事诉讼法》第109条1款规定，起诉应向人民法院递交起诉状。由此可见，我国《民事诉讼法》规定的起诉形式是以书面为原则的。

②口头形式。虽然起诉以书面为原则，但当事人书写起诉状有困难的，也可口头起诉，由人民法院记入笔录，并告知对方当事人。可见，我国起诉的形式是以书面起诉为主，口头形式为例外。

（4）起诉书的内容。根据《民事诉讼法》第110条规定，起诉状应当记明下列事项：

①当事人的姓名、性别、年龄、民族、职业、工作单位和住所，法人或其他经济组织的名称、住所和法定代表人或主要负责人的姓名、职务；

②诉讼请求和所根据的事实与理由；

③证据和证据来源，证人姓名和住所。

2. 答辩

人民法院对原告的起诉情况进行审查后，认为符合条件的，即立案，并于立案之日起5日内将起诉状副本发送到被告，被告在收到之日起15日内提出答辩状。被告不提出答辩状的，不影响人民法院的审理。

（1）答辩的概念。答辩是针对原告的起诉状而对其予以承认、辩驳、拒绝的诉讼行为。

（2）答辩的形式：

①书面形式。即以书面形式向法院提交的答辩状。

②口头形式。答辩人在开庭前未以书面形式提交答辩状，开庭时以口头方式进行的答

辩。

（3）答辩状的内容。针对原告、上诉人诉状中的主张和理由进行辩解，并阐明自己对案件的主张和理由。即揭示对方当事人法律行为的错误之处，对方诉状中陈述的事实和依据中的不实之处；提倡相反的事实和证据说明自己法律行为的合法性；列举有关法律规定，论证自己主张的正确性，以便请求人民法院予以司法保护。

（五）财产保全与先予执行

1. 财产保全的概念

（1）财产保全的概念。财产保全，是指人民法院在案件受理前或诉讼过程中对当事人的财产或争议的标的物所采取的一种强制措施。

（2）财产保全的种类

①诉前财产保全。是指在起诉前人民法院根据利害关系人的申请，对被申请人的有关财产采取的强制措施。采取诉前保全，须符合下列条件：1）必须是紧急情况，不立即采取财产保全将会使申请人的合法权益受到难以弥补的损害。2）必须由利害关系人向财产所在地的人民法院提出申请，法院不依职权主动采取财产保全措施。3）申请人必须提供担保，否则，法院驳回申请。

②诉讼财产保全。是指人民法院在诉讼过程中，为保证将来生效判决的顺利执行，对当事人的财产或争议的标的物采了的强制措施。采取诉讼财产保全应符合下列条件：a. 案件须具有给付内容的；b. 必须是由当事人一方的行为（如出卖、转移、隐匿标的物的行为）或其他行为，使判决不能执行或难以执行。c. 须在诉讼过程中提出申请。必要时，法院也可依职权作出。d. 申请人提供担保。

（3）财产保全的对象及范围

财产保全的对象及范围，仅限于请求的范围或与本案有关的财物，而不能对当事人的人身采取措施。限于请求的范围，是指保全财产的价值与诉讼请求的数额基本相同。与本案有关的财物，是指本案的标的物或与本案标的物有关连的其他财物。

（4）财产保全的措施。财产保全的措施有查封、扣押、冻结或法律规定的其他方法。法院规定的其他方法，按最高人民法院的有关司法解释，应当包括：对债务人到期应得的收益，可以采取财产保全措施，限制其支取，通知有关单位协助执行。债务人的财产不能满足保全请求，但对第三人有到期债权的，人民法院可以依债权人的申请裁定该第三人不得对本债务人清偿；该第三人要求偿付的，由法院提存财物或价款。

（5）财产保全裁定的效力。财产保全无论是诉讼前的还是诉讼财产保全，都应作出书面裁定。财产保全裁定，具有如下效力：

①时间效力。裁定送达当事人立即发生效力，当事人必须按照裁定的内容执行。当事人对裁定内容不服的，可以申请复议一次，但复议期间，不停止财产保全裁定的执行。作出生效判决前，执行完毕就失去效力。诉前财产保全裁定，利害关系人在法定时间（15 日内）不起诉，人民法院决定撤销保全时，财产保全裁定即失去效力。

②对当事人和利害关系人的拘束力。当事人和利害关系人在接到人民法院的财产保全裁定后，就必须依照裁定的内容执行，并根据民事诉讼法决定，提供担保。利害关系人或申请人应当在法定期间内提起诉讼。

③对有关单位和个人的拘束力。财产保全裁定虽不是终审裁定，但法律效力与终审裁

定一样，对有关单位和个人都有同等的效力。有关单位或个人在接到财产保全裁定的协助执行通知书后，必须及时按裁定中指定的保全措施协助执行。

④对人民法院的效力。人民法院作出财产保全裁定后即开始执行。执行后，诉前财产保全裁定执行后，申请人在法定期间不起诉的，人民法院应当撤销保全，将财产恢复到保全前的状态，保存变卖价款的，交还被申请人；被申请人或被执行人提供担保的，撤销对物品的查封、扣押等措施，解冻银行存款。

2. 先予执行

（1）先予执行的概念。先予执行是指人民法院对某些民事案件作出判决前，为了解决权利人的生活或生产经营急需，裁定义务人履行一定义务的诉讼措施。

（2）先予执行的条件

①当事人之间权利义务关系明确，不先予执行将严重影响申请人的生活或生产经营。

②申请人有履行能力。

③人民法院应当在受理案件后中审判决作出前采取。

（3）适用先予执行的范围。根据《民事诉讼法》的规定，对下列三类案件可以书面裁定先予执行：

①追索赡养费、抚养费、抚育费、抚恤金、医疗费用的案件；

②追索劳动报酬的案件；

③因情况紧急需要先予执行的案件。

（4）先予执行的程序

①申请。先予执行根据当事人的申请而开始，人民法院不能主动采取先予执行措施。

②责令提供担保。人民法院应据案件具体情况来决定是否要求申请人提供担保。如果认为有必要让申请人提供担保，可以责令其提供；不提供的，驳回申请。

③裁定。人民法院对当事人先予执行的申请，经审查认为符合法定条件的，应当及时作出先予执行的裁定。裁定经送达当事人，即发生法律效力，当事人不服的，可申请复议。

④错误的补救。人民法院裁定先予执行后，经过审理，判决申请人败诉的，申请人应返还因先予执行所取得的利益。拒不返还的，由法院强制执行，被申请人因先予执行遭受损失的，还应赔偿被申请人的损失。

（六）强制措施

1. 强制措施的概念

强制措施是对妨害民事诉讼的强制措施的简称，它是指人民法院在民事诉讼中，对有妨害民事诉讼行为的人采用的一种强制措施。

2. 妨害民事诉讼的行为

（1）必须到庭的被告，经过两次传票传唤，无正当理由拒不到庭的；

（2）诉讼参与人或其他人在诉讼中有下列行为：

①伪造、隐藏、毁灭证据。

②以暴力，威胁，贿买方法阻止证人作证或指使、贿买、胁迫他人作伪证。

③隐藏、转移、变卖、毁损已被查封、扣押的财产或已被清点并责令其保管的财产，转移已被冻结的财产的。

④拒不履行人民法院已经发生法律效力的判决裁定的。

⑤对司法人员、诉讼参与人、证人、翻译人员、鉴定人、勘验人、协助执行的人进行侮辱、诽谤诬陷、殴打或打击报复的。

⑥以暴力威胁或其他方法阻碍司法工作人员执行职务的。

（3）有义务协助执行的单位和个人有下列之一的，人民法院可以处罚、拘留：

①银行、信用合作社和其他有储蓄业务的单位接到人民法院协助执行通知书后，拒不协助查询、冻结或划拨存款的。

②有关单位接到人民法院协助执行通知书后，拒不协助扣留被执行人的收入，办理有关证照转移手续、转交有关的票证、证照或其他财产。

③当事人以外的人不按照人民法院通知交出有关物资或票证的。

④其他拒绝协助执行的。

3. 强制措施的种类

（1）拘留。拘留是对法律规定必须到庭听审的被告人，所采取的一种特别的传讯方法，其目的在于强制被告人到庭参加诉讼。

（2）训诫。训诫是指人民法院对妨碍民事诉讼行为较为轻微的人，以国家名义对其进行公开的谴责。这种强制方式主要以批评、警告为形式，指出当事人违法的事实和错误，教育其不得再作出妨碍民事诉讼的行为。

（3）责令退出法庭。责令退出法庭是指人民法院对违反法庭规则，妨碍民事诉讼但情节较轻的人，责令他们退出法庭，反思自己的错误。

（4）罚款。罚款是指人民法院对于妨害民事诉讼的人，在一定条件下，强令其按照法律规定，限期缴纳一定数额的罚款。罚款的数额因个人和法人、非法人单位不同而不同。对个人的罚款金额为人民币1000元以下，对法人、非法人单位的罚款金额为人民币1000元以上30000元以下。

（5）拘留。拘留是人民法院为了制止严重妨碍和扰乱民事诉讼程序的人继续进行违法活动，在紧急情况下，限制其人身自由的一种强制性手段。期限为15天以下。拘留和罚款可并用。

（七）民事诉讼的主要程序

1. 普通程序

（1）普通程序的概念。普通程序是指人民法院审理第一审民事案件通常适用的程序。普通程序是第一审程序中最基本的程序，是整个民事审判程序的基础。

（2）起诉与受理（见本章有关内容）。

（3）审理前的准备

①向当事人发送起诉状、答辩状副本。人民法院应于立案后5日内将起诉状副本发送被告，被告在收到起诉状副本之日起15日内提出答辩，人民法院应于收到答辩状之日起5日内将答辩状副本发送原告。

②告知当事人的诉讼权利和义务。当事人享有的诉讼权利有：委托诉讼代理人，申请回避，收集提出证据，进行辩论，请求调解，提起上诉，申请执行。当事人可以查阅本案的有关资料，并可以复制本案的有关资料和法律文书。双方当事人可以自行和解。原告可以放弃或变更诉讼请求，被告人可以承认或反驳诉讼请求，有权提起反诉等。当事人应承担的诉讼义务有：当事人必须依法行使诉讼权利，遵守诉讼程序，履行发生法律效力的判

决裁定和调解协议。

③审阅诉讼材料，调查收集证据。人民法院受案后，应由承办人员认真审阅诉讼材料，进一步了解案情。同时受诉人民法院既可以派人直接调查收集证据，也可以委托外地人民法院调查，两者具有同等的效力。当然，进行调查研究，收集证据工作，应以直接调查为原则，委托调查为补充。

④更换和追加当事人。人民法院受案后，如发现起诉人或应诉人不合格，应将不合格的当事人更换成合格的当事人。在审理前的准备阶段，人民法院如发现必须共同进行诉讼的当事人没有参加诉讼，应通知其参加诉讼。当事人也可以向人民法院申请追加。

（4）开庭审理。开庭审理是指人民法院在当事人和其他诉讼参与人参加下，对案件进行实体审理的诉讼活动过程。主要有以下几个步骤：

①准备开庭。即由书记员查明当事人和其他诉讼参与人是否到庭，宣布法庭纪律，由审判长核对当事人，宣布开庭并公布法庭组成人员。

②法庭调查阶段。其顺序为：a. 当事人陈述；b 证人出庭作证；c 出示书证、物证和视听资料。d 宣读鉴定结论。e 宣读勘验笔录，在法庭调查阶段，当事人可以在法庭上提出新的证据，也可以要求法庭重新调查证据。如审判员认为案情已经查清，即可终结法庭调查，转入法庭辩论阶段。

③法庭辩论。其顺序为：a 原告及其诉讼代理人发言；b 被告及其诉讼代理人答辩。c 第三人及其诉讼代理人发言或答辩；d 相互辩论。法庭辩论终结后，由审判长按原告、被告、第三人的先后顺序征得各方面最后意见。

④法庭调解。法庭辩论终结后，应依法作出判决。但判决前能够调解的，还可进行调解。

⑤会议庭评论。法庭辩论结束后，调解又没达成协议的，合议庭成员退庭进行评议。评议是秘密进行的。

⑥宣判。合议庭评议完毕后应制作判决书，宣告判决公开进行。宣告判决时，须告知当事人上诉的权利、上诉期限和上诉法庭。

人民法院适用普通程序审理的案件，应在立案之日起 6 个月内审结，有特殊情况需延长的，由本院院长批准，可延长 6 个月；还需要延长的，报请上级人民法院批准。

2. 第二审程序

（1）第二审程序的概念。第二审程序又叫终审程序，是指民事诉讼当事人不服地方各级人民法院未生效的第一审裁判，在法定期限内向上级人民法院提起上诉，上一级人民法院对案件进行审理所适用的程序。

（2）上诉的提起和受理

①上诉的条件。a. 主体。即是第一审程序中的原告、被告、共同诉讼人、诉讼代表人、有独立请求的第三人；b. 客体。即上诉的对象，即为依法上诉的判决和裁定；c. 上诉期限。即须在法定的上诉期限内提起。对判决不服，提起上诉的时间为 15 天；对裁定不服，提起上诉的期限为 10 天；d. 要递交上诉状上诉应提交上诉状，当事人口头表示上诉的，也应在上诉期补交上诉状。诉状的内容包括：当事人的姓名；法人的名称及其法定代表人的姓名，或其他组织的名称及其他主要负责人的姓名；原审人民法院名称、案件的编号和案由；上诉的请求和理由。

②上诉的受理。上级人民法院接到上诉状后，认为符合法定条件的，应当立案审理。人民法院受理上诉案件的程序是：a. 当事人向原审人民法院提起上诉的，上诉状由原审人民法院审查。原审人民法院收到上诉状，在 5 日内将上诉状副本送达对方当事人，对方当事人应在收到之日起 15 日内提出答辩状。人民法院应在收到答辩状之日起 5 日内，将副本送达上诉人。对方当事人不提出答辩状的，不影响人民法院审理。原审人民法院收到上诉状、答辩状，应在 5 日内连同全部卷宗和证据，报送第二审人民法院。b. 当事人直接向第二审人民法院上诉的，第二审人民法院应在 5 日内将上诉状移交原审人民法院。原审人民法院接到上级人民法院移交当事人的上诉状，应认真审查上诉，积极作好准备工作，尽快按上诉程序报送上级人民法院审理。

③上诉的撤回。上诉人在第二审人民法院受理上诉后，到第二审作出终审判决以前，认为上诉理由不充分，或接受了第一审人民法院的裁判，而向第二审人民法院申请，要求撤回上诉，这种行为，称为上诉的撤回。可见，上诉撤回的时间，须在第二审人民法院宣判以前。如在宣判以后，终审裁判发生法律效力，上诉人的撤回权利消失，不再允许撤回上诉。

（3）对上诉案件的裁判

①维持原判。即原判认定事实清楚，适用法律正确的，判决驳回上诉，维持原判。

②改判。如原判决适用法律错误的，依法改判；或原判决认定事实错误或原判决认定事实不清，证据不足，裁定撤销原判，发回原审人民法院重审，或查清事实后改判。

③发回重审。即原判决违反法定程序，可能影响案件正确判决的，裁定撤销原判决，收回原审人民法院重审。

3. 审判监督程序

（1）审判监督程序的概念。审判监督程序即再审程序，是指由有审判监督权的法定机关和人员提起，或由当事人申请，由人民法院对发生法律效力的判决、裁定、调解书再次审理的程序。

（2）审判监督程序的提起

①人民法院提起再审的程序。人民法院提起再审，须为判决、裁定已经发生法律效力，必须是判决裁定确有错误。其程序为：a. 各级人民法院院长对本院作出的已生效的判决、裁定确有错误，认为需要再审的，应当裁定中止原判决、裁定的执行；b. 最高人民法院对地方各级人民法院已生效的判决、裁定，上级人民法院对下级人民法院已生效的判决、裁定，发现确有错误的，有权提审或指令下级人民法院再审。再审的裁定中同时写明中止原判决、裁定的执行。

②当事人申请再审。当事人申请不一定引起审判监督程序，只有在同时符合下列条件的前提下，才由人民法院依法决定再审：a. 只当事人才有提出申请的权利。如果当事人为无诉讼行为能力的人，可由其法定代理人代为申请；b. 只有向作出生效判决、裁定、调解书的人民法院或它的上一级人民法院申请；c. 当事人的申请，应在判决、裁定、调解书发生法律效力之日起两年内提出；d. 有新的证据，足以推翻原判决、裁定的；或原判决、裁定认定事实的主要证据不足的；或原判决、裁定适用法律确有错误的；或人民法院违反法定程序，可能影响案件正确判决、裁定的；或审判人员在审理该案件时有贪污受贿、徇私舞弊、枉法裁判行为的。当事人的申请应以书面形式提出，指明判决、裁定、调解书中的

错误，并提供申请理由和证据事实。人民法院经对当事人的申请审查后，认为不符合申请条件的，驳回申请；确认符合申请条件的，由院长提交审判委员会决定是否再审；确认需要补正或补充判决的，由原审人民法院依法进行补正判决或补充判决。

③人民检察院抗诉。是指人民检察院对人民法院发生法律效力的判决、裁定，发现有提起抗诉的法定情形，提请人民法院对案件重新审理。最高人民检察院对各级人民法院已经发生法律效力的判决、裁定，发现有下列情形之一的，应当按照审判监督程序提出抗诉：a. 原判决裁定认定事实的主要证据不足的；b. 原判决、裁定适用法律确有错误的；c. 人民法院违反法定程序，可能影响案件正确判决、裁定的；d. 审判人员在审理该案件时有贪污受贿、徇私舞弊、枉法裁判行为的。

4. 执行程序

（1）执行程序的概念。执行程序，是指保证具有执行效力的法律文书得以实施的程序。

（2）执行根据。执行根据是当事人申请执行，人民法院移交执行以及人民法院采取强制措施的依据。执行根据是执行程序发生的基础，没有执行根据，当事人不能向人民法院申请执行，人民法院也不得采取强制措施。执行根据主要有：

①人民法院作出的民事判决书和调解书。

②人民法院作出的先予执行的裁定、执行回转的裁定以及承认并协助执行外国判决、裁定或裁决的裁定。

③人民法院作出的要求债务人履行债务的支付命令。

④人民法院作出的具有给付内容的刑事判决、裁定书。

⑤仲裁机关作出的裁决和调解书。

⑥公证机关作出的依法赋予强制执行效力的公证债权文书。

⑦我国行政机关作出的法律明确规定由人民法院执行的行政决定。

（3）执行案件的管辖

①人民法院制作的具有财产内容的民事判决、裁定、调解书和刑事判决、裁定中的财产部分，由第一审人民法院执行。

②法律规定由人民法院执行的其他法律文书，由被执行人住所地或被执行的财产所在地人民法院执行。

③法律规定两个以上人民法院都有执行管辖权的，由最先接受申请的人民法院执行。

（4）执行程序的发生

①申请执行。人民法院作出的判决、裁定等法律文书，当事人必须履行。如果不履行，另一方可向有管辖权的人民法院申请执行。申请执行应提交申请执行书，并附作为执行根据的法律文书。申请执行，还须遵守民诉法规的申请执行期限。即双方或一方当事人是个人的为一年，双方是法人或其他组织的为六个月，从法律文书规定履行期限的最后一日起计算，如是分期履行的，从规定的每次履行期限的最后一日起计算本次应履行的义务的申请执行期限。

②移交执行。即人民法院的裁判生效后，由审判该案的审判人员将案件直接交付执行人员，随即开始执行程序。提交执行的案件有三类：a. 判决、裁定具有交付赡养费、抚养费、医药费等内容的案件；b. 具有财产执行内容的刑事判决书；c. 审判人员认为涉及国家、集体或公民重大利益的案件。

③委托执行。指有管辖权的人民法院遇到特殊情况，依法将应由本院执行的案件送交有关的人民法院代为执行。我国《民事诉讼法》210条规定，被执行人或执行的财产在外地的，负责执行的人民法院可以委托当地人民法院代为执行，也可以直接到当地执行。直接到当地执行的，负责执行的人民法院可以要求当地人民法院协助执行，当地人民法院应当根据要求协助执行。

（5）执行措施：

①查封、冻结、划拨被执行人的存款；

②扣留、提取被执行人的收入；

③查封、扣押、拍卖、变卖被执行人的财产；

④对被执行人及其住所或财产隐匿地进行搜查；

⑤强制被执行人交付法律文书指定的财物或票证；

⑥强制被执行人迁出房屋或退出土地；

⑦强制被执行人履行法律文书指定的行为；

⑧办理财产权证照转移手续；

⑨强制被执行人支付迟延履行期间的债务利息或迟延履行金；

⑩债权人可以随时请求人民法院执行。

除此之外，还有三种执行措施：

①申请参与分配。被执行人为公民或其他组织，在执行程序开始后，被执行人的其他已经取得执行根据或已经起诉的债权人发现被执行人的财产不能清偿所有债权的，可以向法院申请参与分配。

②执行第三人到期债权。被执行人不能清偿债务，但第三人享有到期债权的，人民法院可以依申请执行人的申请，通知该第三人向申请执行人履行债务，该第三人对债务没有异议但又在通知指定的期限内不履行的，人民法院可以强制执行。

③通过公告、登报等方式为对方恢复名誉、消除影响。

（6）执行中止和终结

①执行中止。即在执行过程中，因发生特殊情况，需要暂时停止执行程序。有下列情况之一的，人民法院应裁定中止执行。a. 申请人表示可以延期执行的；b. 案外人对执行标的提出确有理由的异议的。c. 作为一方当事人的公民死亡，需要等待继承人继承权利或承担义务的。d. 作为一方当事人的法人或其他组织终止，尚未确定权利义务承受人的。d. 人民法院认为应当中止执行的其他情形。中止的情形消失后，恢复执行。

②执行终结。即在执行过程中，由于出现某些特殊情况，执行工作无法继续进行或没有必要继续进行时，结束执行程序。有下列情况之一的，人民法院应当裁定终结执行。a. 申请人撤销申请的；b. 据以执行的法律文书被撤销的。c. 作为被执行人的公民死亡，无遗产可供执行，又无义务承担人的。d. 追索赡养费、抚养费、抚育费案件的权利人死亡的；e. 作为被执行人的公民因生活困难无力偿还借款，无收入来源，又丧失劳动能力的。f. 人民法院认为应当终结执行的其他情形。

（八）几个特殊的民事程序

1. 督促程序

（1）督促程序的概念。督促程序是指人民法院根据债权人要求债务人给付金钱或有价证券的申请，向债务人发出有条件的支付命令，若债务人逾期不履行，人民法院则可强制执行所适用的程序。

（2）适用督促程序的要件

①债权人必须提出请求，且申请内容只能是关于给付金钱或有价证券；

②债权人与债务人没有其他债务纠纷；

③支付令能够送达债务人的。

在具备上述条件后，债权人可以向有管辖权的人民法院提出申请。否则人民法院不予受理。

（3）支付令申请的受理

①债权人提出申请后，人民法院应在 5 日内通知债权人是否受理；

②对申请的审查和发布支付令。人民法院受理申请后，审查债权人提供的事实、证据，对债权、债务关系明确、合法的，应在受理之日起 15 日内向债务人发出支付令；申请不成立的，裁定予以驳回。该裁定不得上诉。

（4）支付令的异议和效力。支付令异议，是指债务人对人民法院发出的支付声明不服。支付令异议应由债务人自收到支付令之日起 15 日内提出，人民法院收到债务人提出的书面异议后，应当裁定终结督促程序，支付令自行失效，债权人可以起诉。

如果债务人自收到支付令之日起 15 日内不提出异议又不履行支付令的，债权人可以申请人民法院予以执行。支付令与生效的判决具有同等法律效力。

2. 公示催告程序

（1）公示催告程序的概念。公示催告程序，是指人民法院根据当事人的申请，以公示的方式催告不明的利害关系人，在法定期间内申报债权，逾期无人申报，就作出除权判决所适用的诉讼程序。

（2）适用公示催告程序的要件

①申请公示催告的，必须是可以背书转让的票据或法律规定的其他事项；

②申请人必须依法拥有申请权；

③必须是因票据遗失、被盗或灭失，相对人无法确定的；

④申请人必须向人民法院提交申请书。

（3）对公示催告申请的受理和处理

①申请的受理。当事人申请公示催告时，须向人民法院提交申请书。申请书应写明票面金额、发票人、持票人、背书人等票据主要内容及申请的理由和根据的事实。人民法院在接到申请后，经审查，认为符合条件的，应作出受理的裁定，如决定不予受理，就以裁定的形式驳回，并说明理由。

②公示催告。人民法院决定受理申请，应同时通知支付人停止支付，并在三日内发出公告，催促利害关系人申报权利。公示催告期间，由人民法院根据情况决定，但不得少于两个月。支付人收到人民法院停止支付的通知，应当停止支付，至公示催告程序终结。在公示催告期间，转让票据权利的行为无效。

③公示催告程序的终结。*a*. 利害关系人应在公示催告期间向人民示院申报。人民法院收到利害关系人的申报后，应裁定终结公告催告程序，并通知申请人和支付人。*b*. 如果在法定期间内没有人申报的，申请人应享有票据上的权利。人民法院应判决票据无效，并予

以公告，公示催告程序终结。

（4）提起诉讼

①利害关系人在公示催告期间向人民法院申报权利，申请人或申报人可以向人民法院起诉。

②利害关系人因正当理由不能在判决前向人民法院申报的，自知道或应当知道判决公告之日起一年内，可向作出判决的人民法院提起诉讼。

3. 企业法人破产还债程序

企业法人破产还债程序见破产法的有关内容。

二、行政诉讼法

（一）行政诉讼法概述

1. 行政诉讼的概念

行政诉讼是指公民、法人或其他组织认为行政机关的具体行政行为侵犯其合法权益，在法定期限内，依法向人民法院起诉，并由人民法院依法审理裁决的活动。行政诉讼包含五个要件：

1）原告是行政管理相对人，即公民、法人和其他组织；

2）被告是行使国家管理职权的行政机关或法律、法规授权的组织，即做出具体行政行为的行政机关；

3）原告起诉的原因是其认为行政机关的具体行政行为侵犯了自己的合法权益；

4）必须是法律、法规明文规定，当事人可以向人民法院起诉的行政案件；

5）必须在法定的期限内向有管辖权的人民法院起诉。

2. 行政诉讼法的概念

行政诉讼法是指调整人民法院、当事人和其他诉讼参与人在审理案件过程中所发生的行政诉讼关系的法律规范的总称。《中华人民共和国行政诉讼法》（以下简称《行政诉讼法》）于 1990 年 10 月 1 日生效。

（二）行政诉讼的受案范围

1. 人民法院受理的案件

《行政诉讼法》第 11 条规定，人民法院受理公民、法人和其他组织对下列具体行政行为不服提起的诉讼：

（1）对拘留、罚款、吊销许可证和执照、责令停产停业、没收财物等行政处罚不服的；

（2）对限制人身自由或对财产的查封、扣押、冻结等行政强制措施不服的；

（3）认为行政机关侵犯法律规定的经营自主权的；

（4）认为符合法定条件申请行政机关颁发许可证和执照，行政机关拒绝颁发或不予答复的；

（5）申请行政机关履行保护人身权、财产权的法定职责，行政机关拒绝履行或不予答复的；

（6）认为行政机关没有依法发给抚恤金的；

（7）认为行政机关违法要求履行义务的；

（8）认为行政机关侵犯其他人身权、财产权的。

除前款规定外，人民法院受理法律、法规规定可以提起诉讼的其他行政案件。

2. 人民法院不受理的案件

《行政诉讼法》第12条规定，人民法院不受理公民、法人或其他组织对下列事项提起的诉讼：

（1）国防、外交等国家行为；

（2）行政法规、规章或行政机关制定、发布的具有普遍约束力的决定、命令；

（3）行政机关对行政机关工作人员的奖惩、任免等决定；

（4）法律规定由行政机关最终裁决的具体行政行为。

（三）行政诉讼的起诉与受理

1. 起诉

（1）起诉的条件。《行政诉讼法》第41条规定，提起诉讼应当符合下列条件：

①原告认为具体行政行为侵犯其合法权益的公民、法人或其他组织；

②有明确的被告；

③有明确的诉讼请求和事实根据；

④属于人民法院受案范围和受诉人民法院管辖。

（2）起诉的期限。行政诉讼必须在法定期限内提起，这也是提起行政诉讼的条件之一。我国行政诉讼法在第38条、第39条对此做出了明确规定。

①公民、法人或其他经济组织向行政机关申请复议的，复议机关应在收到申请书之日起二个月内做出决定。法律、法规另有规定的除外。申请人不服复议决定的，可以在收到复议决定书之日起15日内向人民法院提起诉讼。复议机关逾期不做出决定的，申请人可以在复议期满之日起15日内向人民法院提起诉讼。法律另有规定的除外。

②公民、法人或其他经济组织直接向人民法院提起诉讼，应当在知道做出具体行政行为之日起三个月内提出。法律另有规定的除外。

2. 受理

受理是人民法院对原告的起诉进行审查，认为符合规定条件的，决定立案审理的诉讼行为。我国《行政诉讼法》第42条规定，人民法院接到起诉状，经审查，应当在7日内立案或做出裁定不予受理。原告对裁定不服的，可以提起上诉。

（四）行政诉讼的主要程序

1. 第一审程序

（1）人民法院应当在立案之日起5日内，将起诉状副本发送被告。被告应当在收到起诉状副本之日起10日内向人民法院提交做出具体行政行为的有关材料，并提出答辩状。人民法院应当在收到答辩状之日起5日内，将答辩状副本发送原告。被告不提出答辩状的，不影响人民法院审理。

（2）诉讼期间不停止具体行政行为的执行。但有下列情形之一的，停止具体行政行为的执行。①被告认为需要停止执行的；②原告申请停止执行，人民法院认为该具体行政行为的执行会造成难以弥补的损失，并且停止执行不损害社会公共利益，裁定停止执行；③法律、法规规定停止执行的。

（3）人民法院审理行政案件，不适用调解，行政赔偿案件除外。

（4）人民法院对行政案件宣告判决或裁定前，原告申请撤诉的，或被告改变其所作的具体行政行为，原告同意并申请撤诉的，是否准许，由人民法院裁定。人民法院裁定准许原告撤诉，原告再起诉的，人民法院不予受理。

（5）一审的审限为3个月。有特殊情况需要延长的，由高级人民法院批准，高级人民法院审理第一审案件需要延长的，由最高人民法院批准。

2. 第二审程序

（1）行政机关在第二审程序中不得改变其原具体行政行为。如果对方当事人因行政机关改变其具体行政行为而申请撤诉的，人民法院不予批准。

（2）二审审限为二个月，自收到上诉状之日起算。如有特殊情况需要延长的，由高级人民法院批准。高级人民法院审理上诉案件需要延长的，由最高人民法院批准。

（3）人民法院对上诉案件的处理。《行政诉讼法》第61条规定，人民法院审理上诉案件，按照下列情形，分别处理：①原判决认定事实清楚，适用法律、法规正确的，判决驳回上诉，维持原判；②原判决认定事实清楚，但适用法律、法规错误的，依法改判；③原判决认定事实不清楚，证据不足，或由于违反法定程序可能影响案件正确判决的，裁定撤消原判，发回原人民法院重审，也可查清事实后改判。当事人对重审案件的判决、裁定，可以上诉。

3. 审判监督程序

（1）当事人对已经发生法律效力的判决、裁定，认为确有错误的，可以向原审人民法院或上一级人民法院提出申诉，但判决、裁定不停止执行。

（2）人民法院院长对本院已经发生法律效力的判决、裁定，发现违反法律、法规规定认为需要再审的，应提交审判委员会决定是否再审。上级人民法院对下级人民法院已经发生法律效力的判决、裁定，发现违反法律、法规规定的，有权提审或指定下级人民法院再审。

三、刑事诉讼法

（一）刑事诉讼法概述

1. 刑事诉讼的概念

刑事诉讼是指公安机关（包括国家安全机关）、人民检察院、人民法院在当事人及其诉讼参与人的参加下，依照法定的程序，为揭露犯罪、证实犯罪、惩罚犯罪所进行的活动。

对刑事诉讼有狭义和广义两种解释。狭义的解释，专指法院的审判活动，而将立案、侦察、起诉，视为审判的辅助与准备活动。广义的解释指公检法机关在从立案、侦察到起诉、审判及执行的总称。在我国，对于刑事诉讼，应作广义的解释。

2. 刑事诉讼法的概念

刑事诉讼法是国家制订或认可的调整刑事诉讼活动的法律规范的总称。

刑事诉讼法有狭义和广义之分。狭义的刑事诉讼法是指立法机关制订的成文的刑事诉讼法典。在我国则指1979年7月1日第五届全国人民代表大会第二次会议通过，并于1980年1月1日起实施的《中华人民共和国刑事诉讼法》（以下简称《刑事诉讼法》）。该法于1996年3月17日经第八届全国人民代表大会第四次会议讨论予以修正，并于1997年1月1日起施行。广义上的刑事诉讼法则是指一切与刑事诉讼有关的法律规范。在我国，除了刑事诉讼法典外，还包括法院组织法、检察院组织法，全国人大常委会有关决定、解释，最高人民法院、最高人民检察院、公安部、司法部有关解释中涉及刑事诉讼的内容。

（二）刑事诉讼中的强制措施

1. 刑事诉讼中的强制措施的概念

刑事诉讼中的强制措施，是指为了保证侦察、起诉和审判的顺利进行，公检法机关依法对现行犯罪嫌疑人、被告人的人身自由暂时强制加以限制的方法和手段。

强制措施是用防止犯罪嫌疑人、被告人逃避侦察、审判和继续犯罪的一种强制手段或方法。它既不是一种刑罚，也不是治安管理处罚。因此，它与民事诉讼中的措施有着重大差异。

2. 刑事诉讼中的强制措施的种类

刑事诉讼中的强制措施有五种：拘传、取保候审、监视居住、拘留和逮捕。

（1）拘传。拘传是人民法院、人民检察院或公安机关强制没有被羁押的犯罪嫌疑人、被告人到指定地点接受讯问的一种方法。

公安机关拘传人的时候，必须出示拘传票。《刑事诉讼法》第92条规定，传唤、拘传持续时间最长不得超过12小时。不得以连续传唤、拘留的形式变相拘禁犯罪嫌疑人。

（2）取保候审。取保候审是指公检法机关为了防止犯罪嫌疑人、被告人逃避侦察、起诉和审判，责令犯罪嫌疑人、被告人提供保证人或交纳保证金，保证其不逃避、不妨碍侦察、起诉或者审判，并随传随到的一种强制措施。

《刑事诉讼法》规定，人民法院、人民检察院和公安机关对于有下列情形之一的犯罪嫌疑人、被告人，可以取保候审或者监视居住：①可能判处管制、拘役或者独立适用附加刑的；②可能判处有期徒刑以上刑罚，采取取保候审、监视居住不致发生社会危险性的；③应当逮捕的犯罪嫌疑人、被告人，如果患有严重疾病，或者正在怀孕、哺乳自己婴儿的妇女；④公安机关对需要逮捕犯罪嫌疑人，证据不足的；⑤犯罪嫌疑人、被告人被羁押，但不能在规定的侦察、起诉、审判期限内结束，需要继续查证、审理的。

《刑事诉讼法》第52条、53条规定，被羁押的犯罪嫌疑人、被告人及其法定代理人、近亲属有权申请取保候审。人民法院、人民检察院和公安机关决定对犯罪嫌疑人、被告人提出保证人或交纳保证金。《刑事诉讼法》对保证人的条件作了如下规定：①与本案无牵连；②有能力履行保证义务；③享有政治权利，人身自由未受到限制；④有固定的住处和收入。被取保候审的犯罪嫌疑人、被告人应遵守如下规定：①未经执行机关批准不得离开所居住的市、县；②在传讯的时候及时到案；③不得以任何形式干扰证人作证；④不得毁灭、伪造证据或者串供。

《刑事诉讼法》第58规定，人民法院、人民检察院和公安机关对犯罪嫌疑人、被告人取保候审、监视居住期间，不得中断对案件的侦察、起诉和审理。对于发现不应当追究刑事责任或取保候审、监视居住期限届满的，应及时解除取保候审、监视居住。解除取保候审、监视居住，应当及时通知被取保候审、监视居住人和有关单位。

（3）监视居住。监视居住是人民法院、人民检察院或公安机关责令犯罪嫌疑人、被告人不得离开其住所或指定居所，并对其行动加以监控的一种强制方法。

在强制措施中，监视居住与取保候审适用条件基本相同。可以取保候审的也可以监视居住。但这两种措施不能同时适用。

决定对犯罪嫌疑人、被告人实行监视居住时，应制作监视居住决定书并向犯罪嫌疑人、被告人宣布。

（4）拘留。刑事诉讼的拘留是指公安机关和人民检察院在紧急情况下，依法暂时限制现行犯或重大嫌疑分子人身自由的强制措施。人民检察院在直接受理的案件中，对于符合拘留条件并需要拘留的现行犯或重大嫌疑分子，可以直接做出拘留的决定，由公安机关执行。

《刑事诉讼法》第 61 条规定，公安机关对于现行犯或重大嫌疑分子，如果有下列情形之一的，可以先行拘留：①正在预备犯罪、实行犯罪或在犯罪后即时被发觉的；②被害人或在场亲眼看见的人指认他犯罪的；③在身边或住处发现有犯罪证据的；④犯罪后企图自杀、逃跑或在逃的；⑤有毁灭、伪造证据或串供可能的；⑥不讲真实姓名、住址，身份不明的；⑦有流串作案、多次作案、结伙作案重大嫌疑的。

《刑事诉讼法》第 64 条、65 条规定，公安机关拘留人的时候，必须出示拘留证。拘留后，除有妨碍侦察或无法通知的情形以外，应当把拘留的原因和羁押的处所，在二十四小时以内，通知被拘留人的家属或他的所在单位。并应在拘留后的二十四小时以内进行讯问。

（5）逮捕

逮捕是经人民法院、人民检察院决定或批准，由公安机关依法剥夺犯罪嫌疑人、被告人的人身自由，并予以羁押的一种强制方法。

根据刑事诉讼法的规定，逮捕须符合以下条件：1) 有证据证明有犯罪事实；2) 可能判处徒刑以上的刑罚；3) 有逮捕必要，即采取取保候审、监视居住等方法，尚不足以防止发生社会危险性的。

公安机关要求逮捕犯罪嫌疑人时，应写出提请批准逮捕书，连同案卷材料、证据，一并移交同级人民检察院审批。公安机关对被拘留的人，认为需要逮捕的，应当在拘留后的 3 日内，提请人民检察院审查批准。在特殊情况下，提请审查批准的时间可以延长 1～4 日。对于流窜作案、多次作案、结伙作案的重大嫌疑分子，提请审查批准的时间可以延长至 30 日。人民检察院应当自接到公安机关提请批准逮捕书后的 7 日内，做出批捕或不批捕的决定。公安机关对人民检察院不批捕的决定，认为有错误时，可要求复议，但需将被拘留的人立即释放。逮捕的执行权由公安机关执行。

（三）刑事诉讼主要程序

1. 一审程序

（1）刑事诉讼的一审程序的概念。是指人民法院审判第一审刑事案件时应当采用的方式、方法和应遵循的活动顺序。它包括公诉案件的一审程序和自诉案件的一审程序。一审程序是人民法院审理所有刑事案件必经的程序。

（2）公诉案件的一审程序。公诉案件是人民检察院代表国家，以国家公诉人的名义向人民法院提起诉讼的案件。

一审法院收到公诉案件后，应当由院长或庭长指定审判员进行审查，主要审查起诉书中是否有明确的指控犯罪事实，是否附有证据目录、证人名单和主要证据复印件或照片，是否属于本院管辖，有无附带民事诉讼等。经审查，对符合开庭审判条件的，应决定开庭审判；对不符合开庭审判条件的，应退回人民检察院处理，并说明理由，连同案卷材料一并退回。庭审活动见有关章节

（3）自诉案件的第一审程序。自诉案件是被害人或其法定代理人向人民法院提起诉讼，由人民法院直接受理的轻微刑事案件。根据《刑事诉讼法》第 17 条规定，自诉案件包括下列案件：

①告诉才处理的案件；

②被害人有证据证明的轻微刑事案件；

③被害人有证据证明对被告人侵犯自己人身、财产权利的行为应当依法追究刑事责任，而公安机关或人民检察院不予追究被告人刑事责任的案件。

（4）简易程序。简易程序是指第一审程序中的基层人民法院审判某些轻微刑事案件所适用的一种简便易行的审判程序。

根据《刑事诉讼法》第 174 条规定，人民法院对于下列案件，可以适用简易程序，由审判员一人独任审判：

①对依法可能判处三年以下有期徒刑、拘役、管制、单处罚金的公诉案件，事实清楚、证据充足，人民检察院建议或者同意适用简易程序的；

②告诉才处理的案件；

③被害人起诉的有证据证明的轻微刑事案件。

2. 二审程序

（1）二审程序的概念。二审程序，又称上诉审程序，是指上一级法院根据上诉或抗诉，对下一级人民法院尚未发生法律效力的第一审判决或裁定，进行重新审理所应遵循的诉讼程序。二审程序不是一切案件的必经程序，但只要有合法的上诉或抗诉，案件就必须经过二审程序。

（2）上诉和抗诉

①上诉的概念。是指被告人、自诉人和他们的法定代理人，不服地方各级人民法院的一审未发生法律效力的裁判，依法提请上一级人民法院对案件进行重新审理或第二次审判的诉讼活动。被告人的辩护人和近亲属，经被告人同意，也可以提出上诉。

②抗诉的概念。是指人民检察院认为人民法院的判决，确有错误，提请人民法院对案件进行重新审判的诉讼活动。包括二审程序的抗诉和审判监督程序的抗诉。

③上诉、抗诉的期限。不服判决的上诉和抗诉的期限为十日，不服裁定的上诉和抗诉期限为五日，从接到判决书、裁定书的第二日起算。

④上诉不加刑。是指对于只有被告人一方上诉的案件，第二审人民法院在审判时不得加重被告人的刑罚。《刑事诉讼法》第 190 条规定，第二审人民法院审判被告人或他的法定代理人、辩护人、近亲属上诉的案件，不得加重被告人的刑罚。但人民检察院提出抗诉或自诉人提出上诉的，不受此限。

3. 死刑复核程序

（1）死刑复核程序的概念。死刑复核程序是指人民法院对判处死刑的案件进行审查核准的一种特别审判程序。设定该程序的目的，就是要对依法报请符合的死刑裁判进行全面审查，以保障严格控制死刑的适用和准确地适用死刑。死刑由最高人民法院核准。

（2）死刑立即执行的案件的复核

①中级人民法院判处死刑的第一审案件，被告人不上诉的，应当由高级人民法院复核后，报请最高人民法院核准。高级人民法院不同意判处死刑的，可以提审或发回重审。

②高级人民法院判处死刑的第一审案件被告人不上诉的，和判处死刑的第二审案件，都应当报请最高人民法院核准。

（3）死刑缓期二年执行的案件的核准。根据《刑事诉讼法》第 201 条之规定，中级人民法院判处死刑缓刑二年执行的案件，由高级人民法院核准。高级人民法院复核死刑缓期执行的案件，应当由审判员三人组成合议庭进行。

4．审判监督程序

（1）审判监督程序的概念。审判监督程序又称再审程序，是指人民法院、人民检察院对已经发生法律效力的判决或裁定，发现在认定事实和适用法律上确有错误，依法提出对案件重新审判的一种诉讼程序。

（2）人民法院应当重新审判的情形。当事人及其法定代理人、近亲属，对已经发生法律效力的判决或裁定不服，可以向人民法院或人民检察院提出申诉。其申诉有下列情形之一的，人民法院应当重新审判：

①有新的证据证明原审判决、裁定的事实确有错误的；

②据以定罪量刑的证据不确实、不充分或证明案件事实的主要证据之间存在矛盾的；

③原判决、裁定适用法律确有错误的；

④审判人员在审理该案件的时候，有贪污受贿、徇私舞弊、枉法裁判行为的。

需要注意的是，上述情形须经查证属实，才可由各级人民法院院长对本院已发生法律效力判决和裁定提交审判委员会处理，人民检察院也可直接按审判监督程序提出抗诉。另外，审判监督程序不是刑事诉讼的必经程序。

（四）刑事附带民事诉讼

1．刑事附带民事诉讼的概念

刑事附带民事诉讼是指在刑事诉讼过程中，被害人由于被告人的犯罪行为而遭受物质损失，或提起诉讼的人民检察院因国家财产、集体财产由于被告人的犯罪行为而遭受损失，附带提出要求被告人赔偿损失的。

2．附带民事诉讼的提起和审判

刑事附带民事诉讼，就其所解决的问题的实质而言，属于民事诉讼。但这个物质赔偿问题，是由犯罪行为引起的，而且是由审判刑事案件的同一审判组织审理的，所以，它同刑事诉讼紧密结合在一起，成为一种不同于一般民事诉讼的特殊民事诉讼。

附带民事诉讼必须同时具备以下三个条件才能成立，才能提起刑事附带民事诉讼：（1）被告人的行为已构成犯罪并被依法追诉；（2）被害人的损失是由被告人的犯罪行为直接造成的；（3）在刑事诉讼过程中提出赔偿损失的诉讼请求。

刑事附带民事诉讼的审判应同刑事案件一审判理。只有防止刑事案件的过分延迟，才可以在刑事案件审判后，由同一审判组织附带民事诉讼部分继续审理。

四、国家赔偿法

（一）国家赔偿法概述

1．国家赔偿的概念

国家赔偿是指国家机关及其工作人员违法行使职权，侵犯公民、法人和其他组织的合法权益并造成损害，由国家承担赔偿责任的制度。

首先，国家赔偿以国家机关及其工作人员违法行使职权为前提。非国家机关及其工作人员或国家机关及其工作人员的合法行使职权的行为都不会引起赔偿问题。

其次，国家赔偿以侵犯公民、法人和其他组织的合法权益造成损害为条件。赔偿总是针对损害而言的，没有损害也就谈不上赔偿。

再次，国家赔偿由国家承担责任。

2. 国家赔偿法的概念

国家赔偿法是指国家机关及其工作人员违法行使职权，侵犯公民、法人和其他组织的合法权益并造成损害时，被侵害人获得国家赔偿的法律规范的总称。《中华人民共和国国家赔偿法》（以下简称《国家赔偿法》）于1995年1月1日起施行。

（二）国家赔偿的范围

根据《国家赔偿法》第二章、第三章的规定，国家赔偿范围包括行政赔偿和刑事赔偿两部分。

1. 行政赔偿的范围

（1）侵犯人身权的违法行政行为。《国家赔偿法》第3条规定，行政机关及其工作人员在行使职权时有下列侵犯人身权情形之一的，受害人有权取得赔偿的权利：

①违法拘禁或者违法采取限制公民人身自由的行政强制措施的；

②非法拘禁或者以其他方法非法剥夺公民人身自由的；

③以殴打等暴力行为或者唆使他人以殴打等暴力行为造成公民身体伤害或者死亡的；

④违法使用武器、警械造成公民身体伤害或者死亡的；

⑤造成公民身体伤害或者死亡的其他违法行为。

（2）侵犯财产权的行政行为。《国家赔偿法》第4条规定，行政机关及其工作人员在行使行政职权时有下列侵犯财产权情形之一的，受害人有取得赔偿的权利：

①违法实施罚款、吊销许可证和执照、责令停产停业、没收财物等行政处罚的；

②违法对财产采取查封、扣押、冻结等行政强制措施的；

③违反国家规定征收财物、摊派费用的；

④造成财产损害的其他违法行为。

（3）国家不予承担的赔偿责任。《国家赔偿法》第5条规定，属于下列情形之一的，国家不承担赔偿责任：

①行政机关工作人员与行使职权无关的个人行为；

②因公民、法人和其他组织自己的行为致使损害发生的；

③法律规定的其他情形。

2. 刑事赔偿范围

（1）对侵犯人身权的赔偿。《国家赔偿法》第15条规定，行使侦察、检察、审判、监狱管理职权的机关及其工作人员在行使职权时有下列侵犯人身权情形之一的，受害人有取得赔偿的权利：

①对没有犯罪事实或没有事实证明有犯罪重大嫌疑的人的错误拘留的；

②对没有犯罪事实的人错误逮捕的；

③依照审判监督程序再审该判无罪，原判刑罚已经执行的；

④刑讯逼供或以殴打等暴力行为或唆使他人以殴打等暴力行为造成公民身体伤害或死亡的；

⑤违法使用武器、警械造成公民身体伤害或死亡的。

（2）对侵犯财产权的赔偿。《国家赔偿法》第16条规定，行使侦察、检察、审判、监狱管理职权的机关及其工作人员在行使职权时有下列侵犯财产权情形之一的，受害人有取得赔偿的权利：

①违法对财产采取查封、扣押、冻结、追缴等措施的；

②依照审判监督程序在审改判无罪，原判罚金、没收财产已经执行的。

（3）国家不予赔偿的情形。《国家赔偿法》第17条规定，属于下列情形之一的，国家不承担赔偿责任：

①公民自己故意作虚假供述，或伪造其他有罪证据被羁押或被判处刑罚的；

②依照刑事诉讼法第14条、第15条规定不负刑事责任的人被羁押的；

③依照刑事诉讼法第11条规定不追究刑事责任的人被羁押的；

④行使国家侦察、检察、审判、监狱管理职权的机关的工作人员与行使职权无关的个人行为；

⑤因公民自伤、自残等故意行为致使损害发生的；

⑥法律规定的其他情形。

（三）申请国家赔偿的程序

1. 行政赔偿的请求

《国家赔偿法》第9条2款规定，赔偿请求人要求赔偿应当先向赔偿义务机关提出，也可以在申请行政复议和提起诉讼时一并提出。由此可知，行政赔偿请求的提出有如下方式：

（1）单独式。指受害人的请求仅限于赔偿，对于行政职权的行为是否合法并无具体要求。赔偿请求人要求赔偿应当是向赔偿义务机关提出，即施行行政机关赔偿的先行程序。行政赔偿请求的先行程序，是指赔偿请求人如单独提出赔偿请求，应首先向赔偿义务机关提出，在赔偿义务机关不予赔偿或赔偿请求人对赔偿数额有异议时，赔偿请求人才可以向赔偿义务机关上一级行政机关申请复议或向人民法院提起诉讼。

（2）一并提出赔偿请求。指赔偿请求人在申请复议或提起行政诉讼，要求确认行政机关行使职权的行为违法或撤销该行为时，一并提出赔偿请求。

（3）提出数项赔偿请求。《国家赔偿法》第11条规定，赔偿请求人根据受到的不同损害，可以同时提出数项赔偿要求。如由于违法行使职权，造成公民身体伤害的，可以请求赔偿医疗费的同时要求赔偿减少的收入。

（4）书面请求。《国家赔偿法》第12条规定，要求赔偿应当递交申请书，申请书应载明下列事项：

①受害人的姓名、性别、年龄、工作单位和住所，法人或者其他组织的名称、住所和法定代表人或者主要负责人的姓名、职务；

②具体的要求、事实根据和理由；

③申请的年、月、日。赔偿请求人书写申请书确有困难的，可以委托他人代书；也可以口头申请，由赔偿义务机关记入笔录。

（5）法定期限内提出。《国家赔偿法》第13条规定，赔偿义务机关应当自收到申请之日起两个月内依照本法第四章的规定给以赔偿；逾期不予赔偿或赔偿请求人对赔偿数额有异议的，赔偿请求人可以自期间届满之日起三个月内向人民法院提起诉讼。

2. 行政赔偿诉讼

行政赔偿诉讼适用于行政诉讼法，但又有些特殊规则：

（1）行政先行处理。

（2）赔偿诉讼可以调解，而行政案件的审理则不适用调解。

（3）举证责任应合理分配，而行政诉讼中的举证责任由被告行政机关承担。

3. 行政追偿

《国家赔偿法》第 14 条规定，赔偿义务机关赔偿损失后，应当责令有故意或者重大过失的工作人员或接受委托的组织或个人承担部分或全部赔偿费用。

4. 刑事赔偿程序

（1）刑事赔偿义务机关先行处理原则

①赔偿请求的提出。赔偿请求人要求赔偿的，应当先向赔偿义务机关提出。赔偿请求人也可以在请求有关司法机关确认侵权事实的同时一并提出赔偿请求。

②在法定期限内提出。《国家赔偿法》第 21 条规定，赔偿义务机关应自收到申请之日起两个月内依照本法第四章的规定给予赔偿；逾期不予赔偿或赔偿请求人对赔偿数额有异议的，赔偿请求人可以自期间届满之日起 30 日内向其上一级机关申请复议。赔偿义务机关是人民法院的，赔偿请求人可以依照前款规定向上一级人民法院赔偿委员会申请作出赔偿判决。

（2）赔偿委员会。《国家赔偿法》第 23 条规定，中级以上的人民法院设立赔偿委员会，由人民法院三名至七名审判员组成。赔偿委员会作赔偿决定，实行少数服从多数的原则。复议机关应当自收到申请之日起两个月内作出决定。赔偿请求人不服复议决定的，可以在收到复议决定之日起三十日内向复议机关所在地同级人民法院赔偿委员会申请作出赔偿决定；复议机关逾期不作出决定的，赔偿请求人可以自期间届满之日起三十日内向复议机关所在地的同级人民法院赔偿委员会申请作出赔偿决定。

（3）刑事追偿。赔偿义务机关赔偿损失后，应当向实施刑讯逼供或以殴打等暴力行为或唆使他人以殴打等暴力行为造成公民身体伤害或死亡的工作人员和违法使用武器、警械造成公民身体伤害或死亡的工作人员以及在处理案件中有贪污受贿，徇私舞弊，枉法裁判行为的工作人员追偿部分或全部赔偿费用。

五、仲裁法

（一）仲裁法概述

1. 仲裁

仲裁是争议双方在争议发生前或争议发生后达成协议，自愿将争议交给第三者作出裁决，双方有义务执行的一种解决争议的办法。

首先，仲裁的发生是以双方当事人自愿为前提。这种自愿，体现在仲裁协议中。仲裁协议，可以在争议发生前达成，也可以在争议发生后达成。

其次，仲裁的客体是当事人之间发生的一定范围的争议。这些争议大体包括：经济纠纷、劳动纠纷、对外经贸纠纷、海事纠纷等。

再次，仲裁须有三方活动主体。即双方当事人和第三方（仲裁组织）。仲裁组织以当事人双方自愿为基础进行裁决。

第四，裁决具有强制性。当事人一旦选择了仲裁解决争议，仲裁者所作的裁决对双方都有约束力，双方都要认真履行，否则，权利人可以向法院申请强制执行。

2. 仲裁的种类

（1）国内仲裁和涉外仲裁。这是根据当事人是否具有涉外因素划分的。国内仲裁一般只涉及国内经贸方面的争议。涉外仲裁是指具有涉外因素的仲裁。

（2）普通仲裁和特殊仲裁。这是根据仲裁机构和争议的性质不同划分的。普通仲裁是指由非官方仲裁机构对民事、商事争议所进行的仲裁。包括大多数国家的国内民事、商事仲裁和国际贸易与海事仲裁。特殊仲裁则是指由官方机构依据行政权力而不是依据仲裁协议所进行的仲裁，它是由国家行政机关所实施的仲裁，如我国过去的经济合同仲裁法。

3. 仲裁法

（1）仲裁法的概念。仲裁法是国家制定和确认的关于仲裁制度的法律规范的总和。其基本内容包括仲裁协议、仲裁组织、仲裁程序、仲裁裁决及执行等。

（2）仲裁法的适用范围：

①对人的效力。仲裁法对平等主体的公民、法人和其他组织之间适用。

②空间效力。仲裁法适用于中国领域内的平等主体之间发生的合同纠纷和其他财产权益纠纷。

③时间效力。《中华人民共和国仲裁法》（以下简称《仲裁法》于 1995 年 9 月 1 日起施行。

（二）仲裁的范围

仲裁的范围是指哪些纠纷可以申请仲裁，解决可仲裁性的问题。

1. 确定仲裁范围的原则

我国《仲裁法》中对仲裁范围的确定，是基于下列原则制定的：

（1）发生纠纷的双方应当属于平等主体的当事人；

（2）仲裁的事项，应是当事人有权处分的；

（3）从我国法律规定和国际做法看，仲裁范围主要是合同纠纷，也包括一些非合同的经济纠纷。

因此，我国《仲裁法》在第 2 条规定："平等主体的公民、法人和其他组织之间发生的合同纠纷和其他财产权益纠纷，可以仲裁"。

2. 不能仲裁的情形

根据我国《仲裁法》第 3 条的规定，下列纠纷不能仲裁：

（1）婚姻、收养、监护、抚养、继承纠纷；

（2）依法应当由行政机关处理的行政争议。

3. 关于仲裁范围的几点说明

（1）劳动争议仲裁和农业承包合同纠纷仲裁的问题。由于劳动争议不同于一般经济纠纷，劳动争议的仲裁有自己的特点，因此，劳动争议仲裁由法律另行规定。农业承包合同纠纷面广量大，涉及广大农民的切身利益，在仲裁机构设立、仲裁程序上有其特点，因此，依照《仲裁法》第 22 条规定，农业承包合同纠纷的仲裁另行规定。

（2）企业承包合同仲裁问题。1988 年国务院颁布了《全民所有制工业企业承包经营责任制暂行条例》，其中对企业承包合同纠纷规定了由工商行政管理局的经济合同仲裁委员会仲裁。《仲裁法》中没有明确规定企业承包合同纠纷的仲裁问题。

（三）仲裁协议

1. 仲裁协议的概念

仲裁协议是指当事人协商以仲裁方式解决争议的明确表示。根据《仲裁法》第 16 条规定："仲裁协议包括合同订立的仲裁条款。和以其他书面方式在纠纷发生前或者纠纷发生后达成的请求仲裁的协议"。从这一规定可以看出，仲裁协议具有以下的特点：

（1）仲裁协议是合同双方商定的通过仲裁方式解决纠纷的协议。其内容规定的是关于仲裁的事项。

（2）仲裁协议必须以书面形式存在，口头形式不能成为仲裁协议。仲裁协议的形式可以有两种：一种是在订立的合同中规定的仲裁条款；另一种是双方另行达成的独立于合同之外的仲裁协议。不论那一种形式，都具有同样的法律效力。

（3）仲裁协议订立的时间可以在合同纠纷发生之前，也可以在合同纠纷发生之后。协议订立的时间与经济合同没有必然的联系，订立时间的先后也不影响仲裁协议的效力。

（4）仲裁协议是双方当事人申请仲裁的前提。没有有效的仲裁协议，仲裁机构不予受理仲裁申请。

2. 仲裁协议的内容

根据《仲裁法》第16条第2款的规定："仲裁协议应包括下列内容：①请求仲裁的意思表示；②仲裁事项；③选定的仲裁委员会"。

3. 仲裁协议的效力

仲裁协议一经作出即发生法律效力。除非双方当事人同意解除仲裁协议，否则必须通过仲裁的方式解决纠纷，任何一方都不得向人民法院起诉。

但是，仲裁协议同其他合同一样，当其内容违反有关法律规定时，也可以被仲裁机构或人民法院裁定为无效。根据《仲裁法》第17条规定："有下列情形之一的，仲裁协议无效：①约定仲裁事项超出法律规定的仲裁范围的；②无民事行为能力人或者限制民事行为能力人订立的仲裁协议；③一方采取胁迫手段，迫使对方订立仲裁协议的"。

在掌握仲裁协议的效力时，还应当注意以下几个问题：

（1）仲裁协议对仲裁事项或仲裁委员会没有约定或者约定不明确的，当事人可以补充协议；达不成补充协议的，仲裁协议无效。

（2）仲裁协议独立存在，合同的变更、解除、终止或者无效，不影响仲裁协议的效力。

（3）当事人对仲裁协议效力提出异议的，可以请求仲裁委员会作出决定或者请求人民法院作出裁定。如对仲裁协议，一方请求仲裁委员会决定，另一方请求人民法院裁定的，则由人民法院裁定。

（4）当事人对仲裁协议的效力提出异议，应当在仲裁庭首次开庭前提出。

（四）仲裁的主要程序

仲裁程序，是指当事人提出仲裁申请直至仲裁庭作出裁决的程序。根据我国《仲裁法》第四章的规定，仲裁程序主要有申请和受理、仲裁庭的组成、开庭和裁决。

1. 申请和受理

（1）申请仲裁的条件。

当事人申请仲裁应符合下列条件：

①有仲裁协议；

②有具体的仲裁请求和事实、理由；

③属于仲裁委员会的受理范围。

（2）受理。仲裁委员会收到仲裁申请书之日起5日内，认为符合受理条件的，应当受理，并通知当事人；认为不符合受理条件的，应书面通知当事人不予受理，并说明理由。

（3）送达法律文书。仲裁委员会受理仲裁申请后，应在仲裁规则规定的期限内将仲裁规则和仲裁员名册送达申请人，并将仲裁申请书副本和仲裁规则、仲裁员名册送达被申请人。

被申请人收到仲裁申请书后，应在仲裁规则规定的期限内向仲裁委员会提交答辩书。仲裁委员会收到答辩书后，应在仲裁规则规定的期限内将答辩书副本送达申请人。被申请人未提交答辩书的，不影响仲裁程序的进行。

（4）有仲裁协议但一方起诉时的处理。《仲裁法》26条规定双方当事人有仲裁协议但一方却向法院起诉的情形作了明确规定。即"当事人达成仲裁协议，一方向人民法院起诉未声明有仲裁协议，人民法院受理后，另一方在首次开庭前递交仲裁协议的，人民法院应当驳回起诉，但仲裁协议无效的除外；另一方在首次开庭前未对人民法院受理该案提出异议的，视为放弃仲裁协议，人民法院应当继续审理"。

（5）财产保全。仲裁中的财产保全，是指法院根据仲裁委员会提交的当事人的申请，就被申请人的财产作出临时性的强制措施，包括查封、扣押、冻结、责令提供担保或法律规定的其他方法，以保障当事人的合法权益不受损失，保证将来作出的裁决能够得到实现。

财产保全因国内仲裁和涉外仲裁不同，因而在选择法院上也有所不同。国内仲裁的财产保全申请，一般提交基层人民法院裁定。涉外仲裁财产保全申请，则应提交被申请人住所地或财产所在地的中级人民法院裁定。

根据《仲裁法》28条规定，当事人申请财产保全的，仲裁委员会应当将当事人的申请依民事诉讼法的有关规定提交人民法院。申请有错误的，申请人应当赔偿被申请人因财产保全所遭受的损失。

2. 仲裁庭

（1）仲裁庭的种类：

①合议仲裁庭。即由三名仲裁员组成的仲裁庭。

②独任仲裁庭。即由一名仲裁员组成的仲裁庭。

（2）仲裁庭的组成

①合议仲裁庭的组成。当事人约定组成合议仲裁庭的，应当各自选定或各自委托仲裁委员会主任指定一名仲裁员，第三名仲裁员由当事人共同选定或共同委托仲裁委员会主任指定。第三名仲裁是首席仲裁员。

②独任仲裁庭的组成。当事人约定由一名仲裁员成立的独任仲裁庭的，应当由当事人共同选定或共同委托仲裁委员会主任指定仲裁员。

仲裁庭组成后，仲裁委员会应将仲裁庭的组成情况书面通知当事人。

（3）仲裁员的回避

①仲裁员回避的种类。仲裁员的回避可以有主动回避和申请回避两种情形，如果当事人提出回避申请的，应当说明理由，并在首次开庭前提出。如果回避事由是在首次开庭后知道的，可以在最后一次开庭终结前提出。

②仲裁员回避的原因。我国《仲裁法》第34条作出明确规定，即仲裁员有下列情形之一的，必须回避，当事人有权提出回避申请：

a. 是本案当事人或当事人、代理人的近亲属；

b. 与本案有利害关系；

c. 与本案当事人、代理人有其他关系，可能影响公正仲裁的；

d. 私自会见当事人、代理人，或接受当事人、代理人的请客送礼的。

③仲裁员回避的决定权。仲裁员是否回避，由仲裁委员会主任决定；仲裁委员会主任担任仲裁员时，由仲裁委员会集体决定。

④仲裁员的重新确定。仲裁员回避制度或其他原因不能履行职责的，应依照《仲裁法》的规定重新选定或指定仲裁员。因回避而重新选定或指定仲裁员后，当事人可以请求已进行的仲裁程序重新进行，是否准许，由仲裁庭决定；仲裁庭也可以自行决定已进行的仲裁程序是否重新进行。

3. 开庭和裁决

在开庭和裁决中，仅介绍不公开仲裁、举证责任、和解协议、调解和裁决等四个问题。

（1）不公开仲裁。我国《仲裁法》规定，仲裁应当开庭进行，但不公开进行。当事人协议公开的，可以公开进行，但涉及国家秘密的除外。

所谓仲裁不公开进行，包括申请、受理仲裁的情况不公开报道，仲裁开庭不允许旁听，裁决不向社会公布等等。该项规定，是仲裁制度的一项特点，也是国际商事仲裁的惯例。正是由于其不公开，使得当事人能放心地将纠纷提交仲裁，一方面尽快将争议了结，另一方面也不影响自己的商业信誉，并尽可能地不损害双方的合作关系，因而人们往往在实践中多选择仲裁而不是诉讼。

（2）举证责任。《仲裁法》第43条1款规定："当事人应当对自己的主张提供证据"。这是因为提供证据是确认当事人权利的前提，也是在仲裁过程中当事人应尽的义务。申请人提出仲裁或请求，那么他就有责任举证加以证明，被申请人提出答辩，反驳申请人的请求，也需要提供证据来证明其反驳是有根据的。因此，仲裁法规定的当事人应当对自己的主张提供证据，贯彻的正是"谁主张，谁举证"的原则。

在强调当事人举证责任的同时，《仲裁法》第43条2款规定："仲裁庭认为有必要收集的证据，可以自行收集"。如某些事实尚不清楚，当事人自己举出的证据又不清楚，仲裁庭则可自行收集证据。这对纠纷的解决很有必要。

另外，在仲裁时，在证据可能灭失或以后难以取得的情况下，当事人可申请证据保全。

（3）和解协议。和解是指争议的双方当事人以口头或书面的方式直接交涉以解决争议的一种方式，它是在没有仲裁庭介入，由当事人自己协商解决纠纷的一种方法。

和解达成协议的，当事人既可以请求仲裁庭根据和解协议作出判决书，也可撤回仲裁申请。如果一方或双方达成和解协议撤回了仲裁申请后，又反悔或没有履行和解协议的，可以根据仲裁协议重新申请仲裁。

（4）调解和裁决。《仲裁法》第51条1款规定："仲裁庭在作出裁决前，可以先行调解。当事人自愿调解的，仲裁庭应当调解。调解不成的，应当及时作出裁决"。

①调解的概念。是指当事人在自愿的基础上，在仲裁庭主持下，查明事实，分清是非，通过仲裁庭的工作，促使双方当事人互谅互让，达成协议解决争议。

②调解与和解的不同。主要区别在于有无仲裁庭的介入，有无仲裁庭做双方当事人的工作。后者则没有仲裁庭的介入，也无仲裁庭做双方当事人的工作。

③调解应坚持的原则。*a.* 自愿原则。如有一方不同意调解，则应裁决。*b.* 合法原则。即调解须在查明事实、分清是非、公平合理、实事求是的前提下进行。*c.* 调解不是裁决前的

必经程序。

④调解书及其效力。如果调解达成协议的,仲裁庭应当制作调解书。调解书应当写明仲裁请求和当事人协议的结果。调解书由仲裁员签名,加盖仲裁委员会印章,送达双方当事人。调解书与裁决书具有同等法律效力。如果当事人在签收调解书前反悔的(调解书经双方当事人签收后生效),仲裁庭应当及时作出裁决。

⑤裁决及裁决书。裁决应当按照仲裁员的意见作出,仲裁庭不能形成多数意见时,裁决应当按照首席仲裁员的意见作出。裁决书应当写明仲裁请求、争议事实、裁决理由、裁决结果、仲裁费用的负担和裁决的日期。当事人协议不愿写明争议事实和裁决理由的,可以不写。裁决书由仲裁员签字,加盖仲裁委员会印章。裁决书自作出 3 日起发生法律效力。

(五) 申请撤销裁决

实行或审或裁的制度后,法院对仲裁可能不加以干预,但需要一定的监督。申请撤销裁决便是法院实行监督的一种方法。

1. 裁决被撤销的原因

根据《仲裁法》58 条的规定,当事人提出证据证明裁决有下列情形之一的,可以向仲裁委员会所在地的中级人民法院申请撤销裁决:

(1) 没有仲裁协议的;

(2) 裁决的事项不属于仲裁协议的范围或仲裁委员会无权仲裁的;

(3) 仲裁庭的组成或仲裁的程序违反法定程序的;

(4) 裁决所根据的证据是伪造的;

(5) 对方当事人隐瞒了足以影响公正裁决的证据的;

(6) 仲裁员在仲裁该案时有索贿受贿、徇私舞弊、枉法裁决行为的。

人民法院经组成合议庭审查核实裁决有前款规定情形之一的,应当裁定撤销。

人民法院认定该裁定违背社会公共利益的,应当裁定撤销。

2. 申请撤销裁决的时效

我国《仲裁法》第 59 条规定,当事人申请撤销裁决的,应当自收到裁决书之日起 6 个月内提出。

我国《仲裁法》第 60 条规定,人民法院应当在受理撤销裁决申请之日起 2 个月内作出撤销裁决或驳回申请的裁定。

(六) 裁决的执行

1. 裁决的执行

由于仲裁基本上是基于当事人的意愿进行的,特别是在是否采用仲裁方式解决纠纷,以及由谁来公断纠纷这两个关键性问题上都遵循了当事人的约定。因而,在仲裁的调解书和裁决书作出后,绝大多数当事人都能自觉履行义务。但也出现有些当事人不履行义务的情况。如果一方当事人不履行裁决,另一方当事人可以依照民事诉讼法的有关规定向人民法院申请执行,受申请的人民法院应当执行。

2. 不予执行制度

对国内仲裁不予执行的规定。根据《民事诉讼法》第 217 条规定,被申请人提出证据证明仲裁裁决有下列情形之一的,经人民法院组成合议庭审查核实,裁定不予执行:

(1) 当事人合同中没有订有仲裁条款或事后没有达成书面仲裁协议的;

（2）裁决的事项不属于仲裁协议的范围或仲裁机构无权仲裁的；

（3）仲裁庭的组成形式或仲裁的程序违反法定程序的；

（4）认定事实的主要证据不足的；

（5）适用法律确有错误的；

（6）仲裁员在仲裁该案时有贪污受贿、徇私舞弊、枉法裁决行为的。

3. 涉外仲裁裁决不予执行的规定

《民事诉讼法》第260条规定，对中华人民共和国涉外仲裁机构作出的裁决，被申请人提出证据证明仲裁裁决有下列情形之一的，经人民法院组成合议庭审查核实，裁定不予执行：

（1）当事人在合同中没有订有仲裁条款，事后没有达成书面仲裁协议的；

（2）被申请人没有得到指定仲裁员或进行仲裁程序的通知，或由于其他不属于被申请人负责的原因未能陈述意见的；

（3）仲裁庭的组成或仲裁的程序与仲裁规则不符的；

（4）裁决的事项不属于仲裁协议的范围或仲裁机构无权仲裁的。

4. 不予执行或撤销裁决的后果

法院裁定不予执行或撤销裁决后，当事人之间的纠纷如何处理？原仲裁协议是否有效？对此，《仲裁法》第9条2款规定："裁决被人民法院依法裁定撤销或者不予执行的，当事人就该纠纷可以根据双方重新达成的仲裁协议申请仲裁，也可以向人民法院起诉"。

由此可见，在裁决不予执行或被撤销后，原仲裁协议失效，当事人不能按照原仲裁协议申请仲裁。但为了解决纠纷，当事人可以按照重新达成的仲裁协议申请仲裁，也可以向人民法院提起诉讼。

【案例】

自《行政诉讼法》颁布实施后，"民告官"已不是什么新鲜事，可是了为一块公共用地，市民与市政府主管部门对簿公堂，确不多见。日前××市中级人民法院正在审理的114户居民状告市建委案，引起了当地社会各界的关注。

1. 公共用地引发的官司

在××市××路小区的32栋和34栋之间，有一块550m² 呈梯形状的公共用地。据了解，××路街道办事处曾在这块地上栽过树，有过草坪。

1994年8月，××路街道办事处在这块地上开挖地基建房，遭到周围居民的反对。由于××路街道办事处事先未办有关建房手续，只有停工，但地基却已挖好。

1995年4月，××路街道办事处获市建委批准，在这块地上建设名为"职工解困户兼社区服务综合楼"，楼高五层，并领取了《建设用地规划许可证》、《建设工程规划许可证》等文件。然而此举还是遭到附近居民的坚决反对。

于是，××路小区的114户居民联名向××市中级人民法院起诉，状告××市城乡建设委员会"违法批准××路街道办事处压占公用设施建房"。法院以"城市规划行政案"为案由立案审理，围绕能否在这块地上建房这一焦点，114户居民（原告）和市建委（被告），××路街道办事处作为"第三人"一同走上了法庭。

2. 114户居民的苦衷

人们不禁要问，在此建房为什么会遭到居民的反对？

记者来到了地处××市城东的××路小区，采访了住在这块地附近的几户居民。家住32栋齐老汉，今年81岁，他告诉记者："我们住在这里，东面的两个菜场占去两条路，这儿又是在路两边建了这么一条小商品街，一到礼拜天，周围拥挤不堪，走路都困难，门前好不容易有这么一块地方，怎么能盖房呢？盖了房，我们透气的地方都没有了。"

他还告诉记者，在《××路小区示意图》上这块地方明明标的是一块绿地。原先那上面有一人多高的樟树，还有草地。

同住这栋楼的曹先生见到记者更显几分气愤："我原来就是看中这里地段好、环境好才买下这套房子，现在前面如果盖了房，叫我们怎么住嘛。即使今后想把房子卖了，也卖不了好价钱，起码要损失20%。"

34栋的刘女士也是难过不已："我老伴就要退休了，当时单位分房他挑来挑去挑到这一套，特意从城里搬到这里来住，就是看上这里光线好，空气好，周围环境好。现在这里又是菜场又是摆摊，如今还要在门口建房，叫我们今后怎么办？"

说来说去，居民有些想不通：这么多的害处，1994年就被勒令停工的建设项目，为什么到了1995年4月2日，市建委又发证批准其开工呢？

于是，居民"忍无可忍"，一纸诉状送到了法院。并推举甄××为诉讼代理人。

3. 原告、被告和"第三人"如是说

原告代理词中称：被告触犯了《中华人民共和国城市规划法》第三十五条，即任何单位和个人不得占用道路、广场、绿地、高压供电走廊和压占地下管线进行建设；《江西省实施〈中华人民共和国规划法〉办法》中第二十二条亦有相应条文。

原告代理词中还写着：

在上海路小区32、39栋之间的梯形地块中，"地下埋设有供水管和污水管，地面是绿地，周围都是居住区道路"。而"被告（1995年4月2日）核发批证所依据的《建设用地规范设计条件及其附图》与实地不符，纸面上写的画的都是'空地'"。

市建委有关人士则称："我们一切按国家规范办事。关于地面是否应为绿地，当时并未列入规划之中，建房也不影响居住区道路。关于地下埋设有供水管和污水管一事，建房时可以移动嘛。只要不影响居民的正常供水与排污……关于这一切，我们不想多加评说，一切听从法院判决，完全相信法院……"

对于原告的诉讼行为，被告方的委托代理人、市建委的一位负责人对记者说："如今，法制健全了，对于民告官用不着大惊小怪，这是很正常的事情。一方面老百姓有权告官，另一方面政府可以接受监督。"上海路街道办事处虽不是被告，但其作为"第三人"也有自己的一番陈诉：建设小区服务综合楼是根据国家民政部有关文件而定的，目的是丰富居住小区群众的文化生活。当时考虑在那块地上建房，是觉得那是块"空地"，浪费了太可惜。

4. 等待法律的裁决

老百姓有老百姓的苦衷，市建委有市建委的说法，街办有街办的理由。到底这块550m²的土地上，应该是建成一块绿地，还是该建房，现在只有等法律来定论。

第八章 建设法律责任

第一节 法律责任概述

一、法律责任

（一）法律责任的概念

法律责任也称违法责任，是指自然人、法人或国家公职人员因违反法律而应依照法律承担的法律后果。

（二）法律责任的特征

1. 法律责任具有法定性

法律责任的法定性主要表现了法律的强制性，即违反法律时就必然要受到法律的制裁，它是国家强制力在法律规范中的一个具体体现。

2. 引起法律责任的原因是法律关系的主体违反了法律

法律关系主体违反法律不仅包括没有履行法定义务，而且还包括超越法定权利。任何违反法定的义务或超越法律权利的行为，都是对法律秩序的破坏，因而必然要受到国家强制力的修正或制裁。

3. 法律责任的大小同违反法律义务的程度相适应

违反法律义务的内容多、程度深，法律责任就大，相反，违反法律义务少、程度浅，法律责任就小。

4. 法律责任须由专门的国家机关和部门来认定

法律责任是根据法律的规定而让违法者承担一定的责任，是法律适用的一个组成部分。因此，它必须由专门的国家机关或部门来认定，无权的单位和个人是不能确定法律责任的。

二、法律责任的构成条件

通常，有违法行为就要承担法律责任，受到法律制裁。但是，并不是每一个违法行为都要引起法律责任，只有符合一定条件的违法行为才能引起法律责任。这种能够引起法律责任的各种条件的总和称之为法律责任的构成要件。法律责任的构成要件有两种：一类是一般构成要件，即只要具备了这些条件就可以引起法律责任，法律无需明确规定这些条件；另一类是特殊要件，即只有具备法律规定的要件时，才能构成法律责任。特殊要件必须有法律的明确规定。

（一）一般构成要件

法律责任的一般构成要件由以下四个条件构成，它们之间互为联系、互为作用，缺一不可。

1. 有损害事实发生

损害事实就是违法行为对法律所保护的社会关系和社会秩序造成的侵害。这种损害事实首先具有客观性，即已经存在，没有存在损害事实，则不构成法律责任。其次，损害事实不同于损害结果。损害结果是违法行为对行为指向的对象所造成的实际损害。由此可见，有些违法行为尽管没有损害结果，但是已经侵犯了一定的社会关系或社会秩序，因而也要承担法律责任，如犯罪的预备、未遂、中止等。

2．存在违法行为

法律规范中规定法律责任的目的就在于让国家的政治生活和社会生活符合统治阶级的意志，以国家强制力来树立法律的威严，制裁违法，减少犯罪。如果没有违法行为，就无需承担法律责任，而且合法的行为还要受到法律的保护。所以，只要行为没有违法，尽管造成了一定的损害结果，也不承担法律责任。如正当防卫、紧急避险和执行公务的行为，就不应承担法律责任。

3．违法行为与损害事实之间有因果关系

违法行为与损害事实之间的因果关系，指的是违法行为与损害事实之间存在着客观的、必然的因果关系。就是说，一定损害事实是该违法行为所引起的必然结果，该违法行为正是引起损害事实的原因。

4．违法者主观上有过错

所谓过错，是指行为人对其行为及由此引起的损害事实所报的主观态度，包括故意和过失。如果行为在主观上既没有故意也没有过失，则行为人对损害结果不必承担法律责任。如企业在施工中遇到严重的暴风雨，造成停工，从而延误了工期，在这种情况下，停工行为和延误工期造成损失的结果并非出自施工者的故意和过失，而属于意外事件，因而不应承担法律责任。

（二）特殊构成要件

特殊构成要件是指由法律特殊规定的法律责任的构成要件，它们不是有机地结合在一起的，而是分别同一般要件结构成法律责任。

1．特殊主体

在一般构成要件中对违法者即承担责任的主体没有特殊规定，只有具备了相应的行为能力即可成为责任主体。而特殊主体则不同，它是指法律规定违法者必须具备一定的身份和职务时才能承担法律责任。主要指刑事责任中的职务犯罪，如贪污、受贿等，以及行政责任中的职务违法，如徇私舞弊、以权谋私等。不具备这一条件时，则不承担这类责任。

2．特殊结果

在一般构成要件中，只要有损害事实的发生就要承担相应的法律责任，而在特殊结果中则要求后果严重、损失重大，否则不能构成法律责任。如质量监督人员对工程的质量监督工作粗心大意、不负责任，致使应当发现的隐患而没有发现，造成严重的质量事故，那么他就要承担玩忽职守的法律责任。

3．无过错责任

一般构成要件都要求违法者主观上必须有过错，但许多民事责任的构成要件则不要求行为者主观上是否有过错，只要有损害事实的发生，那么，受益人就要承担一定的法律责任，这种责任，主要反映了法律责任的补偿性，而不具有法律制裁意义。

4．转承责任

一般构成要件都是要求实施违法行为者承担法律责任，但在民法和行政法中，有些法律责任则要求与违法者有一定关系的第三人来承担。如未成年人将他人打伤的侵权赔偿责任,应由未成年人的监护人来承担。

三、法律责任的种类

依照行为违法的不同和违法者承担法律责任的方式的不同,法律责任可分为民事责任、行政责任、经济责任、刑事责任和违宪责任。这里,仅介绍前四种。

1. 民事责任

民事责任是指按照民法规定,民事主体违反民事义务时所应承担的法律责任。以产生责任的法律基础为标准,民事责任可分为违约责任和侵权责任。违约责任是指行为人不履行合同义务而承担的责任。侵权责任是指行为人侵犯国家、集体和公民的财产权利以及侵犯法人名称权和自然人的人身权时所应承担的责任。承担民事责任的方式有:停止侵害;排除妨碍;消除危险;返还财产;恢复原状;修理、更换、重作;赔偿损失;支付违约金;消除影响、恢复名誉;赔礼道歉。

2. 行政责任

行政责任是指因违反法律和法规而必须承担的法律责任。它包括两种情况:一是公民和法人因违反行政管理法律、法规的行为而应承担的行政责任;一是国家工作人员因违反政纪或在执行职务时违反行政法规的行为。与此相适应的行政责任的承担方式分为两类:一类是行政处罚,即由国家行政机关或授权的企事业单位、社会团体,对公民和法人违反行政管理法律和法规的行为所实施的制裁,主要有警告、罚款、拘留、没收、责令停业整顿、吊销营业执照等。另一类是行政处分,即由国家机关、企事业单位对其工作人员违反行政法规或政纪的行为所实施的制裁,主要有警告、记过、记大过、降职、降薪、撤职、留用察看、开除等。

3. 经济责任

经济责任是指经济法主体因违反经济法律和法规而应承担的法律责任。由于经济法律关系包含了行政、民事法律关系的内容,因此,其法律责任的承担方式主要是行政责任和民事责任的承担方式,如果违反经济法律关系的行为触犯了刑法的规定,那么,必须承担刑事责任。

4. 刑事责任

刑事责任是指犯罪主体因违反刑法的规定,实施了犯罪行为时所应承担的法律责任。刑事责任是法律责任中最强烈的一种,其承担方式是刑事处罚。刑事处罚有两种;一种是主刑,包括管制、拘役、有期徒刑、无期徒刑和死刑。另一种是附加刑,包括罚金、没收财产和剥夺政治权利。有些刑事责任可以根据犯罪的具体情况而免除刑事处罚。对免除刑事处罚的罪犯,有关部门可以根据法律的规定使其承担其他种类法律责任,如对贪污犯可以给予开除公职的行政处分等。

第二节　建设活动中常见的法律责任

一、违约责任

(一) 延误工期

工期是指根据国家有关法规和合同规定完成一定质量的建筑产品的时间。

造成延误工期的原因较多,可以分别不同情况承担违约责任。

(1) 因勘察设计质量低劣或未按期交付勘察设计文件拖延工期造成损失的,由勘察设

（1）因勘察设计质量低劣或未按期交付勘察设计文件拖延工期造成损失的，由勘察设计单位承担责任。主要有继续完善设计、减少或免收勘察设计费、支付违约金和赔偿经济损失。

（2）施工单位因自身组织不当、管理不善而延误工期造成损失的，由施工单位承担责任。因施工单位的上级主管部门改变设计而造成的延误工期，由施工单位向发包方承担责任后，再要求上级主管部门给予解决。主要有赔偿损失和支付违约金。

（3）发包方未按合同规定的时间和要求提供原材料、设备、场地、资金、技术资料的，工程中途要求停建、缓建的，应当对承包方由此造成的损失给予赔偿。发包方由于变更设计、提供资料不准或未按期提供必要的勘察、设计工作条件而造成勘察设计的返工、停工或修改设计的，要按承包方实际消耗的工作量增付费用；如果由此造成重大返工或重作设计的，应另行增费。发包方超过合同规定日期验收或付工程款的，偿付违约金。

（4）因意外事件延误工期造成损失的，按合同规定执行。合同没有规定的，由合同双方合理分担。

（二）产品质量不合格

建筑产品质量是指根据国家有关法规、质量标准以及合同规定，对建筑产品的适用性能、安全性能及其他特性的要求。

产品质量不合格的法律责任有：

（1）勘察设计质量低劣的，除按前面提到的方式承担责任外，在造成工程重大质量事故时，勘察设计单位不仅要免收受损失部分的勘察设计费，而且还应偿付与直接损失部分勘察设计费用相等的赔偿金。

（2）工程承包方承包的工程质量不符合合同规定的，负责无偿修理或返工。由于修理或返工造成逾期交付的，偿付逾期违约金。工程发包或工程质量监督机构发现承包方在施工中存在严重质量问题时，可通知银行停止向承包方拨款，直到问题得到纠正。承包方因工程质量低劣酿成重大事故时，对事故的损失承担全部赔偿责任。当然，如果是由于设计方面的原因，建筑材料、构配件和设备质量等不合格引起的质量缺陷，除由施工单位负责对工程维修外，其维修的经济责任由承包方承担。

（3）工程未经验收，发包方提前使用或擅自动用的，由此而发生的质量或其他问题，由发包方承担责任。

（三）拖欠工程款的法律责任

施工单位在提交的竣工报告批准后，则应按国家有关规定和协议条款约定的时间、方式向建设单位代表提出结算报告，办理竣工结算。由于建设单位无正当理由在收到竣工报告后30天内不办理结算的，从第31天起按施工企业向银行计划外贷款的利率支付拖欠工程款的利息，并承担违约责任。

二、侵权责任

侵权责任是建筑勘察、设计单位和施工、安装单位在建筑勘察、设计和施工、安装过程中，侵犯国家、集体的财产权以及公民的财产权和人身权时所承担的法律责任。

（一）勘察设计中的侵权责任

这项侵权责任主要的表现是勘察、设计单位侵犯他人的专利权、发明权、版权和其他科技成果权。如超越合同规定范围使用他人专利的行为等。这类违法案件承担责任的方式是停止侵害和赔偿损失。

（二）施工中的侵权责任

1. 施工中的侵权责任的种类

施工中的侵权责任有财产损失的赔偿责任和人身伤害的赔偿责任。

（1）财产损失的赔偿责任。是指施工企业侵占、损坏国家、集体和他人财产时而应承担的赔偿责任。承担方式是返还财产或恢复原状。无法返还或修复的，应当折价赔偿。如果由此给受害人造成其他重大损失的，也要承担赔偿责任。

（2）人身伤害的赔偿责任。是指施工企业侵害公民身体造成伤害时而应承担的赔偿责任。赔偿范围是：受害人的医疗费，因务工减少的收入，残废者的生活补助费；如果造成死亡的，并应支付丧葬费、死者生前扶养的人必要的生活费用等费用。

2. 常见的侵权责任

（1）因产品质量不合格造成他人财产、人身损害的，应当赔偿损失。如商品房在交付使用后，发生了墙壁倒塌，致使住户被砸伤，家庭财产被损坏时，房屋建造者和销售者应当承担赔偿损失的责任。

（2）在公共场所、道旁或通道上挖坑、修缮、安装地下设施等，没有设置明显标志和采取安全措施造成他人损害的，施工单位应承担人身损害赔偿。如在道旁为铺设暖气、煤气、排水等管道而挖沟时，夜间未设置红灯安全标志，致使行人在穿越道路时掉进沟里摔伤。这时，施工单位就应对行为人的摔伤承担赔偿责任。

（3）建筑物或其他设施以及建筑物上的搁置物、悬挂物发生倒塌、脱落、坠落造成他人损害的，其所有人或管理人应当承担责任，但能够证明自己没有过错的除外。如在路旁施工时，工地围墙发生倒塌损伤路人时，施工单位应当对此承担责任。但是，如果该围墙的倒塌不是砌墙质量问题，而是第三人在路旁挖沟，致使墙基倾斜而倒塌，那么，赔偿责任就应由挖沟的第三人承担。

三、行政责任

前两类责任主要是发生在建筑企业经营过程中，而行政责任则更多发生在企业管理过程中。其又可分为：

（一）行政管理机关承担的责任

1. 违反工商管理法规的责任

（1）在企业登记过程中隐瞒真实情况、弄虚作假或未经核准登记注册擅自开业的。

（2）擅自改变主要登记事项或超出核准登记的经营范围从事经营活动的。

（3）不按规定办理注销登记或办理年检的。

（4）伪造、涂改、出租、转让、出卖或擅自复印营业执照及其副本的。

（5）抽逃、转移资金，隐匿财产逃避债务的。

（6）从事非法经营活动的。

对上述违法行为，工商行政管理机关可视不同情况给予警告、罚款、没收非法所得或吊销营业执照等行政处罚。

2. 违反税收法规的责任

具体内容可见《中华人民共和国税收管理法》。

3. 违反其他行政管理法规的行为

这些行为主要有：违反环境保护法规，损害周围环境的，如使用噪音大、排放有害气体多的机械设备给周围居民造成了一定的损害等；违反城市建设法规，影响城市建设管理的，如施工现场超范围占道等；违反财政法规，截留、挪用、侵占浪费国家资金等。对这些违法行为，有关环保、城建、审计等部门可对建筑企业给予警告、通报批评、罚款、限期改正、停业整顿等行政处罚。

（二）上级主管部门及内部管理中的行政责任

1. 违反企业法的责任

（1）领导干部滥用职权，侵犯职工合法权益，情节严重的，可由主管部门给予行政处分。

（2）领导干部因玩忽职守，如盲目引进技术设备，应当监督检查而未能监督检查而给国家造成较大损失的，可给予适当行政处分。

（3）企业职工和其他工作人员阻碍领导干部依法执行职务，或扰乱企业秩序，致使生产、工作不能正常进行的，由企业所在地公安机关依照《治安管理处罚条例》进行处罚。

2. 违反技术法规的责任

（1）违反质量技术法规的责任。主要有：违反操作规程进行现场调查和勘察，收集的资料不系统全面；违反科学规律进行设计，设计方案不周密，涉及问题不全面，未严格执行国家标准，没有设计证书或超越实施设计行为；不按设计图纸进行施工，施工中不按有关标准使用建筑材料或不按有关技术要求进行施工操作。这些违法行为造成质量问题时，质量监督部门和上级主管部门可按不同情况给予停止施工、警告、通报批评、限期整顿、停产整顿、吊销营业执照和设计证书等行政处罚。

（2）违法安全技术法规的责任。主要有：未能提供安全施工环境和安全必备的劳动保护用品；违反施工现场的安全保护要求；脚手架的使用材料和铺设方法不符合标准；机电设备性能不良、安装不当；在土石方工程中或其他工程中违反操作规程或强令职工冒险作业等。对这类违法行为，有关安全监督部门和上级主管部门一经发现，应首先责令其停工改正，再视具体情况给予不同的行政处罚或处分。

3. 不正当竞争行为

不正当竞争行为是指在商品经济竞争中，采用不正当的或违法的手段获得企业利益的行为。不正当竞争在建筑业中多发生在招标、投标过程中，具体表现为：

（1）在招投标过程中采取行贿、盗窃的手段窃取标底和其他企业的投标计划或高新技术；

（2）通过行贿招标单位而"内部确定"承包单位为本企业或与本企业有利害关系的单位；

（3）在工程转包过程中因受贿而泄露标底或直接转包给行贿单位的，或因玩忽职守而将有关工程情况泄露出去的；

（4）作虚假广告宣传，采取欺骗手段，不顾本身的资质条件，超级承包建设工程的。

对上述行为，可由企业主管部门给予不同程度的行政处分。

第三节　建设法律规定的法律责任

一、违反《城市规划法》法律责任

（一）违法占用土地的处罚

（1）未经任何申请，擅自占用城市规划区内土地进行建设或从事挖取砂石、土方活动的，责令立即停止违法活动。占用的土地提请县级以上人民政府收回。已经形成的建设工程予以没收或限期拆除。破坏原有地形地貌和环境的，责令限期恢复原状。

（2）未经城市规划行政主管部门批准，而由其他部门批准城市规划范围内土地的，批准文件一律无效。占用的土地提请县级以上人民政府收回。申请建设的，一律不予审批。已经形成的各类建设工程予以没收或限期拆除。

（3）未经城市规划行政主管部门许可，擅自改变建设用地规划许可证规定的，责令改正，未改正前而申请建设的，一律不予批准。

（4）未经城市规划行政主管部门批准，擅自改变已经确定的土地使用性质的，责令改正，对于已经形成的各类建设工程，按违法建设进行处罚。

（5）拒不服从人民政府有关调整用地决定的，责令限期执行，否则按违法用地进行处罚。

（二）违章建设的处罚

（1）未向城市规划行政主管部门提出申请，或未取得建设工程规划许可证，就擅自在城市规划范围内进行建设的，责令立即停止施工，已经形成的各类建设工程，予以没收或限期拆除。对于城市规划实施影响较轻微的，责令限期采取规定的改正措施，并处罚款。

（2）擅自改变建设工程规划许可证的规定进行建设的，责令立即停止施工。已经形成的建设工程予以没收或限期拆除，对于城市规划实施影响较轻微的，责令限期采取规定的改正措施，并处罚款。

（3）未经城市规划行政主管部门批准，擅自改变建筑物或构筑物已往确定的使用性质，责令限期采取规定的改正措施并处罚款。如果违法性质严重并已严重影响城市规划实施，予以没收。

（4）批准临时建设即进行永久性、半永久性建设的，责令立即停止施工；已经形成的建设工程，责令限期拆除。

《城市规划法》明确规定：责令停止建设，限期拆除或没收，限期采取改正措施以及罚款等处罚，应当由县级以上人民政府城市规划行政主管部门做出决定。另外，建设单位在城市规划区进行违法用地建设活动，在接受行政处罚的同时，有关的责任人员也必须承担必要的行政责任。因此，城市规划行政主管部门在执行行政处罚的同时还有责任要求并督促有关单位或其上级主管部门，对违法活动的直接责任者给予必要的行政处分。

在城市规划实施过程中，由于违法建设行为而造成严重危害，威胁居民生命安全，使国家财产遭受大损失，已经构成犯罪的，对于有关责任人员要追究刑事责任。

二、违反《建筑法》法律责任

（一）民事法律责任

1. 连带责任

（1）《建筑法》第66条规定："建筑施工企业转让、出借资质证书或者以其他方式允许他人以本企业的名义承揽工程的"，"对因该项承揽工程不符合规定的质量标准造成的损失、建筑施工企业与使用本企业名义的单位或者个人承担连带赔偿责任"。

（2）《建筑法》第67条规定："承包单位转包工程或者违法分包，造成工程不符合工程质量标准的损失由承包单位与接受转包和分包的单位承担连带赔偿责任"。

（3）《建筑法》第69条规定："工程监理单位与建设单位或施工企业串通，弄虚作假，降低工程质量造成损失，由工程监理单位、建设单位或施工企业承担连带赔偿责任"。

2. 损害赔偿责任

（1）《建筑法》第70条规定："涉及立体或承重结构变动的装修工程擅自施工的，给他人造成损失的，应当承担补偿损失的责任"。

（2）《建筑法》第73条规定："建筑设计单位不按照建筑工程质量、安全标准进行设计，造成损失的，承担赔偿责任"。

（3）《建筑法》第74条规定："建筑企业在施工中偷工减料的，使用不合格建筑材料、建筑构配件和设备的，或者不按工程设计图纸或施工技术标准施工的行为，造成工程质量不符合规定的质量标准的，负责返工、修理，如果造成损失的，还应当赔偿因此造成的损失"。

3. 质量责任

（1）《建筑法》第80条规定："在建筑物的合理使用寿命内，因建筑质量不合格受到损害、受害方有权依据实际情况向施工单位、设计单位、建设单位、监理单位请求赔偿"。

（2）在建设工程保修期内出现屋顶、墙面渗漏、开裂等质量问题，有关方面应当承担返修和赔偿责任。但因意外事件而出现的问题，有关方面不承担责任。

4. 因相邻关系引起的民事责任

（1）施工现场对毗邻建筑物、构筑物和特殊向上环境可能造成损害的，建筑施工企业应当采取安全防护措施。否则，对方有权要求排除危险；由此造成损失的，建筑施工单位应当赔偿。

（2）建筑施工企业应当保护施工现场的地下管线。否则有关方面有权要求停止侵害；造成损失的，建筑施工单位应当赔偿。

（3）施工现场因噪声，震动等妨碍周围邻人生产、生活的，他人有权要求建筑施工单位采取控制措施。对由此造成损害的，建筑施工单位应当赔偿。

5. 职务侵权责任

《建筑法》第79条规定："负责颁发建筑工程施工许可证的部门及其工作人员，对不符合施工条件的建筑工程颁发许可证的，负责工程质量监督检查或竣工验收部门及其工作人员，对不合格的建筑工程出具合格文件或按合格工程验收的。如造成损失，由该部门承担相应的赔偿责任"。

（二）行政法律责任

（1）未取得施工许可证或者开工报告未经批准擅自施工的，责令改正，对不符合开工条件的责令停止施工，可以处以罚款。

（2）发包单位将工程发包给不具有相应资质条件的承包单位的，或者违反规定将建筑工程肢解分包的，责令改正，处以罚款。

超越本单位资质等级承揽工程的，责令停止违法行为，处以罚款，可以责令停业整顿，降低资质等级；情节严重的，吊销资质证书；有违法所得的，予以没收。

未取得资质证书的，予以取缔，并处罚款；有违法所得的，予以没收。

以欺骗手段取得资质证书的，吊销资质证书，处以罚款。

（3）建筑施工企业转让、出借资质证书或者以其他方式允许他人以本企业的名义承揽工程的，责令改正，没收违法所得，并处罚款，可以停业整顿，降低资质等级；情节严重的，吊销资质证书。

（4）承包单位将承包的工程转包的，或者违反法律规定进行分包的，责令改正，没收违法所得，并处罚款，可以责令停业整顿，降低资质等级；情节严重的，吊销资质证书。

（5）在工程发包与承包中索贿、受贿、行贿不构成犯罪的，分别处以罚款，没收贿赂的财物，对直接负责的主管人员和其他直接责任人员给予处分。

对行贿的单位除依照上述的规定处罚外，可以责令停业整顿、降低资质等级或者吊销资质证书。

（6）工程监理单位与建设单位或者建筑施工企业串通，弄虚作假、降低工程质量的，责令改正，处以罚款，降低资质等级或者吊销资质证书；有违法所得的，予以没收。

工程监理单位转让监理业务的，责令改正，没收违法所得，可以责令停业整顿，降低资质等级；情节严重的，吊销资质证书。

（7）违反法律规定，涉及建筑主体或者承重结构变动的装修工程擅自施工的，责令改正，处以罚款。

（8）建筑施工企业违反规定，对建筑安全事故隐患不采取措施予以消除的，责令改正，处以罚款；情节严重的，责令停业整顿，降低资质等级或者吊销资质证书。

（9）建设单位违反规定，要求建筑设计单位或者建筑施工企业违反建筑工程质量、安全标准，降低工程质量的，责令改正，可以处以罚款。

（10）建筑设计单位不按照建筑工程质量、安全标准进行设计的，责令改正，处以罚款；造成工程质量事故的，责令停业整顿、降低资质等级或者吊销资质证书，没收违法所得，并处罚款。

建筑施工企业在施工中偷工减料的，使用不合格的建筑材料、建筑构配件和设备的，或者有其他不按照工程设计图纸或者施工技术标准施工的行为的，责令改正，处以罚款；情节严重的，责令停业整顿，降低资质等级或者吊销资质证书。

（11）建筑施工企业违反规定，不履行保修义务或者拖延履行保修义务的，责令改正，可以处以罚款。

（三）刑事责任

（1）建筑施工企业的管理人员违章指挥、强令职工冒险作业而发生重大伤亡事故或者其他严重后果的，追究其重大责任事故者的刑事责任，依《刑法》第134条的规定处三年以下有期徒刑或者拘役；情节特别恶劣的，处三年以上七年以下有期徒刑。

（2）建筑施工企业对安全事故隐患不采取措施予以消除，因而发生重大伤亡事故或其他严重后果的，追究其重大劳动安全事故者的刑事责任，依《刑法》第135条的规定对直接责任人员处三年以下有期徒刑或者拘役；情节特别恶劣的，处三年以上七年以下有期徒刑。

（3）工程监理单位与建设单位、施工单位串通，弄虚作假、降低工程质量的；建设单位要求建筑设计单位或施工企业违反建筑工程质量、安全标准，降低工程质量；建筑设计单位不按照建筑质量、安全标准进行设计的；建筑施工企业在施工中偷工减料、使用不合格的建筑材料、建筑构配件和设备的，或者其他不按工程设计图纸或者施工技术标准施工的；涉及建筑主体或承重结构变动的装修工程擅自施工的；欺骗手段取得资质证书的，发生重大质量、安全事故的，追究其建筑工程安全事故者的刑事责任，依照《刑法》第137条的规定："对直接责任人员处五年以下有期徒刑或者拘役，并处罚金；后果特别严重的，处五年以上十年以下有期徒刑，并处罚金"。

（4）在工程发包与承包中索贿、受贿、行贿的，情节严重的，分别依照《刑法》第163条、第164条、第385条、第386条和第390条的规定追究受贿罪和行贿罪的刑事责任，可以判处5年以下有期徒刑或者拘役；数额巨大或特别巨大的，可以处五年以上有期徒刑直至死刑，并可以没收财产。

（5）对不具备相应资质等级条件的单位颁布该等级资质证书的；对不符合施工条件的建筑工程颁发施工许可证的；对不合格的建筑工程出具质量合格文件或者按合格工程验收的；政府及其所属部门的工作人员、指定发包单位将招标发包的工程发包给指定的承包单位的，依照《刑法》第397条追究其滥用职权罪、玩忽职守罪或者徇私舞弊罪的刑事责任。其中，滥用职权或者玩忽职守致使公共财产、国家和人民利益遭受重大损失的，处三年以下有期徒刑或者拘役；情节特别严重的，处三年以上七年下有期徒刑。徇私舞弊致使公共财产、国家和人民利益遭受重大损失的，处五年以上十年以下有期徒刑。

三、违反《城市房地产管理法》法律责任

（一）违反《城市房地产管理法》应承担的行政责任

（1）擅自批准出让或擅自出让土地使用权用于房地产开发的，由上级机关或所在单位给予有关责任人员行政处分。

（2）未取得营业执照擅自从事房地产开发业务的，由县级以上人民政府工商行政管理部门责令停止房地产开发业务活动，没收违法所得，可以并处罚款。

（3）违法本法第38条第一款的规定转让土地使用权的，由县级以上人民政府土地管理部门没收违法所得，可以并处罚款。

（4）违法本法第39条第一款的规定转让房地产的，由县级以上人民政府土地管理部门责令缴纳土地使用权出让金，没收违法所得，可以并处罚款。

（5）违反本法第41条第一款的规定预售商品房的，由县级以上人民政府房地产管理部门责令停止预售活动，没收违法所得，可以并处罚款。

（6）未取得营业执照擅自从事房地产中介服务业务的，由县级以上人民政府工商行政管理部门责令停止房地产中介服务业务活动，没收违法所得，可以并处罚款。

（7）房产管理部门、土地管理部门工作人员玩忽职守、滥用职权、未构成犯罪的，给予行政处分。

（8）房产管理部门、土地管理部门工作人员利用职务上的便利，索取他人财物，或者非法收受他人财物为他人牟取利益，未构成犯罪的，给予行政处分。

（9）没有法律、法规的依据，向房地产开发企业收费的，上级机关应责令退回所收取的钱款，情节严重的，由上级机关或者所在单位给予直接责任人员行政处分。

（二）违反《城市房地产管理法》应承担的刑事责任

（1）房产管理部门、土地管理部门工作人员玩忽职守，滥用职权，徇私舞弊，构成犯罪的，依法追究刑事责任。

（2）房产管理部门、土地管理部门工作人员利用职务上的便利，索取他人财物，或者

非法收受他人财物，为他人牟取利益，构成犯罪的，依法追究刑事责任。

(3) 土地使用人，以牟利为目的，违反土地管理法规，非法转让、倒卖土地使用权，情节严重的，依《刑法》第228条的规定，追究其非法转让、倒卖土地使用权犯罪的刑事责任。

(4) 违反土地管理法规，非法占用耕地改作他用，数量较大，造成耕地大量毁坏的，依《刑法》第342条追究其非法占用耕地罪的刑事责任。

国家机关工作人员徇私舞弊，违反土地管理法规，滥用职权，非法批准征用、占用土地，或者非法低价出让国有土地使用权，情节严重的，依《刑法》第410条的规定，追究土地管理滥用职权罪的刑事责任。

【案例】

陈忠良、吴银龙、虞天明
玩忽职守、重大责任事故案

被告人陈忠良，男，34岁，原系上海市奉贤县南桥镇新建西路贝港桥工地负责人。

被告人吴银龙，男，29岁，原系上海市奉贤县市政工程管理所施工一科科长兼该所驻贝港桥工程施工管理员。

被告人虞天明，男，31岁，原系上海市奉贤县新建西路贝港桥工地技术负责人兼质量检查员（聘员）。

1995年3月至10月，上海古华市政建设工程公司和浙江萧山市市政工程公司分别与奉贤县市政工程管理所签订了承建奉贤县南桥镇新建西路贝港桥的合同，两份合同总造价191万元。被告人陈忠良作为两个承包单位在贝港桥工地的负责人，全面负责建造贝港桥。在桥梁施工过程中，陈忠良不尽职守，对工作严重不负责任，违反《上海市建设工程质量监督管理办法》等有关规定，聘用无证人员上岗，又未按图纸要求施工，偷工减料，粗制滥造，该桥两个桥墩的钻孔灌注桩施工质量严重低劣，桩身质量差，长度不足，桩身混凝土没有达到设计持力层——26m，承载能力严重不足，致使贝港桥刚竣工尚未通行，便于1995年12月26日下午4时15分下沉坍塌，造成直接经济损失75万余元。

1995年3月至10月，被告人吴银龙受奉贤县市政工程管理所指派，在担任本县南桥镇新建西路贝港桥工程施工管理员期间，不正确履行管理职责，在钻孔灌注桩施工过程中，违反市政工程及验收的有关规定，未对钻孔灌注桩的孔径、孔深、混凝土质量、用量等进行检查和计算，并盲目在有关施工质量验收单及施工记录上签字。由于被告人吴银龙玩忽职守，建桥施工人员偷工减料，使贝港桥施工质量严重低劣。被告人吴银龙对该桥事故的发生负有直接责任。

被告人虞天明，于1995年3月7日由其妻兄陈忠良聘为奉贤县南桥镇新建西路贝港桥工地的技术员和质检员。在贝港桥的建造过程中，虞天明违反上海市市政工程管理局《市政工程施工及验收技术规程》等规章制度，未对钻孔灌注桩混凝土抗压强度、孔径、孔深等进行检验，并且伪造了钻孔桩钻孔终孔后灌浇混凝土前检查记录、钻孔桩记录（回转钻进）、水下混凝土灌注记录表等原始记录，从而掩盖了桩身混凝土存在的严重质量问题，导致了贝港桥的坍塌。

上海市奉贤县人民检察院分别于 1996 年 5 月 29 日、6 月 13 日，以玩忽职守罪对陈忠良、吴银龙立案侦查；6 月 1 日，以重大责任事故罪对虞天明立案侦查。经侦查认为，被告人陈忠良、吴银龙在贝港桥的施工中有章不循，不正确履行自己的职责，致使国家遭受重大损失，其行为已构成玩忽职守罪；被告人虞天明在贝港桥施工中不负责任，违反规章制度，伪造原始记录，致使国家遭受重大损失，其行为已构成重大责任事故罪。奉贤县人民检察院根据《中华人民共和国刑事诉讼法》第一百条之规定，分别于 1996 年 10 月 24 日、11 月 15 日将该案向奉贤县人民法院提起公诉。

1996 年 12 月 6 日，上海市奉贤县人民法院经公开审理，依照《中华人民共和国刑法》第一百八十七条、第六十七条之规定，以玩忽职守罪判 处被告人陈忠良有期徒刑二年，判处被告人吴银龙有期徒刑一年，缓刑一年；以重大责任事故罪判处虞天明有期徒刑一年，缓刑一年。

主要参考文献

1　何伯洲主编. 建设法基础. 哈尔滨：黑龙江科学技术出版社，1992

2　建设部体改法规司编. 建设法规知识读本. 北京：法律出版社，1994

3　李昌麒主编. 经济法学. 北京：中国政法大学出版社，1994

4　何伯洲编著. 建设经济法律制度. 北京：中国建筑工业出版社，1995

5　何伯洲，邹玉萍编著. 房地产法律制度. 北京：中国建筑工业出版社，1995

6　建设部人事教育劳动司，体改法规司编. 建设法规教程. 北京：中国建筑工业出版社，1996

7　中华人民共和国法律全书 1～6. 长春：吉林人民出版社，1989～1996

8　中国法律年鉴 1987～1997. 北京：中国法律年鉴社，1987～1997

9　全国监理工程师培训教材编写委员会. 工程建设合同管理. 北京：中国建筑工业出版社，1997

10　中国建筑业协会. 建筑企业经理手册. 北京：中国建筑工业出版社，1997

11　史敏，姚兵主编. 中华人民共和国建筑法讲话. 北京：经济管理出版社，1998

12　国务院法制局，建筑部编著. 中华人民共和国建筑法释义. 北京：中国建筑工业出版社，1999